シピオーネ・アマーティ研究

慶長遣欧使節とバロック期西欧の日本像

小川 仁 著

臨川書店

Dedico questo libro al Monastero di Santa Scolastica, a Francesca Montagnoli, mia madre italiana, e alla mia maestra accademica, la professoressa Olimpia Niglio, per la loro costante presenza e per l'affetto che sempre mi hanno rivolto. Grazie a tutti gli italiani che ho incontrato durante il mio cammino di ricerca.

まえがき

　本書は京都大学大学院人間・環境学研究科に提出した学位論文「シピオーネ・アマーティ研究――慶長遣欧使節とバロック期西欧の日本像」に基づき、京都大学より「平成30年度京都大学総長裁量経費人文・社会系若手研究者出版助成」を受けて刊行されるものである。

　慶長遣欧使節研究は、古くは大槻玄沢、村上直次郎まで遡ることができるが、多くの先達の研究者らにより、イタリア・スペイン・メキシコなどでの幾度もの地道な史料調査を経て発展してきた研究分野である。その対象とされる史料も紙媒体に留まらず、馬具、刀剣、聖具に至るまで多岐にわたっており、多角的に考察することができる実に興味深い研究対象である。

　本書もまたそのような系譜を受け継いでいる。筆者は学部時代、史学科の西洋史専攻に所属していたのだが、どうせ研究するのであれば、西洋史と日本史の間に立った研究をしたいと考えていた。その時、宮城県出身の私の脳裡にふと過ったのが、慶長遣欧使節であった。そして慶長遣欧使節を深く調べ上げていくうちに、1615年にローマで『伊達政宗遣欧使節記』を執筆・出版したイタリア人シピオーネ・アマーティなる人物を知り、大学院生になって以降、不詳とされていたアマーティの経歴及び日本像を解き明かしたいと考えるようになったのである。さらにアマーティについて調べていると、彼がコロンナ家と関りを持っていたことが明らかとなり、サンタ・スコラスティカ修道院図書館付属コロンナ文書館において慶長遣欧使節関連史料、天正遣欧使節関連史料、両使節について言及されている贖宥状関連史料など見出すことに繋がっていった。そして、渉猟した史料を分析し、アマーティによる未刊の手稿「日本略記」（ヴァチカン文書館蔵）に見られるアマーティの日本論とともに多角的に考察していくことで、これまでには思いもよらなかった日本とイタリアとの関係が浮かび上がってきたのであった。

　読者の方々には、そうした新出史料によって浮き彫りにされる事実とその迫力を味わえてもらえたら、何よりも嬉しく思う。

目　　次

まえがき ……………………………………………………………………… 1

序　　論 ……………………………………………………………………… 5

第1章　コロンナ家と天正・慶長遣欧使節 …………………………… 17

第1節　コロンナ家の日本関連情報収集 …………………………… 18

1. コロンナ家と教皇庁を取り巻く歴史的背景 ……………………… 20
2. コロンナ文書館収蔵史料 …………………………………………… 21
3. 枢機卿アスカニオ・コロンナと天正遣欧使節 ………………… 25
4. コロンナ家と慶長遣欧使節 ………………………………………… 30

第2節　贖宥状と海外布教 …………………………………………… 37

1. コロンナ文書館収蔵贖宥状について ……………………………… 38
2. 天正遣欧使節に認可された贖宥状
　　―その経緯及び他の贖宥状との比較― ………………………… 52
3. 慶長遣欧使節と贖宥状
　　―贖宥状伝達の過程― ……………………………………………… 61

まとめ ……………………………………………………………………… 65

第2章　アマーティと慶長遣欧使節 …………………………………… 69

第1節　新出史料に見るアマーティの人物像とその役割 …… 70

1. コロンナ文書館に収蔵されているアマーティ
　　関連史料 ……………………………………………………………… 70
2. 新出史料に見るアマーティの経歴
　　―慶長遣欧使節邂逅以前― ………………………………………… 72
3. アマーティと慶長遣欧使節の邂逅 ……………………………… 74
4. 慶長遣欧使節以降、コロンナ家家臣として、
　　聖職者として ………………………………………………………… 77
5. 慶長遣欧使節及びヨーロッパ外交舞台における
　　アマーティの役割 …………………………………………………… 79

第2節　『遣欧使節記』（1615年）の成立史 …………………… 86

1. 『遣欧使節記』とは ………………………………………………… 86
2. 『遣欧使節記』の典拠 ……………………………………………… 88

3. 『遣欧使節記』に見られるアマーティの
　　レトリックと思想 ……………………………………… 90
まとめ ………………………………………………………… 92

第3章　アマーティ著「日本略記」（手稿）の成立史 …… 95

第1節　「日本略記」の典拠 ……………………………………… 96
1. 「日本略記」概要 ………………………………………… 96
2. 「日本略記」における典拠同定 ………………………… 102

第2節　ルイス・デ・グスマン著『東方伝道史』（1601年）
　　　　　との関係 …………………………………………… 115
1. 「日本略記」とボルゲーゼ家 …………………………… 115
2. 「博物誌」に認められる典拠の形態 …………………… 117
3. 「宗教誌」に見るアマーティの著作意図 ……………… 123
まとめ ………………………………………………………… 132

第4章　アマーティの政治思想と日本情報 ………………… 135

第1節　「日本略記」に見るバロック期キリスト教
　　　　　政治神学 …………………………………………… 136
1. 日本の政治状況とキリスト教政治神学 ……………… 136
2. 同時代日本記述との比較
　　　─アマーティとトマソ・カンパネッラの場合─ …… 145
3. 「政治誌」におけるソテーロの介入 …………………… 150

第2節　アマーティの日本像
　　　　　─ジョヴァンニ・ボテーロとの比較を通して─ … 157
1. アマーティと国家理性
　　　─ボテーロの日本記述との比較─ ………………… 157
2. 「政治誌」に見るアマーティのタキトゥス主義 ……… 162
まとめ ………………………………………………………… 167

結　論 ………………………………………………………………… 169

主要参考資料 ……………………………………………………… 177

付録　「日本略記」翻刻・翻訳 ………………………………… 185

おわりに …………………………………………………………… 327

序　　論

　慶長遣欧使節（1613〜1620）は、2013 年 10 月に解纜 400 周年をむかえた。2009 年から 2010 年にかけて京都・東京で開催されたボルゲーゼ美術館展では、使節を引率したといわれる支倉六右衛門常長の像が展示された。また、2010 年に出版された『仙台市史　特別編八　慶長遣欧使節』では使節の多角的論証が試みられ、2013 年には仙台市をはじめとして各地で記念行事やシンポジウムが開催されるなど、慶長遣欧使節への関心が俄に高まった。

　本書では、伊達政宗が送り出した外交使節である慶長遣欧使節がマドリッドからローマに至る際、通訳兼折衝役として半年間同行したイタリア人、シピオーネ・アマーティ（Scipione Amati, 1583〜?）[1] の日本像について分析する。これから取り上げるアマーティ文書とは、アマーティに関連する文書群のことであり、コロンナ文書館に収蔵されているアマーティ直筆書簡、及び同時代の日本関連史料のことを指す。アマーティは使節とローマで別れたのち、自らの体験を踏まえて『伊達政宗遣欧使節記』[2]（1615 年、ローマ。以下、『遣欧使節記』と略す）という慶長遣欧使節に関する報告書を出版している。同書は使節のヨーロッパでの動向が細かく記録されている故に日欧交流史家の岡本良知によって現在でも慶長遣欧使節を研究する上での基本史料とされ、その著作の史料的価値が認められている。しかし一方で、アマーティのテキストに関する本格的な研究は、『仙台市史』における『遣欧使節記』の新訳[3]

1　筆者の調査によると、コロンナ文書館には 1656 年以降のアマーティの書簡は認められない。

2　Scipione Amati, *Historia del regno di voxu del Giappone : dell'antichita, nobilta, e valore del suo re Idate Masmune, delli favori, c'ha fatti alla Christianita, e desidero che tiene d'esser Cristiano, e dell'aumento di nostora santa Fede in quelle parti.E dell'ambasciata che hà inviata alla S. ta. di N.S. Papa Paolo V.e delli suoi successi, con alter varie cose edificazione, e gusto spirituale de i lettori.. Dedicata alla S.ta di N.S.Papa PAOLO V.* Fatta per il Dottor Scipione Amati Romano, Interprete, & Historico dell'Ambasciata. In Roma, Appresso Giacomo Mascardi. MDCXV. Con licenza de'Superiori. 『伊達政宗遣欧使節記』仙台市博物館蔵。

のほか、使節を主導したフランシスコ会士ルイス・ソテーロ（Luis Sotelo, 1574〜1624）の報告書と『遣欧使節記』との関連性を論じた日本史学者の平田隆一による論考[4]や、前述した岡本良知らによって、その概要がごく簡単に伝えられている[5]。また大類伸は「本院所蔵キリシタン史料について（その二）」において、日本学士院所蔵の「日本略記」を「日本覚書」として紹介し、その概略を述べた上で、「日本略記」内でアマーティが伊達政宗を称揚している箇所を概観して、アマーティによる分析を「錯誤に外ならない」と断じている[6]が、現在まで整理して論じられることはほとんどなかった。一方で近年の海外での研究に目を向けても、エリザベッタ・コルスィ（Elizabetta Corsi）が「16〜17世紀ローマにおける出版業・東方言語・教皇庁政策」[7]において『伊達政宗遣使録』とアマーティとの関連性を軽く触れているのみである。

　以上の先行研究から、アマーティの経歴や著作活動に関しては、『遣欧使節記』の出版、及びヴァチカン文書館（Archivio Segreto Vaticano）に収蔵されているアマーティによる未刊の手稿「日本の自然、宗教、政治、その三つの状態を伝える略記」（以下、「日本略記」と略す）[8]、数篇の政治論文[9]が出版されている以外は、マッツケッリ（Mazzuchelli）編纂の『イタリア著述家辞典』[10]

3　石鍋真澄、石鍋真理子、平田隆一（共訳）「遣欧使節記」『仙台市史　特別編八　慶長遣欧使節』宮城県教科書供給所、2010年、28-98頁。
　　なお、旧訳では『大日本史料第十二篇之十二』に所収されている村上直次郎訳がある。しかし、この旧訳は現代イタリア語文法で解釈困難箇所いくつかが抄訳とされており、完訳とは言いがたい。

4　平田隆一「アマーティ著『遣欧使節記』の成立と展開」『仙台市史　特別編八　慶長遣欧使節』宮城県教科書供給所、2010年、541-546頁。

5　岩井大慧、岡本良知「元和年間　伊達政宗遣欧使節の史料に就いて」国会図書館支部東洋文庫、1956年、18頁。

6　大類伸「本院所蔵キリシタン史料について（その二）」『日本學士院紀要』第28巻、第2号、日本学士院、1970年、99-106頁。

7　Elisabetta Corsi, Editoria, lingue orientali e politica papale a Roma tra Cinquecento e Seicento, Maria Antonietta Visceglia eds., *Papato e politica internazionale nella prima età moderna*『近世初期における教皇と国際政治』, Viella, 2013.

8　Scipione Amati, *BREVE RISTRETTO Delli trè stati Naturale, Religioso, e Politico del Giapone, fatto, et ordinato dal Dottor Scipione Amati Romano interprete, e Relatore dell'Ambasciata del Rè Idate Masamune Rè de Voxu regnãte nel Giapone*, Fondo Borghese Serie Ⅰ, 208-209, 51r–90r, Conservato presso l'Archivio Segreto Vaticano.「日本に君臨する奥州国王伊達政宗の使節たるローマ通訳兼報告官シピオーネ・アマーティ博士により編纂された日本の自然・宗教・政治の三つの状況を伝える略記」

序　　論

において、アマーティが語学堪能にして実務能力に長けた法律家であったこと、また慶長遣欧使節の随行員として『遣欧使節記』を上梓したことが記載されるのみ[11]で、詳細は明らかにされて来なかった。

　既出史料で彼の経歴が覗い知れるのは、『遣欧使節記』においてアマーティ自身が「慶長遣欧使節との邂逅直前にマドリッドのメディナ・デル・リオセコ公兼モディカ伯夫人ヴィットーリア・コロンナ・デ・カブレラ（Vittoria Colonna de Cabrera, 1558〜1633）の邸宅においてタキトゥスに関する政治論文の執筆を進めていた」[12]とすること、1609 年から 1648 年にかけてアマーティが出版した数篇の政治論文で、いずれにもコロンナ家を称揚する記述を遺していることのみである。これらの事実から、アマーティが政治に関心があったことは言うに及ばず、コロンナ家とのあいだに深い結びつきがあったことは想像に難くない[13]。

9　Scipione Amati, *ConsGderationi di stato sopra le cose d'Italia*『イタリア諸事情の考察』Roma, 1640, manoscritto/ Scipione Amati, *Laconismo politico sopra il consiglio di coscienza, che combatte la ragione di stato*『沈着なる政治家—国家理性との戦い、その合議について—』Roma, L. Grignani, 1648.

10　Conte Giammaria Mazzuchelli, *Gli Scrittori d'Italia*, Brescia, Giambattista Bossini, 1753. p. 598.

11　このアマーティの記述は、フランスの人名辞典 *Nouvelle biographie générale*（M. Hoefer, Paris, MM. Firmin Didot Fréres, 1858, p. 802.）でも引用されているが、現在も編纂中のイタリアの人名辞典 *Dizionario biografico degli Italiani*（Alberto M. Ghisalberti, *Istituto della Enciclopedia italiana*, Roma, 1960.）には引き継がれていない。

12　「マドリッドでカスティリャの提督の母、ドンナ・ヴィットーリア・コロンナの邸に住まい、提督の秘書官ドン・ベルナルディーノ・マリアーニと組んで、タキトゥスの年代記について、その情勢、政治観念の諸問題を印刷する特許を当局から得た。その後、この使節に通訳兼報告者として貢献することになった。」『遣欧使節記』「読者への辞」の末尾より。

　　"ch'il P. Commissario Generale dell'Indie li diede per uenir à Roma, trouandomi io all'hora in Madrid, in casa di Donna Vittoria Colonna Madre dell'Almirante di Casiiglia à miei negotij particolari, in compagnia del Sig. Don Bernardino Mariani Secretario di S. E. E doppò hauer impetrato priuilegi da Sua Maestà Cattolica di poter imprimere alcune materie di stato, & i sensi politici sopra gl'Annali di Cornelio Tacito, che spero nel Signore sarà presto, hebbi occasione di seruire a questa Ambasciata d'Inteprete, eRelatore come l'hò fatto con ogni fedeltà, e lontano da tutti gl'interessi da Madrid sin'à Roma ; "

13　Tommaso Bozza, *Scrittori politici italiani dal 1550 al 1650*, Roma, Edizioni di storia e letteratura, 1949. p. 193.

　　なお、ボッツァは上記著作内で「ローマ出身のシピオーネ・アマーティは、16 世紀後半から 17 世紀初頭にかけて生きており、コロンナ家に長きにわたり仕えた。」と紹介している。

　　"Scipione Amati, romanom visse tra la seconda metà del Cinquecento e la prima del Seicento. Fu per lunghi anni al servizio della casa Colonna"

そこで筆者は、アマーティとコロンナ家との結びつきに着想を得て、ローマから東に 50km 離れた小都市スビアーコのコロンナ文書館において、調査 1 回あたり 2 週間をかけたアマーティ関連史料調査を、2010 年から 2016 年にかけて7次にわたり実施した。その結果、以下の複数史料を発見するに至った。

　　・コロンナ家歴代当主他に宛てられたシピオーネ・アマーティの書簡
　　　163 通
　　・アマーティが著した論文（手稿）4 点
　　・アマーティが作成した公正証書 2 通

　アマーティ書簡のなかには、1615 年 10 月にアマーティがローマからコロンナ家君主に宛てた、和紙に書かれた書簡も含まれている。これは慶長遣欧使節のローマ滞在時期と一致するため、使節随行員であったアマーティが使節一行から直接受け取った可能性が非常に高いものと思われる。また、アマーティ関連史料調査を進める過程において、以下の史料も併せて漸次発見することとなった。

　　・ルイス・ソテーロがコロンナ家に宛てた書簡
　　・慶長遣欧使節の動向を伝える在ローマのコロンナ家家臣の書簡 8 通
　　・慶長使節から時代を 30 年遡り 1585 年に天正遣欧使節がローマを訪れた際の様子を伝える家臣の書簡をはじめとする関連史料 5 点
　　・日本を含めたアジア地域の布教史（手稿）1 点
　　・日本・フィリピンについて言及した贖宥状関連史料 7 点

　コロンナ文書館におけるアマーティ関連史料や天正・遣欧両使節関連書簡の発見は、キリシタン時代の日本人使節の動向解明に寄与するのみならず、ローマの一大有力者であるコロンナ家と日本との関係、コロンナ家の日本人像という、これまで全く言及されることのなかった、新しい論点を含んでいる。これらのことを受け本書では、新出史料を詳細に分析し、日欧交流史における新たな歴史的視点、すなわちシピオーネ・アマーティの思想と、その背景にあったコロンナ家と日本との関係を解明することを目的とする。

序　論

【慶長遣欧使節研究史】

　慶長遣欧使節に関する研究は、慶長遣欧使節を解明する端緒となった原典ともいえる『金城秘韞』（1812）が著わされた江戸時代にまで遡る。同書は文化9年（1812）に仙台の蘭学者大槻玄沢（1757～1827）が仙台川内の片倉小十郎邸に収められていた支倉常長関係遺品を検分し、その後「支倉常長南蛮渡海始末愚考」を上巻とし、「帰朝常長道具考略」を下巻としてまとめたことから[14]、のちに玄沢の孫にあたる大槻文彦（1847～1928）により注解が加えられて広く紹介された。しかし、鎖国とキリシタン禁制という時代背景のもとで、玄沢の執筆当時は全国的に知られることはなかった。同書は、近代歴史学が日本に到来する以前に書かれた研究書として特筆に値する。しかしその反面、未だキリスト教が厳しく禁じられていた時代にあって、参照した史料が仙台藩から提供された藩の目録のみであることに加え、次段落で述べるヨーロッパ側史料を用いることなく考証している点を指摘せざるを得ない。

　慶長遣欧使節が世に広く認識されるに至ったのは明治に入ってからである。それは、明治維新政府が派遣した岩倉具視（1825～1883）を中心とした欧州使節団の一員として同行した通詞であった福地源一郎（1841～1906）が、明治6年（1874）、ヴェネツィアで支倉常長関連文書を発見したことに端を発する。明治9年（1877）には仙台博覧会で、先に述べた支倉常長関係遺品（支倉六右衛門の油絵肖像画、ローマ公民権証書など）が公開され、明治天皇が東北巡幸中にこれらに目を通したとされている。同年7月には、福地が東京日日新聞に天皇の東北巡幸に関する記事を掲載した折、ヴェネツィアで発見した文書中の支倉六右衛門に関する記述と、仙台博覧会に展示されていた支倉関連遺品の内容が一致したと論じている[15]。このような一連の出来事によって、300年間封印されてきた慶長遣欧使節に対する関心は一層の高まりを見せた。また、同年には中江兆民（1847～1901）にフランス語を教授した唐通詞の平井希昌（1839～1896）が、岩倉具視の命を受けて『伊達政宗欧南遣使

14　仙台市博物館編『図録　ローマの支倉常長と南蛮文化』仙台市博物館、1989年、110頁。

15　同上、110頁。

考』を著し、太政官で印刷されたことを皮切りに、慶長使節に関する本格的な研究がスタートした。

さらに、明治42年（1909）には、村上直次郎（1868～1966）が『大日本史料第十二編之十二』を東京帝国大学史料編纂所より出版している。村上は、明治33年から明治35年にかけて、東京帝国大学史料編纂所の委託を受けて、スペイン、イタリア、ポルトガルなど欧米に留学した人物である[16]。留学の際に、ヴァチカン、シマンカスをはじめとする各地の文書館で文書を調査・収集して、それらを翻訳し、以前から知られていた史料とともに刊行した。同時期に同所から出版された『大日本古文書・家わけ第三』と同様に、『大日本史料』は現在の慶長遣欧使節研究の最も重要な文献のひとつといっても過言ではない。『イダルゴとサムライ』を著したファン・ヒル（Juan Gil）は、同書参考文献一覧のなかで同史料を、「支倉使節に関し不可欠な史料。博識の記念碑のような作品である」[17]と、評している。

その後、『大日本史料』以降のほぼ20年間、目新しい研究はなされていない。しかし、支倉常長一行がローマ・ヴァチカンを訪問したという事実は、1930年代に日独伊の関係が密接になりつつあるなかで、当時の良好な日伊関係の言説を形成する上での格好の材料となった。その中で、小倉博が昭和12年（1937）に「支倉六右衛門のローマ派遣から見た日伊両国の関係」[18]などの論文を『仙台郷土史』に発表している。

戦後、慶長遣欧使節研究は、わが国のキリシタン史研究と呼応して飛躍的な進歩を遂げる。昭和31年（1956）に国会図書館支部にあたる東洋文庫からシピオーネ・アマーティ著『伊達政宗遣使録』の複刻本が出版された。岡田良知は、その解説書として『元和年間　伊達政宗遣欧使節に就いて』を著しているのだが、それまで『遣使録』の存在は知られていたものの、その史料の概要を詳細に解説している研究書は存在しなかった。

16　上智大学編『カトリック大辞典Ⅰ』冨山房、1940年、725頁。

17　ファン・ヒル『イダルゴとサムライ―16・17世紀のイスパニアと日本―』平山篤子訳、法政大学出版局、2000年、634頁。

18　小倉博「支倉六右衛門のローマ派遣から見た日伊両国の関係」『仙台郷土研究』第7巻第12号、仙台郷土研究会、1937年。

1960 年代に入ると、日欧交渉史の研究者である松田毅一が、『慶長使節』(1969) を著している。松田は世界的な視野から使節を捉え、イエズス会士ジラロモ・デ・アンジェリス（Girolamo de Angelis, 1568～1623）の書簡などを考察して、日本近世初頭のキリシタン史のなかで支倉常長一行を見直そうとした。また、同使節を徳川幕府の日西交渉の延長線上に位置づけている点で、この研究書は特筆に値する。すなわち、松田がいうところによると、徳川幕府はヌエバ・エスパーニャとの直接交易を幕府開府以来の宿願としていた。任期を終えたフィリピンの臨時総督ロドリーゴ・デ・ビベーロ（Rodrigo de Vivero, 1564～1636）が、ヌエバ・エスパーニャへの帰途の途中に日本に漂着した。幕府はビベーロをヌエバ・エスパーニャへ送り届けることを口実として、彼の地との交易を求めている。この試みは失敗に終わったが、これ以降も幾度か幕府はイスパニアの手を借りて太平洋に交易路を開拓しようとした。その幕府の外交方針のなかに慶長遣欧使節が組み込まれていたと、松田は強く主張しているのである[19]。加えて、支倉常長は真の大使ではなく形骸的な介添人に過ぎないと断じ、外交交渉を取り仕切っていたのは修道士ソテーロであるという立場をとっている[20]。このような松田説が現在の支倉常長に関する学説を形成しているといっても過言ではない。

　他方、仙台においては、支倉常長顕彰会が『支倉常長伝』(1974) を編纂している。これは使節に関する海外史料を再検討し、松田説を補強する立場をとりつつも、慶長遣欧使節の全行程をより詳細に考察している。また、伊達家の当時の経済状況を考察する上での一史料に加えているという点も注目に価する。仙台における慶長遣欧使節研究は、いささか支倉六右衛門の外交能力を過大評価しがちであるが、本研究書に関していえば、不明な点は多いとしながらも、伊達氏と支倉家の関係から、六右衛門像を浮き彫りにしていこうという気概が窺え、道中における支倉六右衛門の政治的な立場についても、政宗の残した文書に依拠して、「支倉は副、ソテーロが正」[21]と的確に指

19　松田毅一『慶長遣欧使節　徳川家康と南蛮人』朝文社、1992 年、193 頁。
20　同上、193 頁。
21　支倉常長顕彰会編『支倉常長伝』宝文堂、1974 年、59 頁。

摘している。

　近年の研究としては、大泉光一の『支倉六右衛門常長　一慶長遣欧使節を
巡る学際的研究―』(1998) が挙げられる。大泉は、前述した松田と同様に
徳川幕府の外交政策の延長線上に支倉使節を位置づけている。伊達政宗もヌ
エバ・エスパーニャとの交易による利益拡大に対して関心を抱いていた。し
かし、それを表沙汰にしないようにしつつ、幕府の方針を逆手に取って利用
しようとしたという立場をとっている[22]。また、支倉六右衛門の人物評にお
いては、イタリア語、スペイン語共に理解できたという形跡が認められない
ことから、現地で思うように外交交渉を成し得なかったのは明白であり、ソ
テーロが交渉の一端を担っていたという見解を示している[23]。一方で大泉は、
今までこの分野には見られなかった研究手法をとっている。すなわち、それ
ぞれ異なった立場から書かれた3つの書簡・日記（シピオーネ・アマーティの
日記、駐マドリッド・ローマ教皇庁大使の書簡、ソテーロの報告書）を材料にす
ることにより、支倉のマドリッドでの受洗式の模様を多角的に再検証して歴
史的事実を浮き彫りにしたのである[24]。

　また、『徳川初期キリシタン研究』[25]など、永らくキリシタン史に携わる五
野井隆史は、『支倉常長（人物叢書）』[26]や、「慶長遣欧使節とソテロ」[27]を著し、
ソテーロが所属していたフランシスコ会と慶長使節、支倉常長との関係性を
緻密な分析を基に解き明かしている。

　2010 年には本書冒頭でも述べたように『仙台市史　特別編八　慶長遣欧
使節』が出版され、2013 年には佐々木和博が『慶長遣欧使節の考古学的研
究』[28]を出版し、考古学的視点から慶長遣欧使節将来品に批判的検証を加え、
将来品の一部が使節が持ち帰ったものではないことを明らかにしている。

22　大泉光一『支倉常長　慶長遣欧使節の悲劇』中央公論新社、1999 年、186 頁。
23　同上、186 頁。
24　大泉光一『支倉六右衛門常長―慶長遣欧使節を巡る学際的研究―』文眞堂、1998 年、342 頁。
25　五野井隆史『徳川初期キリシタン研究』吉川弘文館、1992 年。
26　五野井隆史『支倉常長（人物叢書）』吉川弘文館、2003 年。
27　五野井隆史「慶長遣欧使節とソテロ」『キリスト教文化研究所紀要』第 26 号、聖トマス大学キ
　　リスト教文化研究所、2011 年、22-39 頁。
28　佐々木和博『慶長遣欧使節の考古学的研究』六一書房、2013 年。

海外においては、ロレンソ・ペレス（Lorenzo Peresz）が『ベアト・ルイス・ソテーロ伝』[29]において、使節を主導したソテーロを中心に据え、アマーティの『遣欧使節記』を多く引用しつつ、慶長遣欧使節の経緯を著した。その際に、アマーティとソテーロが随時協働し、使節の目的遂行に奔走したといった主張を各所で展開している。これに関しては、ルードヴィッヒ・ヴォン・パストール（Ludwig Von Pastor, 1854〜1928）が全40巻におよぶ『中世末期以降の教皇史』[30]の「教皇パウルス5世」の項で、使節の経緯を詳しく紹介しているほか、チャールズ・ラルフ・ボクサー（Charles Ralph Boxer, 1904〜2000）が『1549年から1650年の日本キリシタン文化』[31]でも取り上げている。また、書誌学的な分析で著名な『ヨーロッパにおけるアジア形成』[32]でも『遣欧使節記』を中心として、慶長遣欧使節の経緯について触れられている。

　近年、同使節の性質を詳細に述べている著作としては、前述したファン・ヒルの『イダルゴとサムライ』[33]が挙げられよう。この研究書は16・17世紀における日西交渉史の変遷をまとめ上げている。同書は、豊臣政権下以来の両国の関係、特にフィリピンと日本との外交交渉、及び通商取引に重きを置いて考察を加えており、松田や大泉よりも、より大きい視野のなかで慶長使節を捉えようとしている点が特徴である。

　以上の研究のうち、使節団と関係の深かったアマーティ関連の研究は、先に触れたように岡本良知や大類伸が「日本略記」について極めて簡便に所見を述べ、『仙台市史』において平田隆一がソテーロの手稿と『遣欧使節記』との関係に触れている以外には、ほとんど見受けられない。イタリアではマリア・アントニエッタ・ヴィシェリア（Maria Antonietta Visceglia）編集の『近

29　Lorenzo Peresz, *Apostolado y martirio del beato Luis Sotelo en el Japón, hispánica*, Madrid, Imp. Hispánica, 1924.
　　なお、同書の日本語訳は野間一正によって1968年に東海大学出版会より出版されている。

30　Ludwig Von Pastor, *Geschichte der Päpste seit dem Ausgang des Mittelalters*, Freiburg im Breisgau, Herder 1886-1930.

31　Charles Ralph Boxer, *The Christian Century In Japan 1549-1650*, California, University of California Press, 1967.

32　Donald F. Lach, *Asia in the making of Europe*, Chicago, University of Chicago Press, 1965.

33　ファン・ヒル『イダルゴとサムライ』平山篤子訳、法政大学出版局、2000年。

世初期における教皇と国際政治』[34]において、ヴィシェリアと既述のエリザベッタ・コルスィが、アマーティと『遣欧使節記』の関係について軽く論じている程度である[35]。

【本書の目的】

これまで論じてきたように、慶長遣欧使節研究は史料収集や使節経緯の紹介が主であり、分析が試みられたものであっても、大日本史料を中心とした既存史料に依って慶長遣欧使節そのものを研究対象としたものが大半である。これから取り上げるアマーティ文書のように、新出史料を発掘し、周辺事情から日本人使節との邂逅を経てのヨーロッパに見られる日本受容、及び日本表象を掘り下げていく研究はほぼ皆無であったといえよう。

したがって本書は、以上のような問題意識と研究動向を踏まえて、コロンナ文書館に収蔵されているアマーティ文書を分析し、コロンナ家と日本との繋がり、それを背景としたシピオーネ・アマーティの人物像、並びに彼の著作中に見られる日本受容を解明するものである。

【本書の構成】

本書は、以下の4章構成で議論を展開していく。第1章第1節では、はじめにコロンナ文書館の収蔵史料の概要をおさえ、コロンナ家の家臣や支援者といった人々から当主へ送付された書簡を分析し、天正・慶長両遣欧使節をコロンナ家がどのように捉えようとしていたかを解明する。第2節では、コロンナ文書館に収蔵されている天正遣欧使節贖宥状をはじめとした贖宥関連史料を整理・分析し、非ヨーロッパ地域のことが記された贖宥状の性質、これまで注目されることのなかった当人以外の第三者に宛てられた贖宥状の運用形態を詳らかにする。

第2章第1節では、前章でのコロンナ家と日本の関係を踏まえつつ、これ

---

34 Maria Antonietta Visceglia a cura di, *Papato e politica internazionale nella prima età moderna*, Viella, Maggio, 2013.

35 *Ibid.*, pp. 49, 558-559.

まで不詳とされてきたシピオーネ・アマーティの経歴を、アマーティ文書を用いて解明し、アマーティの慶長遣欧使節における役割、及び彼と使節とを取り巻く背景について再検討する。第2節では、ルイス・ソテーロからの伝聞が多いとされるアマーティ著『遣欧使節記』を議論の主題に据える。ヴァチカン文書館に収蔵されている、ソテーロによる奥州報告とアマーティの『使節記』とを比較・検討した上で、アマーティの著作意図、及び思想を析出する。

第3章第1節では、アマーティが著した未刊の手稿「日本略記」の概要を詳らかにするとともに、その典拠を考察する。第2節では、「日本略記」の「宗教誌」に見られるイエズス会士グスマンからの抜粋に近い引用の意図を解明する。同章はこれら二つの議論を通して、イエズス会士らの日本経験の記述が、幾多の編集を重ねて、読者へと伝わっていく異文化情報の伝達過程の一端を明らかにする。

第4章第1節では、「日本略記」の主題ともいえる「政治誌」を取り上げ、アマーティの経歴に鑑みつつ、著作中に展開されているアマーティの政治思想をトマソ・カンパネッラの日本記述と比較しながら解明する。第2節では、同時代に活躍したジョヴァンニ・ボテーロの政治著作に見られる日本関連記述を取り上げ、アマーティの「政治誌」との比較を試みつつ、アマーティが自らの政治思想のなかで織りなした日本表象を明らかにする。

以上の議論を通して、ローマの有力貴族たるコロンナ家とシピオーネ・アマーティ、慶長遣欧使節との有機的な連関性という、新たな視点を近世日欧交流史に提供したい。

第 1 章

コロンナ家と天正・慶長遣欧使節

第1章　コロンナ家と天正・慶長遣欧使節

第1節　コロンナ家の日本関連情報収集

　イエズス会日本巡察師アレッサンドロ・ヴァリニャーノ（Alessandro Valig-nano, 1539〜1606）により企図され、イエズス会の布教成果の喧伝という布教プロガンダの一翼を担い、日本人として現地ヨーロッパ人と直接交流した天正遣欧使節（1582〜1590）、並びにフランシスコ会士ルイス・ソテーロ（Luis Sotelo, 1574〜1624）。また、伊達政宗等により組織され、太平洋における貿易ルート開拓を目指し、メキシコ・スペイン・イタリアで本格的な外交交渉を展開した慶長遣欧使節（1613〜1620）。これら両使節団は、行く先々において、多くの人々と交渉や会見を重ねた。『大日本史料』には、スペイン・イタリア・ポルトガルでの両使節団とヨーロッパ人の邂逅にまつわる当時の書簡や出版物の大部分が所収されており、同書は現在でも両使節団を研究する上での基本史料とされている。所収史料としては、両使節団がヨーロッパの各都市（マドリッド・ローマ・ジェノヴァなど）を訪れた折に、使節団を接待する当局者や現地駐在外交官らが書き残した書簡や日誌、市内を練り歩く使節一行の様子が描かれ出版されたルポタージュなどが挙げられる[1]。これらの史料からは、日本人を新奇なものとして捉える当時のヨーロッパ人の眼差しや政治的・外交的視点から使節一行を冷静に分析しようとした態度を様々な角度から読み取ることができる。

　一方、本節で検証するコロンナ文書館蔵の両使節関連文書は、『大日本史料』未所収であり、コロンナ家（Famiglia Colonna）と両使節との関係についても、全く言及されることがなかった史料群である。しかし筆者が、慶長遣欧使節の行程を『伊達政宗遣欧使節記』として著したシピオーネ・アマーティが、コロンナ家の関係者であった事実に注目し、当該文書館での調査を実施

1　『大日本史料　第十一編別巻ノ一　天正少年使節関係史料』東京大学史料編纂所、初版 1959 年／『大日本史料　第十一編別巻ノ二　天正少年使節関係史料』東京大学史料編纂所、初版 1961 年／『大日本史料　第十二編之十二　慶長十八年九月〔支倉常長訪欧関係史料〕後水尾天皇』東京大学史料編纂所編、初版 1909 年。

18

したところ、20余通に上る両使節関連書簡、及びアマーティによる書簡140余通を発見するに至った。そこで史料調査を進めた結果、コロンナ家と天正・慶長両使節団との関係および経歴が一切不詳とされてきたアマーティの人物像の解明につながる情報を得た。これらの史料群からは、ローマ東部パリアーノを中心に権勢を誇ったコロンナ家領主、またコロンナ家出身の聖職者らが、ヨーロッパ各地に点在するコロンナ家家臣や、支援者からの提供情報を通して、頻々と両使節の動向を窺っていたことを垣間見ることができる。

　16世紀中葉〜17世紀初頭のヨーロッパにおける日本表象を巡る問題は、イエズス会や托鉢修道会が日本から発送した書簡や報告書、オランダ・イギリスの商館日記、アビラ・ヒロン（Avila Giron, 生没年不詳, 1594初来日）やフランチェスコ・カルレッティ（Fran cesco Carletti, 1573?〜1636, 1597頃来日）といった商人が著した旅行記等の日本報告を中心に分析が進められ、碩学の先人らによって多大な研究成果が蓄積されてきた。しかしながら、天正遣欧使節、慶長遣欧使節のヨーロッパ歴訪を目撃した当時の現地ヨーロッパ人、とりわけコロンナ家をはじめとしたローマ近郊を拠点とする一貴族による日本情報の共有過程が、論じられることはこれまでほとんど無かった。

　以上のことから本節では、まずコロンナ家の17世紀に至るまでの歴史、及びそのコロンナ家の膨大な史料を収めたコロンナ文書館の概要を概観する。その上で天正遣欧使節関連記述が認められるアスカニオ・コロンナ枢機卿（Ascanio Colonna, Cardinale, 1560〜1608）宛書簡集、及び慶長遣欧使節関連記述が認められる当主フィリッポ・コロンナ1世（Filippo I Colonna, 1578〜1639）宛書簡集を整理・検討する。次いで、コロンナ家がヨーロッパ各地に張り巡らせていた人的ネットワークから、如何にして日本人使節団の情報を得ていたかを分析する。その上で、慶長遣欧使節通訳兼折衝役でありコロンナ家家臣でもあったシピオーネ・アマーティの情報仲介者としての役割も視野に入れつつ、これまで明らかにされることのなかったコロンナ家と天正遣欧使節及び慶長遣欧使節との関わりを具体的に考察することが、本節の最終的な目的である。

第1章　コロンナ家と天正・慶長遣欧使節

1. コロンナ家と教皇庁を取り巻く歴史的背景

　コロンナ家は12世紀初頭、トゥスコロ伯ピエトロ(Conti di Tuscolo, Pietro)により創始されたといわれている[2]。16〜17世紀当時、主にローマ東部のパリアーノを本拠地としていたコロンナ家[3]は、その位置関係から、教皇との関係が非常に深く、かつ複雑であり、対立と和解を繰り返していた。コロンナ家は1303年にフランス国王フィリップ4世と結託して、コロンナ家と対立関係にあったカエターニ家(Famiglia Caetani)出身の教皇ボニファティウス8世を捕縛する(アナーニ事件)など、教皇庁と対立を深める時期がある。その一方で、自家から教皇マルティヌス5世(Martinus V, 1368〜1431)を輩出することにより、教皇庁への影響力を強め、コロンナ家出身の枢機卿[4]を多く送り出すことで、教皇庁への勢力浸透を絶えず試みた。

　さらにコロンナ家は武門の誉れ高いことでも知られている。プロスペロ・コロンナ(Prospero Colonna, 1452〜1523)、ファブリツィオ・コロンナ(Fabrizio Colonna, 1450〜1520)、カルロ・コロンナ(Carlo Colonna, 1607〜1666)らは、教皇庁やスペインの傭兵隊長として活躍し、マルカントニオ・コロンナ2世(Marcantonio Colonna II, 1535〜1584)はレパント海戦(1571)において教皇庁艦隊司令官を務めた[5]。

　1555年から1557年にかけては、教皇パウルス4世(Paulus IV, 1476〜1559)が縁故を重んじた人事を実行することでコロンナ家に不利益が生じたため、先述のマルカントニオ・コロンナが教皇庁と激しく対立。スペインと結託して1557年8月にローマまで攻め上がり、翌9月に教皇庁側とカーヴェの和議(Pace di Cave)を締結、パリアーノをはじめとした所領の安堵を確認さ

2　Claudio Rendina, *Le grandi famiglie di Roma, Newton & Compton*, Roma, 2010. p. 249./Antonio Coppi, *Memorie Colonnesi*, Roma, Salviucci, 1855. pp. 28, 45, 48.

3　コロンナ家にはシチリア、ナポリなどを拠点とするいくつかの分家が存在する。

4　16〜17世紀のコロンナ家出身枢機卿は、ポンペーオ・コロンナ(Pompeo Colonna, 1479〜1532)、マルカントニオ・コロンナ(Marcantonio Colonna, 1523〜1597)、アスカニオ・コロンナ(Ascanio Colonna, 1560〜1608)、ジローラモ・コロンナ(Girolamo Colonna, 1604〜1666)などが挙げられる。

5　Rendina, *op. cit.*, p. 252.

20

せるに至っている[6]。1559 年のカトー・カンブレジ条約以後、教皇はローマの有力家系に爵位を与えることで、双方の関係強化を図る傾向にあり[7]、1569年には、コロンナ家もまたピウス 4 世（Pius IV, 1499〜1565）によってパリアーノ公爵（Ducato di Paliano）からパリアーノ大公（Principe di Paliano）に格上げされた。以降コロンナ家は、その軍事力を有効に利用しつつ、政略結婚を巧みに駆使することで、スペインやローマの貴族らとの関係強化に務め、ローマ市政に対しても絶えず影響力を行使するなど[8]、17 世紀半ばまでにローマ周辺地域において、一方の雄オルシーニ家と並んで確固たる地位を築き上げていった。

2. コロンナ文書館収蔵史料

9 世紀ごろの創建とされるベネディクト会サンタ・スコラスティカ（Santa Scolastica）修道院は、ローマより東に 50km ほど離れたスビアーコの町から、更に山奥へ 3km ほど進んだ、深い渓谷と切立った岩山に挟まれた場所に築かれている。

オルシーニ家とともにローマの一大有力家系であったコロンナ家には、中世以降に作成された公正証書や書簡が十分な整理もされないまま保管されている状態にあった。そこで、レパント海戦時（1571）の教皇庁艦隊司令官として名を馳せたマルカントニオ・コロンナ 2 世（Marcantonio II Colonna, 1535〜1584）が、1562 年にコロンナ家の本拠地[9]であったパリアーノに文書館を設立するよう、家臣のニコロ・ピスカーニ（Nicolò Pisacani）に命じたのが、コロンナ文書館の発端とされている。続いて、1634 年にはフィリッポ・コロンナ 1 世（Filippo I colonna, 1578〜1639）がシピオーネ・アマーティ及びコ

6　Coppi, *op. cit.*, pp. 317-325.

7　Richard Joseph Ferraro, *The Nobility of Rome, 1560-1700 : A Study of Its Composition, Wealth and Investments*, Madison, University of Wisconsin, 1994. p. 52.

8　Ferraro, *The Nobility of Rome, 1560-1700*, p. 69.

9　コロンナ家にはナポリ近郊やシチリア、カラブリア、アブルッツォなどに傍系が数多く存在している。

第1章　コロンナ家と天正・慶長遣欧使節

スモ・ボンテンピ（Cosmo Buontempi）に文書館の再整理を命じた。

19世紀中葉にはコロンナ家に遺産相続争いが発生し、それにより文書館史料は離散を余儀なくされている[10]。その一部がバリベリーニ家に渡った一方で、ほとんどの史料はローマのコロンナ邸に引き取られることとなった。これらの文書整理に多大なる足跡を残したのが、トマッゼッティ（Tomassetti）父子である。ローマ郷土史研究の第一人者であった父のジュゼッペ・トマッゼッティ（Giuseppe Tomassetti, 1848～1911）は、ローマ都市史を研究する者のあいだで現在でも大著とされている『ローマ近郊史—古代・中世・近世—』（*La Campagna Romana antica, medioevale e moderna*, 1910, E. Loescher）を執筆、その際に使用した関連史料に限り、息子フランチェスコ（Francesco）とともにコロンナ文書館史料の「歴史雑録」（Miscellanea Storica）、「III BB文書群」の一部、「IIIAA文書群」の索引並びに索引カードを作成したのであった。

コロンナ邸に移されたコロンナ文書館史料は、1998年、イタリアの文化財・文化活動省主導の下、スビアーコのサンタ・スコラスティカ修道院へと移管され、今日に至っている。また、ヴァチカン枢密文書館（L'Archivio Segreto Vaticano）にも、18世紀を中心とした会計文書の一部が未整理の状態でコロンナ家文書（Fondo Colonna）全105巻として保管されている。なお、バルベリーニ家に渡った史料は、現在ではヴァチカン図書館（Biblioteca Apostolica Baticana）バルベリーニ文書（Fondo Barberini）に収蔵されている[11]。

コロンナ文書館の蔵書管理方法は、不完全であり、何度も改編が加えられたことにより複数請求番号が存在するため、極めて複雑である。現在では目録の再編纂、文書整理がささやかに進められており、一日も早い完成が待ち望まれている。以下『コロンナ文書館ガイド2005』[12]に沿いながら、目録の

10　パリアーノを中心としてローマ東部に一大所領（Feudo）を形成していたコロンナ家は、その所領内の多くの拠点都市、ジェナッツァーノ（Genazzano）、ポフィ（Pofi）、カーヴェ（Cave）、トリヴィリャーノ（Trivigliano）、マリーノ（Marino）等々に集積されていった文書群を順次パリアーノに集約していったが、ザガローロ（Zagarolo）やパレストリーナ（Palestrina）のように、後に他家へ邸宅と所領が引き渡された際や、遺産相続争い以外でも文書群は離散していることから、現在のコロンナ文書館にコロンナ文書群が隈なく収められているわけではない。

11　Pietro scatizzi, *Consigli per le ricerche d'archivio riguardanti la famiglia colonna.*（http : //www.clavisaurea.it/main/archivio-colonna）2014年8月30日閲覧

収書内容を確認していきたい。

「一般索引・一般目録」集（L'Indice generale. L'Inventario generale）　12〜20世紀

　ここに収録されている史料のほとんどは、文書館員にして修道院長のプレスッティ（Presutti）によって整理（1867〜1871）された。コロンナ家の所領毎（カーヴェ、ジェナッツァーノ、パリアーノ、ポフィ、トリヴィリァーノ等々）に分けられ、それぞれに雑録（Miscellanea）、法律文書（Posizioni legali）、書簡（Corrispondenza）の3種類の文書群が収められている。なお、ここには不完全な形態で未だ不明な点が多い IV 文書群、IIIAA 文書群の補遺も収められている。

「歴史雑録」集（Serie: Miscellanea Storica）　11世紀〜20世紀

　この目録には、コロンナ家の家系に関わる史料が収められている。18世紀の文書館員、続いてプレスッティがコロンナ家の歴史にとって重要な史料をここに収め直した。

「公正証書・IIIAA」文書群（Istrumenti: Serie IIIAA）

　公証人によって作成された公正証書が収められており、プレスッティとトマッゼッティが見出しを付し、目録を作成している。

「IIIBB」文書群（Serie: IIIBB）　3〜19世紀

　18世紀の典型的な整理・分類方法でまとめられており、外交分野を中心として、爵位や財産に関する史料、コロンナ家領内の行政証書（許可証、聖職禄証書等々）、コロンナ家に発行された贖宥状、ほかの豪族との外交史料を収蔵している。後年になってトマッゼッティ父子が独自の請求番号を付して整理したのは、先に述べた通りである。

12　*Guida all'Archivio Colonna.* このガイドは、コロンナ文書館の目録データベース内に付されている。なお現在のところ、web では公開されていない。

「書簡」集（Serie dei Carteggi）　16〜19世紀

　コロンナ家の主要な人物 34 人に宛てられた書簡のほとんどが、ここに収められている。以前は宛名毎に請求番号が付されていたが、現在では請求番号は廃されている。各書簡は宛先のコロンナ家の人物毎に分類され、さらに差出人のアルファベット順に整理されており、これらは一定の大きさの函に順番に収められている。このような所蔵管理方法により、調査したい宛先の人名と差出人を指定すれば、文書館員によって容易に出納されるような仕組になっている。各人物の函数は様々であり、17 世紀初頭の家長にして、後のコロンナ家の繁栄の礎を築いたフィリッポ・コロンナ 1 世（Filippo I Colonna, 1578〜1639）のような人物は、書簡の遣り取りも活発であったため、書簡が収められている函数も 10 函を軽く超える。

「評議会」集（Serie：Congregazioni）　18世紀以降

　請求番号 IAB で形成されており、18 世紀末から 19 世紀全般を通してのコロンナ家内で執り行われた財政、財産管理などに関する会議の議事録が収められている。

「手稿本（コロンナ図書館蔵）」集（Serie：Codici, Manoscritti della Biblioteca Colonna）13世紀〜19世紀

　コロンナ家に関係する議論、手稿が収録されており、そのほとんどが手稿である。ここに収録さている史料は、かつてパリアーノにあったコロンナ家図書館に収蔵されていた。コロンナ家図書館目録に収録されている文書には、文書の史料名が記されるのみで、現在まで残されていないものも非常に多く存在する。それら文書は、図書館が各地を転々としているうちに、売却されたものと思われている。472 篇に及ぶこれら手稿群は、19 冊に分類・製本・保管されており、断食についての論文、詩歌、蔵書目録、政治論文、チェスの指南書、書簡、外交使節団報告、地理書、海図、議事録といった具合に、実に多彩な陣容を示している。

「文書館旧索引」集（Serie：Rubriche antiche d'archivio）　17〜18世紀

シピオーネ・アマーティとコスモ・ボンテンピが1630年代に文書館を再編した際に、この様式の索引の編集に着手した。後にこの索引は18世紀まで更新され続け、史料が随時追加された。

「ローマ・ラツィオ雑録・訴訟雑録」集（Serie：Miscellanea Roma e Lazio, e Miscellanea Cause）　前者13〜20世紀初頭、後者16〜19世紀

プレスッティにより再整理が進められていたが、1871年に未完成な状態で中断を余儀なくされ、現在でも複数の請求番号が存在する。「ローマ・ラツィオ雑録」には13世紀から20世紀初頭にかけての、コロンナ家が支配していたローマ周辺都市の様々な文書（基本法令集〔Statuto〕、葡萄・小麦畑の管理報告、教会財産目録、聖堂や要塞普請に関する報告）などが収められている。一方で「訴訟雑録」には16世紀から19世紀に至るまでの、各所領の訴訟記録、教会財産目録、土地売買をめぐる文書、覚書などが保管されている。

以上、2項にわたりコロンナ家の歴史、コロンナ文書館の略史を見てきた。次項以降では、コロンナ家と教皇庁との関係を視座しつつ、コロンナ文書館所蔵の新出史料から天正・慶長両使節とコロンナ家との関係を読み取っていく。

3. 枢機卿アスカニオ・コロンナと天正遣欧使節

アスカニオ・コロンナは枢機卿に選出される2年前の1584年11月、スペインのアルカラで天正遣欧使節と会見し、彼らにリュージュ、ヴィオラなどの楽器を贈った。使節の少年らは帰国後、これらの楽器を豊臣秀吉の前で演奏している[13]。

13　『大日本史料　第十一編別巻ノ二』333頁、欧文献272頁。／Daniello Bartoli, *Delle opere del padre Da niello Bartoli della Compania di Gesù volume X. del Giappone libro primo*, Torino, Torino della tipografia di Giacinto Marietti, 1825. p. 375.

第1章　コロンナ家と天正・慶長遣欧使節

　アスカニオは先述の教皇庁艦隊司令官マルカントニオ・コロンナ2世の子息として、1560年にマリーノ（Marino）で生まれた。少年期より父マルカントニオのスペイン行に随伴し、文才に秀で、1581年にスペイン王フェリペ2世王妃アンナ・デ・アウストリア（Anna d'Austria, 1549〜1580）の死に際して唱えた祈祷文は、後にローマで出版されている。アルカラ大学、サラマンカ大学で学問を修め、1588年には、かねてより蔵書整理に携わっていた枢機卿グリェルモ・シルレート（Guglielmo Sirleto, 1514〜1585）の図書室を譲り受け、ギリシア語・ラテン語・ヘブライ語・アラブ語・アルメニア語の手稿や出版物等々、多岐の言語に及ぶ蔵書の再整理を手がけた[14]。このように学究肌であった上に、書物に深い関心を寄せていたアスカニオが、天正遣欧使節についてどのような情報を得ていたのかについて、史料を引用しながら確認していく。

　天正遣欧使節は1585年3月22日にローマに到着し、23日に教皇グレゴリウス13世（Gregorius XIII, 1502〜1585）に謁見したが、ほどなくグレゴリウス13世崩御に立ち会い、同年5月に新教皇シクストゥス5世（Sixtus V, 1520〜1590）の就任式に参列、ローマ市より同市民権が授与され、6月3日にローマを発った。使節団ローマ到着直後の3月25日、ジョヴァンニ・ドメニコ・フィオレンティーノ（Gio vanni Domenico Fiorentino）は、ローマよりアルカラ滞在中のアスカニオ宛に「一昨日、祖国の衣装を身に纏った日本人使節、帝王の間において、令名高き父にして、いとも偉大なる教皇に謁見、その絢爛たる部屋にてイエズス会司祭がラテン語で演説せり。その演説により、多くの者が涙を流したり」[15]との書簡を認めている。ここからは使節一行の様子を、前年11月アルカラで使節団と会見したアスカニオに、いち早く端的に伝えようとする態度が見て取れる。

　同じく、ジョヴァンニ・ドメニコがローマからアスカニオに宛てた復活祭

14　Alberto M. Ghisalberti, *Dizionario biografi degli Italiani*, vol. 27, Roma, Istituto della Enciclopedia italiana, 1960. pp. 275-278.

15　アスカニオ・コロンナ宛書簡集、原文ラテン語、コロンナ文書館蔵。"nudius tertius Legatos Japonensies patrio habitu indutos, à Ponte.ᵉʳ Max.ᵐᵒ pleno patru'confessu, in aula regia ; luculenta à Sacerdote societatis IESU habita Latine'oratione," 宛先住所に"Alcala de Henares"との記述あり。

当日付（1585 年 4 月 21 日あるいは 22 日）の書簡には、「頃日、貴殿に宛てた日本人の書簡、演説を贈るべく、委託され候」[16]との記述が認められる。「日本人の書簡」すなわち有馬晴信（1567〜1612）、大友宗麟（1530〜1587）、大村純忠（1533〜1587）が認めたとされる 3 書簡のラテン語訳、及びイエズス会士ガスパール・コンサルス・ルシタヌス（Gaspar Consalus Lusitanus）が教皇の面前で行った演説内容は、情報管理徹底のため、イエズス会により印刷・出版されることが慣例であった[17]。無論例外もあるだろうが、各都市、各貴族のローマ駐在員が何らかの手段でそれらを入手し、本拠地へと送っていたものと思われる。したがって、このような情報伝達ルートに則してアスカニオも印刷物として「日本人の書簡及び演説」を受け取った可能性がある。

　以下、アスカニオ書簡を引き続き検討する。主席書記官ザッパ（Protonotario Zappa）書簡の一部では「貴方様に、これら日本の王子たちに関する、短い報告書をお送り致します。また同じくして、この公開枢機卿会議に関する報告書に、日本人らが書いた書簡のラテン語訳の複写を同封してお送りいたします」[18]との記述が認められる。この書簡では、使節に関する報告書、上述の九州諸大名書簡のラテン語訳複写について端的に言及されている。天正遣欧使節ローマ到着より 3 週間以上経過していることに鑑みると、ジョヴァンニ・ドメニコ書簡で指摘したことも含めて、使節関連の出版物が相当数出回っていたものと推測され、当該書簡に添付されていた報告書なども出版物であった可能性がある。一方で、在ローマのイエズス会士が上長に宛てた書

16　アスカニオ・コロンナ宛書簡集、原文ラテン語、コロンナ文書館蔵。"Japoniorum Literas, atque orationem (promissi non immemor) nunc demum ad te perferendas dedi."

17　ローマ発信、1585 年 3 月 30 日付、マントヴァ侯宛、Camillo Capilupi 書簡には次の記載がある。「本書簡とともに、この日本の公子等の書簡及び演説を送付することを得べしと考へみたるが、耶蘇会のパードレ等は、先ずこれを復読したる上、全部を翻訳せんことを欲し、次いで印刷所に送りたり、転写の際、種々誤を生じることを避くるため、筆写せしものを出すを好まず…」(280 頁、欧文献 239 頁参照)。ローマ発信、1585 年 4 月 6 日付、ヴェネツィア統領 Nicolao de Ponte 宛、ローマ駐在ヴェネツィア大使 Lorenzo Priuli 書簡。『大日本史料　第十一編別巻ノ一』300 頁、欧文献 260 頁を参照のこと。

18　ローマ発信、1585 年 4 月 24 日付、アスカニオ・コロンナ宛書簡集、原文イタリア語、コロンナ文書館蔵。"Io li mandai Il berev'Raguaglio Il Regno di questi Prencipi Giapponesi, cosi'anco adesso li mando questo concistoro publico con le copie dei loro lettere latine"

簡[19]では、天正遣欧使節に関する報告書を作成し送付する旨が記されているため、ザッパ書簡の添付報告書もまた、ザッパ自身が手がけた可能性も否定できない。いずれにしても時の経過とともに、アスカニオが使節に関するより詳細な情報を入手していたものと考えられる。

ヘロニモ・グリマルディ（Heronimo Grimaldi）書簡の一部では、以下のような詳細な記述が認められる。「猊下にローマからの消息その他をお送りいたします。お読みいただければ、帝王の間における公開枢機卿会議がどのようなものであったのか、おわかりいただけることと存じます。そこでは、[教皇グレゴリウス十三世への]服従の戒律を遵守するべく日本国王から遣わされた使節のための歓迎式が催されました。つまり豊後国主は、自分の甥や親類を、海路東インド、ポルトガル経由で教皇座たるローマまで外交使節団として派遣したのです。ヴィテルボからローマまでは使節団に騎兵の一団が随伴しておりました。その後、教皇庁全体、全枢機卿の一族郎党が総出でこの使節団を出迎え手厚く遇したのです。そして、使節団とともに遠路はるばるやってきたイエズス会士の一人が、恒例通り挨拶を述べて演説を行いました。イエズス会士を介して、つまり、彼らの書物や文書類や布教を通じて、使節団は、みずからの魂の救済を自覚するに至り、[まさしくそのイエズス会士の家に安らぎを得ていたのです]」[20]。

グリマルディ書簡がジェノヴァ発信とあるのは、3月下旬にローマでの使節の様子を目撃後、ジェノヴァへ赴き、当地で使節関連の報告をアスカニオ

---

19 ローマ発信、1585 年 4 月 6 日付、アラゴン地方長 Hieronimo Roca 宛、Diego ximenez 書簡。『大日本史料　第十一編別巻ノ一』282 頁、欧文献 241 頁を参照のこと。

20 ジェノヴァ発信、1585 年 4 月 14 日付、アスカニオ・コロンナ宛書簡集、原文イタリア語、コロンナ文書館蔵。[　] は筆者補足。"mando a V. S. Illma li Avissi di Roma et altri, dove V. S. Illma vedrà, come passato la cerimonia, fatta nel concistoro publicò, nella sala Reggia, per riceuti l'obedientia, che hà mandato a fare, Il Re di Chiappone, et Il Re de Bungho, con un altro delle Indie Orientale, della Navigatione di Portogallo, alla Santa Sede App :^a con hauti man-datiNipoti, et Parenti loro. per Amb :^n a. questo effetto, sono stati accompagnati ; da Viterbo a Roma, da una compagnia : di Cavalli, et come et di poi incontrati et ricevuti. Con molto hon-ore, da tutta la corte et dalle famiglie et Case de tutti li Cardinali, come si suole, introduche fece l'oratione. Uno di quelli Padri Giesuti, che sono venuti : con loro da quelle parte. per mezzo de quali, et per loro opere et document : et predicatori, si son riddutti, a questa cogni-tione, della salvatione, delle Anime loro,"

第 1 節　コロンナ家の日本関連情報収集

に宛てたためと思われる。そして留意すべきは、ジョヴァンニ・ドメニコ及びザッパ書簡に比べ、情報の密度が濃く具体的であり、公開枢機卿会議の様子が詳細に論じられている点であろう[21]。

『大日本史料』所収の天正遣欧使節関連書簡では、ローマ発信分に限れば、ローマ近郊ティーヴォリに滞在するデステ枢機卿宛の書簡が 26 通と非常に多く、次いでヴェネツィア統領宛、マントヴァ公宛書簡が多く見受けられる。これらのどの書簡でも、天正遣欧使節一行の帝王の間での教皇謁見の様子など、事細かく記されているが、グリマルディ書簡に記載されているように海路東インドを経てポルトガルに到着したとする航海情報はほとんど見受けられない[22]。航路に関する関心が執筆者であるグリマルディによるものか、アスカニオの要請によるものなのかは定かではないが、少なくともアスカニオがほかの貴族や枢機卿とは異なり、わずかでも海外情報に関心を寄せていたことは確かである。以上のように、枢機卿アスカニオ・コロンナがアルカラで天正遣欧使節と邂逅後も継続して使節関連情報に接しており、イタリア各地の貴族と同様、各地に点在する家臣や支援者という人的ネットワーク、及び情報統制を兼ねつつイエズス会と教皇庁のもとで印刷された出版物を通して情報収集をしていた可能性のあることを確認した。デステ枢機卿宛など、ほかの貴族宛書簡に比べて情報量は決して多いものではないが、グリマルディ書簡のなかにおいて、ほかの貴族宛書簡には見られない具体的な航路情報が記されている点は注目に価する。

一方、アスカニオが文才豊かで学識に長じ、文書の知識にも精通していたことは先に述べた通りである。加えて、天正使節とのアルカラでの邂逅の 2 年後には、枢機卿へと選出されているという事実からも、すでに聖職者として教皇庁に近い人物であったことは想像に難くない。コロンナ家独自の人的

21　公開枢機卿会議の一部始終は、フランシスコ・ムカンジ（Francisco Mucangi）の「儀典日誌」に、きわめて詳細に記録されている。『大日本史料　第十一編別巻ノ二』225-260 頁、欧文献 195-221 頁を参照のこと。

22　「儀典日誌」によると、ガスパール・コンサルスは天正使節の日本からローマまでの行程を、演説の場で朗々と語ったようである（『大日本史料』246 頁、欧文献 211-212 頁）。したがってグリマルディ書簡における航海情報は、演説内容を要約したものと思われる。

29

ネットワークのほかにも、教皇庁に集まる世界各地からの情報、とりわけイエズス会士からの海外情報にアクセスしやすかったと推察できる。

ここで取り上げておきたい史料のひとつに、『異教徒改宗と福音伝道のために赴いた跣足派フランシスコ会神父、及びカルメル会神父間の絆 中国の諸地域、フィリピン諸島、コンゴ国、アンゴラ国、インド諸地域、及びエチオピアにおいて』（コロンナ文書館蔵）[23]という写本がある。著者不明の当該著作は、1550年代から1580年代の事績が中心として取り上げられていることから、16世紀末から17世紀初頭にかけて書かれたと思われる。現存している序章の一部（合計15葉）の記述を瞥見する限りでは、僻遠の地での布教展開、すなわちスペインのアジア事業の最前線としてのフィリピン、そこから広められた中国布教、さらにはポルトガル東インド領内での布教活動について論じられており、イエズス会士フランシスコ・ザビエルによる日本開教の経緯にも触れられている。推測の域は出ないが、聖職者として海外の布教情報に接する機会の多いアスカニオ・コロンナのような情報仲介者の学術的好奇心を背景にして、上述のような著作がコロンナ家に保管されるに至り、コロンナ家内で海外情報に対する積極的な姿勢が形成されていったと考えられる。

4. コロンナ家と慶長遣欧使節

コロンナ家と慶長遣欧使節の関係性を論じる上で不可欠な人物が、当主フィリッポ・コロンナ1世と慶長遣欧使節通訳兼折衝役のシピオーネ・アマーティである。まずは彼らの経歴を確認し、その上で関係書簡との結びつきを考察していきたい。

まず、フィリッポ・コロンナ1世の経歴を概観してみよう。フィリッポ1

---

23 "Hermandad Entre los padres Descalzos Fran. cos y Carmelitas para la Conversion de la Gentilidad y predicacion del Sancto Evangelio. En las Partes de la China Islas Philippinas, Reynos de Congo y Angola y otras partes de las Indias : y Etiopia," 「手稿集」 vol. XXI, p. 675. 原文スペイン語、コロンナ文書館蔵。

第 1 節　コロンナ家の日本関連情報収集

世は、1578 年にファブリィオ・コロンナの子息としてシチリアに生まれた
とされている。彼は、慶長遣欧使節イタリア来訪時のコロンナ家当主であり、
アマーティが 20 代から 50 代にかけてコロンナ家の関係者として最も活躍し
た時期に多く書簡を宛てた相手でもあった。コロンナ家はナポリ近郊に多く
の領地を抱えていたことから、かねてよりスペイン宮廷の結び付きを強めて
おり、フィリッポ 1 世は少年期よりドイツやフランドル地方での戦役に同行
し軍功を重ねた後、マドリッドに赴きスペイン国王フェリペ 3 世（Felipe III,
1578〜1621）に 1611 年まで出仕していた。パリアーノのコロンナ家当主に
就いてからは、疲弊しきった財政を立て直し、領内の行政システムを抜本的
に改革。領民が悩まされていた飢饉に対しては、食糧倉庫を作り、日々必要
な食糧供給量を確保することで解決を図った。外交面でも、ほかのローマ近
郊の有力家系や教皇との関係改善に努めるなど、軍事、内政、外交と多方面
に亙って斜陽に差しかかったコロンナ家の立て直しを図った人物であった[24]。
以上のようなフィリッポ・コロンナ 1 世の経歴を念頭に置きつつ、彼に宛て
られた書簡を確認していくことにする。

　ニコラス・ダネオ（Nicolas Daneo）は 1615 年 2 月 23 日にマドリッドから
「日本大使はフランシスコ会洗足派修道院で洗礼を受けた。代父はレルマ公
とその娘［ニエブラ伯爵夫人もしくはバラシャ伯爵夫人］が務め、参列者はス
ペイン王、諸閣下、馬車にて 16 名を伴ったフランス大使であった。王はス
ペインの居館から 3 台の馬車、6 頭のラバを呼び寄せ、ヴェネツィア、イギ
リスの居館へと向かわせ、日本大使に 8 台の馬車を準備した」[25]と、慶長遣欧
使節についての報告を寄せている。これまで取り上げてきた書簡はどれも 1
から 5 葉程度の分量であるが、このダネオ書簡は全 18 葉と段違いの情報量

24　Alberto M. Ghisalberti, *Dizionario biografico degli Ita liani*, vol. 27, Roma, Istituto della Enci-
　　clopedia italiana, 1960. pp. 297-298.
25　マドリード発信、1615 年 2 月 23 日付、フィリッポ・コロンナ 1 世宛書簡集、原文スペイン語、
　　コロンナ文書館蔵。"el embax.' Japon se bautico en las descalcas fue el padrino el de Lerma
　　（ ） in hija presentes el rey ss. AA. el embax.' Frances entre a 16. privador（ ） en coche
　　porq'llama embide el rey 3. coches de a 6. mulas españole el residente y el de Venet.ª y
　　Ingalaterra y fuer'asta 8. di coches al dia"

31

第 1 章　コロンナ家と天正・慶長遣欧使節

である。当該書簡での日本報告は、紙面の大半を費やしているマドリッド情勢報告の一部として扱われており、20 葉に及ぶ他日付の書簡も同様にマドリッド情勢報告で構成されている。これら書簡の情報量の多さは、フィリッポ 1 世がスペイン滞在時にダネオとのあいだで築いた人的ネットワークに裏打ちされるものではないかと考えられる。フィリッポ 1 世がダネオ書簡を通して遙か遠方マドリッドの情報を得ており、そのなかに慶長使節の情報も含まれていたと推測される。

　修道院長ブファリーニ（Abbate Bufalini）は、書簡の一部において、「ここローマでは、日本の大使が教皇のもとに到着し、シピオーネ・アマーティ氏もラテン語通訳として来着されました。改めて申し上げねばならぬことですが、アマーティ氏は閣下の秘書の手助けをされてこられました」[26]と、フィリッポ 1 世に宛てている。ここでは使節随行員としてのアマーティの肩書に通訳が付されているが、スペイン語とイタリア語の近似性に鑑みた時、実際どのように通訳をしていたのかは定かではなかった。しかし、上記引用文によりラテン語の通訳をしていたことが明らかとなり、公用語がラテン語である教皇庁において、アマーティがラテン語の通訳をしたものと考えられる[27]。また、ブファリーニは慶長遣欧使節について述べる際に、アマーティの動向にも言及している。これは後述する「事由書」に記されてあるように、アマーティが学識豊かな聖職者としてコロンナ家の家庭教師を務め、紛争解決にも手腕を発揮して、すでにコロンナ家内では名が通った人物であったために、コロンナ家関係者の活躍として取り上げられていたものと思われる。

　バルトロメオ・トゥールコ（Bartolomeo Turco）は、3 通の書簡で慶長使節について以下のように報告している。

26　ローマ発信、1615 年 10 月 20 日付、フィリッポ・コロンナ 1 世宛書簡集、原文イタリア語、コロンナ文書館蔵。"Qua in Roma e arrivato uno Ambasciatore Giapponese a N. S e se ci e venuto D. Scipione Amatis per interprete nella lingua latina, già aiutava la secretaria di V. E. che e quanto per nova debbo dire."

27　「教皇聖下の臣下やそこに集まっていた貴人たちや騎士たちに迎えられ、その後、アマーティ博士を通訳として連れて、ボルゲーゼ枢機卿閣下の衣服に接吻するために枢機卿のもとを訪れた」（前掲書『遣欧使節記』79 頁；原文 58 頁抜粋）。

第1節　コロンナ家の日本関連情報収集

やがて［オルシーニ家の］パオロ・ジョルダーノ様が御訪問されました。15分ばかり経ったころ、ジョルダーノ様が退出なされた後、デルフィーノ［ドルフィン］、トスコ、バルバリーノ、アラチェッリ、モンタッロ等大勢の各枢機卿、ローマ総督、フランス、マントヴァ、サヴォイア、フィレンツェの大使のお歴々、日本大使、またさらには君主とその妃から、教皇派の面々や義勇騎士団にいたるまで、逐一把握できないほど次から次へと際限なく邸宅にやって来られたのです[28]。

閣下に日本国に関する報告書をお送りいたします[29]。

今週土曜日の午前にスピノーラ枢機卿猊下がローマに入られます。先週木曜日には日本人等が出立しました。チヴィタヴェッキア、リヴォルノを経てスペインのバルセロナへと向かうようです。教皇は彼らに多くの品々を贈ったようですが、私奴は詳しくは存じ上げません。ただ、12ソーマに至らぬ程度の下賜品を受納したものと存じております。シピオーネ・アマーティ博士はスペインにおいて、100ソーマ相当の品及び金貨10スクードを拝領し、6年ごとにそれを更新する誓いをたてるとの由[30]。

フィリッポ1世の臣下トゥールコの3書簡は、ダネオとブファリーニの書

28　ローマ発信、1615年11月2日付、フィリッポ・コロンナ1世宛書簡集、原文イタリア語、コロンナ文書館蔵。［　］は筆者補足。"usci di came'ra, venne poi il S. r Paolo giordano, et si tratte'de mezo quarto di ora, doppo lui il Card. delfino, tosco, barbarino, Ara Ce'li, montallo, et molti altri Cardinali, il Gvarnator di Roma, et l'imbasciator di Francia, di Mantova（,）Savoia, e'Fiorenzia, inbasciator del giappone, et anco fu dal principe et prinpessa, Papalini poi et Cavalieri Privati sine fine che non si potèva capir in casa, per la gran..."

29　ローマ発信、1615年12月25日付、フィリッポ・コロンナ1世宛書簡集、原文イタリア語、コロンナ文書館蔵。"li mando la relazione del Regno del Giappone a cio VE"

30　ローマ発信、1616年1月10日付、フィリッポ・コロンナ1世宛書簡集、原文イタリア語、コロンナ文書館蔵。"Giovedì pasato partirno li Giapponesi per la volta di Civita Vecchia, per la volta di Ligurno, et Barcelona, per spagna, et il Papa li à donate molte cose ma io non so che, ma so che di donatio riceuto né ancorche dodici some, Il Dottor Scipione Amati ha'auta una come soma di cento et dice scudi de oro, in Spagna, con giuramento di rinovarla, Sei anni, in sei anni,"

第 1 章　コロンナ家と天正・慶長遣欧使節

簡を織り交ぜたような性質をもっているといえる。トゥールコの書簡群は慶長遣欧使節関連記述が含まれる 3 書簡のほか、合計 9 通あり、1 書簡当たりの分量は 1 葉から 6 葉とバラつきがある。内容は実に多彩で、ほかの書簡と同様に貴人宅への訪問や、その際に起きた事件が生き生きとした筆致で伝えられ、そうしたなかに上記のような使節関連の記述が盛り込まれている。また興味深いのは、別の書簡では、トゥールコが自ら指揮官（capitano）を名乗り、騎士団「聖母新軍（Nova Militia della Madre di Dio）」編成を企図している旨も記されており、イタリア各地からどのような騎士がどのくらいローマに参集するかなど、具体的な報告をフィリッポ 1 世に上申している[31]。武勲に名を馳せたフィリッポ 1 世なら、トゥールコのような高級軍人との情報共有関係を構築したであろうことは想像に難くない。トゥールコ書簡群からは、ダネオと同様に両者が築き上げた関係性や、トゥールコ自らが入手した詳細で正確な情報をフィリッポ 1 世に伝えようとした態度が認められる。トゥールコが作成したものか、当時の出版物かは定かではないが、書簡に同封したとされている慶長遣欧使節に関する報告書は、まさにそうしたトゥールコの姿勢が示されているように思われる。さらに、上記に挙げたアマーティの報酬についての詳細な報告は、他の慶長遣欧使節関連書簡、コロンナ文書にも認められないものであり、フィリッポ 1 世の要請に応えようとするトゥールコの情報収集能力を垣間見ることができる。

　最後に慶長遣欧使節において重要人物の一人である、ルイス・ソテーロ（Luis Sotelo, 1574〜1624）がフィリッポ 1 世に宛てた書簡全文を紹介したい。

　　閣下の邸宅で下賜される報酬、贈答品、御愛顧は、閣下が栄誉を授ける上で有益なる品々とともに、閣下の偉大なる家柄が常々用いているものです。そうした贈り物を賜ると、水を打ったような沈黙の時間が訪れました。こんなことになるとは私と大使にはまったく知る由もありませ

31　ローマ発信、1616 年 4 月 9 日付、フィリッポ・コロンナ 1 世宛書簡集、原文イタリア語、コロンナ文書館蔵。

んでした。私たちが手に口づけをしに向かうと、私たちのそぶりから彼らは事情をのみこんでいるようです。もし大使がナポリに赴く機会を得られるならば、私たちはぜひとも口づけしに行きたかったのです。多額の費用のかかる航海、そのために施される報酬、大使宛の閣下の信任状の拝受、私の運がついていないせいで、こうした幸運の機会には何一つとして効果がありませんでした。メディナ公爵夫人と彼女の公爵家が差し伸べて下さった庇護を私は存じ上げております。きわめて重要な使命に対する随行の廷臣の奔走ぶりにはめざましいものがあります。閣下が［キリストへの］祈願を庇護され、温かき御心から彼ら［使節一行］に書簡を認められますように。彼［支倉］は我らが主、多くの御霊、そして我々に向けられる恩寵に最大限尽くされるでしょうから。想像しづらいでしょうが、時間節約のため、我々は〈 〉を欲しておりません。すなわちロレートの聖母にすら参詣せずにこちらのジェノヴァへ一目散に馳せ参じたのでございます。きっとこの聖母への不敬の罰がたたったのでしょう。と申しますのも、ここジェノヴァに到着してすぐに大使［支倉］が三日熱に罹り、すでに40日間も足止めを食らっているからでございます[32]。

　伊達政宗の所領からヨーロッパまで慶長遣欧使節団を引き連れてきたソテーロの書簡は、これまで取り上げてきた報告書のような人的ネットワーク

32　ジェノヴァ発信、1616年3月3日、フィリッポ・コロンナ1世宛書簡集、原文スペイン語、コロンナ文書館蔵。"Despues de aver recebido la mrd. regalo y fabor en su casa de v. ex. a que la grandeza de ella suele usar con los que se sirve de onrrar fue el irse a su estado tan en silencio que de ninguna suerte lo supimos y iendo a besar las manos el embajador y yo nos lo digeran tuvimos gran deseo de ir lo a hazer en el tomando ocasion de ir a Napoles y a un de esta suerte no pudo tener effecto por mi corta ventura la naviera por muy grande el gozar de esta mrd. y llevar cartas de v. ex. a pa mi. s. or la duquesa de medina, y el amparo de las suyas conozco por muy inportante ga. el buen despacho de la corte. asile suplico se sirva de escrevirles caldamte. pues en ello hara gran servicio a ntro. sor. bien a tantas almas y mucha mrd. a sus servidores. Por ahorrar de tiempo, por (q.) no se imagine non queremos estar (　) an'a por aca venimos via recta a Genova sin visitar siguiera a Ntra. s. ra de Loreto y pienso nos a castigado porq'le dieron unas tercianas al embajador acabado de llegar aqui en Genova que nos han detenido quarenta dias ya queda"

の存在を示す書簡とは若干異なっており、礼状に近いものである。しかしながら、ソテーロがフィリッポ 1 世に送った上記書簡を通して、今日まできわめて不明瞭であったコロンナ家と慶長遣欧使節との関係性が明らかとなった。すなわち序文でも述べた通り、アマーティのマドリードでの宿主で、アマーティを使節随行員に推挙したヴィットーリアが、ヨーロッパにおいて常に困窮していた使節一行に、後になっても積極的に便宜を図っていたこと、さらには使節一行が三日熱に罹り 40 日間足止めされていたという新事実である。特に前者の新事実については、コロンナ家と慶長遣欧使節との関係を裏付けている点で、歴史的価値はきわめて高い。

　フィリッポ 1 世は、少なくとも 1615 年 2 月付のダネオ書簡を通じて慶長遣欧使節の情報を入手していたことから、同年 8 月のアマーティと慶長遣欧使節との邂逅以前より、フィリッポ 1 世がこの日本人使節について知見を得ていたといえる。一方で、以上のような本稿で引用したソテーロ書簡をはじめとしたフィリッポ 1 世宛書簡、つまりコロンナ文書慶長遣欧使節関連史料群は、慶長遣欧使節のスペイン・イタリア歴訪時に置かれた立場を暗に指し示す点も包含する。この点は第 2 章第 1 節でさらに詳しく論じることとしたい。

第2節　贖宥状と海外布教

　本節では、前節で指摘したコロンナ家の書簡を通して見られる情報収集と異文化接触を、天正遣欧使節贖宥状をはじめとした新出史料を通して別角度から考察を加えていく。

　コロンナ家は12世紀初頭にトゥスコロ伯ピエトロにより創始されたといわれている。ローマ東部のパリアーノを本拠地として、教皇マルティヌス5世（Martinus V, 1368〜1431）や多数の枢機卿を輩出するなど、教皇庁と太いパイプを持ち、ローマ市政に対して絶えず影響力を及ぼした。そして一方の雄オルシーニ家と並び、ローマの一大有力家系に挙げられていた。

　イエズス会士バルトリ（Daniello Bartli, 1608〜1685）が著した『イエズス会の歴史』によると、後に枢機卿となるアスカニオ・コロンナは、天正遣欧使節のアルカラ滞在時、使節一行にリュート、グラヴィチェンバロ、グラヴィコード、アルパ、ヴィオラ・ダ・ガンバといった楽器を贈っており、使節は帰国後の1591年3月3日（天正19年閏1月8日）、聚楽第での秀吉謁見の際に、これらの楽器を演奏したとある。この事実に鑑みても、コロンナ家と日本とのわずかながらも確かな結びつきを窺い知ることができるかと思われる。

　本節前半部では、コロンナ文書館での調査において発見した、天正遣欧使節に宛てられた贖宥状について、コロンナ文書館に収蔵されているほかの贖宥状と比較しながら、その特徴を分析していく。次いで後半部では、同じくコロンナ文書館に収蔵されている慶長遣欧使節と贖宥状の関係を示唆する書簡をはじめとして、贖宥状複写の伝達過程を分析し、コロンナ家、贖宥状、日本とのあいだの関連性を明らかにする。

　以上を踏まえ、本節はコロンナ家を梃子として、上述の贖宥状を分析しながら、東西交流史に新たな視点を提示することが最大の目的である。

第1章　コロンナ家と天正・慶長遣欧使節

1.　コロンナ文書館収蔵贖宥状について

　贖宥、免償をラテン語では indulgentia と表記するが、この言葉が使われ始めたのはローマ帝国時代といわれており、当初は「賦役・懲罰の免除」といったテクニカルタームとして使われていた。一方でカトリックにおける贖宥とは、教会がイエス・キリスト、聖母マリア、諸聖人の功徳によって、告解の秘跡後に残った有限の罰の償いに対して与える「ゆるし」を指す。これにあずかるには、神からの恩恵を受ける状態のもと、贖宥を受けたいという意志も保持しつつ、善行、祈りなど、定められた条件を果たさなければならないとされている。この贖宥を得るための条件、つまり祈りや信心業が明記されたのが贖宥状である。贖宥状は教皇により出されるものが多いが、司教などの高位聖職者により出されるものも認められる。贖宥の分類等をごく簡単に説明していくと、贖宥は全贖宥（すべての罰のゆるし）と部分贖宥（一部の罰のゆるし）に大別され、当然ながら全贖宥のほうが部分贖宥よりも、その条件は高く設定されている。また、ローマ・カトリックには 25 年に一度、聖年、あるいは教皇が宣言した際に設けられる特別聖年といったものがあり、聖年の際には教皇より全贖宥が付与される。しかしながら、その位置づけは通常の全贖宥に次ぐものとされている。贖宥状の内容は、地域、信者の社会階層、死者か否か、修道会ごとに細かく内容が分かれ、上述した祈りや信心業に伴うメダリア、コロナなどの使用や、予め定められた聖地の訪問が贖宥状に記載されることがある。16、17 世紀には贖宥が付帯されたメダリアが普及するようになり、それらの使用が贖宥状にも記されるようになった。

　1618 年に在マカオ日本イエズス会副管区長ジェロニモ・ロドリゲス（Geronimo Rodrigues, 1567～1628）は、「組みないしコンフラリアに関する覚書」[33]において、日本人信者が受け入れやすい贖宥状について詳細な要望を記しているが[34]、それは上記のような経緯を踏まえて著されていることがわかる。

33　五野井隆史「1618 年，ジェロニモ・ロドリゲス作成の「組ないしコンフラリアに関する覚書」について―解説と翻訳」、『サピエンチア』40 号、聖トマス大学論叢編集委員会、2006 年。

第 2 節　贖宥状と海外布教

　コロンナ文書館には教会大分裂期 1410 年 2 月 15 日に対立教皇ヨハネス
23 世（Ioannes XXIII, 1370 頃～1419）に認可された贖宥に関する勅書、「枢機
卿オドーネ・コロンナに 2 年及び 80 日の贖宥付与権を認可せし、教皇ヨハ
ネス 23 世勅書」[35]や、教会大分裂直後に教皇となったコロンナ家出身のマル
ティヌス 5 世（Martinus V, 1368～1431, 在位：1417～1431）[36]が 1421 年 12 月 1
日に発した「サンタ・ニコラ教区教会（在ジェナッツァーノ）奉納に際し、
総大司教ジョヴァンニ・ディ・コンスタンティノーポリに贖宥付与権を認可
せし教皇マルティヌス 5 世小勅書」[37]のような 15 世紀初頭のものから、1799
年 5 月 18 付の贖宥に関する勅書「サンティ・アポストリ教会コレット内、【十
字架の道の留】のフィリッポ 3 世による整備の折、通例贖宥を認可せし教皇
ピウス 9 世答書」[38]に至るまで 29 点が収蔵されている。以下にコロンナ文書
館に収蔵されている贖宥状関連主要史料を記す。

【コロンナ文書館所蔵、贖宥関連主要史料一覧】

・贖宥付与権関連文書

　この贖宥状関連資料は、ひとつを除いてほかは 15 世紀初頭に作成された

34　第二部第 12 項目「（前略）日本の身分ある人々である兵士〈武士〉達もまた、殿たちへの奉公
　　のために長期間自分の家を離れて行動している。このため決められた日の教会訪問が贖宥に結
　　び付けられないように注意が払われなければならない。」（同上、13 頁。）第二部第 13 項目「農
　　民達やその他の奉公人達もまた、個人的な奉公の義務を大いに負っている。彼等は異教徒の領
　　主達に仕えその領地にいるので、たとえ日曜日や祝日、教会に行けねばならない日であっても、
　　領主達が彼等に命じることに応じざるをえない。日本ではこの点について厳しく服従を強いら
　　れているからである。そのため、贖宥が［その条件として］ある定められた日のみの教会訪問
　　を重複しないように、これついて配慮しなければならない。（後略）」（同上、13 頁。）
35　"Bolla di Giovanni XXIII, che concede al card. Odone Colonna la facolt・di dispensare indul-
　　genze di 2 anni e 2 quarantene." IIIBB 3-42、ラテン語手稿、羊皮紙、コロンナ文書館蔵。
36　枢機卿オドーネ・コロンナ（Odone Colonna、あるいは Ottone）を指す。1414 年から 1418 年
　　にかけて開かれたコンスタンツ公会議において、ヨハネス 23 世を始めとした対立教皇の廃位
　　宣言を経て、1417 年 11 月にオドーネ・コロンナが教皇マルティヌス 5 世として選出された。
　　ここに教会大分裂が終息したとされている。
37　"Breve di Martino V al Patriarca Giovanni di Costantinopoli（in partibus）che gli d・le facolt・
　　per le indulgenze nella consacrazione della chiesa parrocchiale di S. Nicola in Genazzano." II-
　　IBB 72-1、ラテン語手稿、羊皮紙、コロンナ文書館蔵。
38　"Rescritto di Pio VI che concede le consuete indulgenze per le stazioni della Via Crucis
　　sistemate nei coretti della chiesa dei SS. Apostoli da Filippo III Colonna." IIIBB 49-61、イタ
　　リア語、洋紙、コロンナ文書館蔵。

ものである。折しも教皇大分裂期、コロンナ家出身教皇マルティネス5世の時代と前後していることから、コロンナ家が教皇庁ともっとも近かったころの史料であり、贖宥の付与もそれに関連しているものと思われる。

「枢機卿オドーネ・コロンナに2年及び80日の贖宥付与権を認可せし、教皇ヨハネス23世勅書」

"Bolla di Giovanni XXIII, che concede al card. Odone Colonna la facolt・di dispensare indulgenze di 2 anni e 2 quarantene.."（イタリア語名はデータベースを参照）1410年2月15日、IIIBB 3-42、羊皮紙、ラテン語手稿、コロンナ文書館蔵。

「ミサ列席者に一年の贖宥を授けることを枢機卿オドーネ・コロンナに認可せし、教皇ヨハネス23世勅書」

"Bolla di Giovanni XXIII che concede al card. Odone Colonna di conferire un anno di indulgenza a chiunque assister・alla sua Messa."（イタリア語名はデータベースを参照）1411年3月、IIIBB 4-11、羊皮紙、ラテン語手稿、コロンナ文書館蔵。

「サンタ・ニコラ教区教会（在ジェナッツァーノ）奉納に際し、総大司教ジョヴァンニ・ディ・コンスタンティノーポリに贖宥付与権を認可せし教皇マルティヌス5世小勅書」

"Breve di Martino V al Patriarca Giovanni di Costantinopoli（in partibus）che gli d・le facolt・per le indulgenze nella consacrazione della chiesa parrocchiale di S. Nicola in Genazzano."（イタリア語名はデータベースを参照）1421年12月1日、IIIBB 72-1、ラテン語手稿、羊皮紙、コロンナ文書館蔵。

「ジェナッツァーノのサン・ニコラ教会に贖宥を認可せしマルティヌス5世勅書」

"Bolla di Martino V che concede indulgenze per la chiesa di S. Nicola in Genazzano."（イタリア語名はデータベースを参照）1422年12月2日、IIIBB 16-11、洋紙、後世の複写、ラテン語手稿、コロンナ文書館蔵。

「ペスカーラのサン・クレメンテ教会に贖宥を認可せしウルバヌス 8 世小勅書」

"Breve di Urbano VIII concedente indulgenze per la chiesa di S. Clemente di Pescara." (イタリア語名はデータベースを参照) 1643 年 3 月 26 日、IIIBB 15-80、ラテン語手稿、羊皮紙、コロンナ文書館蔵

・贖宥付聖十字軍勅書（印刷）

　コロンナ文書館に最も多く収蔵されている贖宥状であり、スペインの対トルコの意識が強く打ち出されているのが特徴といえる。どの贖宥状も発行時期が 16 世紀末から 17 世紀中ごろまでとなっており、その点もスペインがトルコとの対決姿勢が強かった時期と符合している。

「スペイン諸国、その近隣諸島、シチリア、サルデーニャ諸国において、故教皇グレゴリウス 13 世、及びシクストゥス 5 世聖下により授与され、印刷を命じられし聖十字軍勅書。未信者、異教徒そしてカトリックの聖なる信仰の敵に抗うため、我らが主君ドン・フィリッポ王に従軍し、あるいはその戦費を支えんとする者どもを、いとも偉大なる贖宥、恩寵、特権により、良きに取り計らうものなり。」

"Bolla della Santa Crociata, concessa, & ordinata che si publichi dalla Felice memoria di Papa Gregorio xiii. dalla Santita di Sisto V. ne i Regni di Spagna, & Isole coadiacenti, e ne li Regni di Sicilia e Sardegna a beneficio di quei che aiuteranno la Maesta del Re Don Filippo Nostro S. nelle guerre, o nelle spese di esse contra gli infideli, e heretici nemici di nostra santa Fede con grandissime Indulgenze gratie, e priuilegii." 1587 年、IIIBB 10-22、洋 紙、印刷、原文イタリア語、全 1 葉、コロンナ文書館蔵。

「スペイン諸国、その近隣諸島、シチリア、サルデーニャ諸国において、故教皇シクストゥス 5 世により認可、出版を命じられ、我らが教皇、故グレゴリウス 14 世、クレメンス 8 世により延期せられし聖十字軍勅書。未信者、異教徒そしてカトリックの聖なる信仰の敵に抗うため、我らが主君ドン・

第1章　コロンナ家と天正・慶長遣欧使節

フィリッポ王に従軍し、あるいはその戦費を支えんとする者どもを、いとも
偉大なる贖宥、恩寵、特権により、良きに取り計らうものなり。」

"Bolla della Sãta Crociata cõcessa è comandata publicarisi dal N. Santiss. Pa-
dre Sisto V. di felice memoria è prorogata per il Nostro Santiss Padre Greg.
XIIII. di felice recordatione ; e di Clemente VIII. nelli Regni di Spagna, e
Isole a quelli coadiacēti e nelli Regni di Sicilia, e Sardigna in fauore di
quelli, che aiuteranno, e seruiranno nella guerra, o spese di quella, al Re D :
Filippo N. S. cõtro gl'infedeli, e heretici, nemici di N. S. Fede Cattolica cõ
grãdissime Indulg. gratie. e priuilegii." 1593 年、IIIBB 10-26、洋紙、印刷、
原文イタリア語、全 1 葉、コロンナ文書館蔵。

「故クレメンス 8 世聖下により授けられし聖十字軍勅書。教皇パウルス 5 世
によりスペイン諸国、その近隣の島々、シチリア、サルデーニャ諸国におい
て印刷が猶予・下命せられしものなり。未信者、異教徒そしてカトリックの
聖なる信仰の敵に抗うため、我らが主君ドン・フィリッポ王に従軍し、ある
いはその戦費を支えんとする者どもを、いとも偉大なる贖宥と許しにより、
良きに取り計らうものなり。」

"Bolla della Santa Crociata concessa per la Santità di Clemente VIII. di Fe-
lice memoria, e prorogata, e comandata à publicarisi per il Nostro Santissimo
Papa Paolo Quinto nelli Regni di Spagna, & Isole à quelli coadiacenti, e nelli
Regni di Sicilia, e Sardegna in fauore di quei che aiuteranno, o seruiranno
nella guerra, ò spese di (　) al Re Don Filippo Nostro Signore, contro gl'infi-
deli, ed Heretici, & nemici di nostra Santa Fede Cattolica con molto grande
Indulgenze, e perdoni." 1607 年、IIIBB 10-26、洋紙、印刷、原文イタリア語、
全 1 葉、コロンナ文書館蔵。

「故クレメンス 8 世聖下により授けられし聖十字軍勅書。教皇パウルス 5 世
によりスペイン諸国、その近隣の島々、シチリア、サルデーニャ諸国におい
て印刷が猶予・下命せられしものなり。未信者、異教徒そしてカトリックの
聖なる信仰の敵に抗うため、我らが主君ドン・フィリッポ王に従軍し、ある

いはその戦費を支えんとする者どもを、いとも偉大なる贖宥と許しにより、良きに取り計らうものなり。」

"Bolla della Santa Crociata concessa per la Santità di Clemente VIII. di Felice recordatione, e prorogata, e comandata publicarisi per il Santissimo Padre Paolo Quinto per li Regni di Spagna, & Isole coadiacenti à essi, nelli Regni di Sicilia, e Sardegna in fauore di quelli che aiuteranno, e seruiranno nella guerra, ò spese, di essa al Re Don Filippo Nostro Signore, contro gl'infideli, & heretici nemici di nostra santa Fede Cattolica con molte grande Indulgenze, e perdoni." 1608 年、IIIBB 9-4、洋紙、印刷、原文イタリア語、全 1 葉、コロンナ文書館蔵。

「故クレメンス 8 世聖下により授けられし聖十字軍勅書。教皇パウルス 5 世によりスペイン諸国、その近隣の島々、シチリア、サルデーニャ諸国に向けて印刷が猶予・下命せられしものなり。未信者、異教徒そしてカトリックの聖なる信仰の敵に抗うため、我らが主君ドン・フィリッポ王に従軍し、あるいはその戦費を支えんとする者どもを、いとも偉大なる贖宥と赦免により、良きに取り計らうものなり。」

"Bolla della Santa Crociata, Concessa per la Santità di Clemente VIII. di Felice recorditione, e Prorogata, e Comandata publicarisi per lo Nostro Santissimo Padre Paolo Quinto, per gli Regni di Spagna, & Isole coadiacenti ad essi, e ne'Regni di Sicilia, e Sardegna in fauore di quei, ch'aiutcranno, e scruiranno nella guerra, o spese di quella al Rè D. Filippo Nogno Signore contro gl'Infedeli, & heretici nemici della nostra S. Fede Cattolica, con molte grandi Indulgenze, e perdoni." 1609 年、IIIBB 10-22、洋紙、印刷、原文イタリア語、全 1 葉、コロンナ文書館蔵。

「故クレメンス 8 世聖下により授けられし聖十字軍勅書。教皇パウルス 5 世によりスペイン諸国、その近隣の島々、シチリア、サルデーニャ諸国に向けて印刷が猶予・下命せられしものなり。未信者、異教徒そしてカトリックの聖なる信仰の敵に抗うため、我らが主君ドン・フィリッポ王に従軍し、ある

いはその戦費を支えんとする者どもを、いとも偉大なる贖宥と赦免により、良きに取り計らうものなり。」

"Bolla della Santa Crociata, Concessa per la Santità di Clemente VIII. di Felice recorditione prorogata, & comandata publicarisi per il Nostro Santissimo Padre Paolo Quinto, per gli Regni di Spagna, & Isole coadiacenti a quelli, e nelli Regni di Sicilia, e Sardegna in fauore di quelli, ch'aiuteranno, e seruiranno nella guerra, ò spese di essa al Rè D. Filippo Nogno Signore contro gl'Infedeli, & Heretici nemici di nostra S. Fede Cattolica, con molte grande Indulgenze, e remissioni." 1610 年、IIIBB 10-22、洋紙、印刷、原文イタリア語、全 1 葉、コロンナ文書館蔵。

「故クレメンス 8 世聖下により授けられし聖十字軍勅書。教皇パウルス 5 世によりスペイン諸国、その近隣の島々、シチリア、サルデーニャ諸国に向けて印刷が猶予・下命せられしものなり。未信者、異教徒そしてカトリックの聖なる信仰の敵に抗うため、我らが主君ドン・フィリッポ王に従軍し、あるいはその戦費を支えんとする者どもを、いとも偉大なる贖宥と赦免により、良きに取り計らうものなり。」

"Bolla della Santa Crociata, Concessa per la Santità di Clemente VIII. di Felice memoria, prorogata, e comandata publicarisi per il Nostro Santissimo Padre Paolo Quinto, per gli Regni di Spagna, ed Isole coadiacenti a quelli, e nei Regni di Sicilia, e Sardegna in fauore di quei, ch'aiuteranno, e seruiranno nelle guerre, e spese di quella al Rè D. Filippo Nogno Signore, contro gl'Infedeli, ed Heretici nemici di nostra S. Fede Cattolica, con molte grandi Indulgenze, e perdoni." 1611 年、IIIBB 10-22、洋紙、印刷、原文イタリア語、全 1 葉、コロンナ文書館蔵。

「故クレメンス 8 世聖下により授けられし聖十字軍勅書。教皇パウルス 5 世によりスペイン諸国、その近隣の島々、シチリア、サルデーニャ諸国に向けて印刷が認可・下命せられしものなり。未信者、異教徒そしてカトリックの聖なる信仰の敵に抗うため、我らが主君ドン・フィリッポ王に従軍し、ある

いはその戦費を支えんとする者どもを、いとも偉大なる贖宥と赦免により、良きに取り計らうものなり。」

"Bolla della Sãta Crociata, cõcessa per la Sãtità di Clemente VIII. di Felice memoria, prorogata, e comãdata publicarisi per il Nostro Santissimo Padre Paolo Quinto per gli Regni di Spagna, & Isole coadiacenti a quelli, e nei Regni di Sicilia, e Sardegna, in fauore di quei, ch'aiuteranno, e seruiranno nelle guerre, e spese di quella al Re D. Filippo Nostro Signore contra gl'Infedeli, & Heretici nimici di nostra S. Fede Cattolica, con molte grandi Indulgenze, e perdoni." 1612 年、IIIBB 10-22、洋紙、印刷、原文イタリア語、全 1 葉、コロンナ文書館蔵。

「故クレメンス 8 世聖下により授けられし聖十字軍勅書。教皇パウルス 5 世によりスペイン諸国、その近隣の島々、シチリア、サルデーニャ諸国に向けて印刷が認可・下命せられしものなり。未信者、異教徒そしてカトリックの聖なる信仰の敵に抗うため、我らが主君ドン・フィリッポ王に従軍し、あるいはその戦費を支えんとする者どもを、いとも偉大なる贖宥と赦免により、良きに取り計らうものなり。」

"Bolla della Santa Crociata concessa per la Santità di Clemente VIII. di Felice memoria, e concessa, e comandata à publicarisi per il Nostro Santissimo Padre Paolo Quinto per gli Regni di Spagna, & Isole coadiacenti à quelli, & nelli Regni de di Sicilia, e Sardegna in fauore di quelli, che aiuteranno, & seruiranno nella guerra, o a spese di essa al Re D. Filippo Nostro Signore contra gl'Infedeli, Heretici, & nimici di nostra S. Fede Cattolica, con molti grandi Indulgenzi, & remissioni." 1613 年、IIIBB 10-26、洋 紙、印刷、原文 イタリア語、全 1 葉、コロンナ文書館蔵。

「故クレメンス 8 世聖下により授けられし聖十字軍勅書。教皇パウルス 5 世によりスペイン諸国、その近隣、シチリア、サルデーニャ諸国に向けて印刷が猶予・下命せられしものなり。未信者、異教徒そしてカトリックの聖なる信仰の敵に抗うため、我らが主君ドン・フィリッポ王に従軍し、あるいはそ

の戦費を支えんとする者どもを、いとも偉大なる贖宥と許しにより、良きに
取り計らうものなり。」

"Bolla della Santa Crociata concessa per la Santità di Clemente VIII. di Fe-
lice memoria, e prorogata, e comandata à publicarisi per la Santità di N. Sig.
Papa Paolo Quinto per li Regni di Spagna, & li vicini à quelli, & Regni di
Sicilia, e Sardegna in fauore di coloro che aiuteranno, & seruiranno nella
guerra, ò spese di quella al Re Don Filippo Nostro Signore, contro gl'In-
fedeli, Heretici, & nemici della Santa Fede Cattolica, con molto grandi Indul-
genze, e perdoni." 1615 年、IIIBB 10-26、洋紙、印刷、原文イタリア語、全
1 葉、コロンナ文書館蔵。

「故クレメンス 8 世聖下により授けられし聖十字軍勅書。教皇パウルス 5 世
によりスペイン諸国、その近隣、シチリア、サルデーニャ諸国に向けて印刷
が猶予・下命されしものなり。未信者、異教徒そしてカトリックの聖なる信
仰の敵に抗うため、我らが主君ドン・フィリッポ王に従軍し、あるいはその
戦費を支えんとする者どもを、いとも偉大なる贖宥と許しにより、良きに取
り計らうものなり。」

"Bolla della Santa Crociata concessa per la Santità di Clemente VIII. di Fe-
lice memoria, e prorogata, e comandata publicarisi per il Nostro Santissimo
Padre Paolo Quinto, per li Regni di Spagna, ed Isole adiacenti à quelli, e
nelli Regni di Sicilia, e Sardegna in fauore di quelli ch'aggiutiranno, o serui-
ranno nella guerra, o spese di quella al Re Don Filippo Nostro Signore con-
tro gl'Infideli, ed Heretici nemici di nostra Santa Fede Cattolica, con molte
grandi Indulgenze e perdoni." 1616 年、IIIBB 10-22、洋紙、印刷、原文イタ
リア語、全 1 葉、コロンナ文書館蔵。

「故クレメンス 8 世聖下により授けられし聖十字軍勅書。教皇パウルス 5 世
によりスペイン諸国、その近隣、シチリア、サルデーニャ諸国に向けて印刷
が猶予・下命されしものなり。未信者、異教徒そしてカトリックの聖なる信
仰の敵に抗うため、我らが主君ドン・フィリッポ王に従軍し、あるいはその

戦費を支えんとする者どもを、いとも偉大なる贖宥と許しにより、良きに取り計らうものなり。」

"Bolla della Santa Crociata concessa per la Santità di Clemente VIII. di Felice memoria, e prorogata, e comandata à publicarisi per lo Nostro Santissimo Papa Paolo Quinto per li Regni di Spagna, ed Isole adiacenti à quelli, e nelli Regni di Sicilia, e Sardegna in fauore di quei ch'aggiuteranno, o seruiranno nella guerra, o spese di quella al Re Don Filippo Nostro Signore contro gl'Infideli, ed Heretici, & nemici di nostra Santa Fede Cattolica con molto grandi Indulgenze, e perdoni." 1617 年、IIIBB 10-26、洋紙、印刷、原文イタリア語、全 1 葉、コロンナ文書館蔵。

「スペイン諸国、その近隣の島々、シチリア、サルデーニャ諸国のため、パウルス 5 世教皇聖下より授けられし聖十字軍勅書。未信者、異教徒そしてカトリックの聖なる信仰の敵に抗うため、我らが主君ドン・フィリッポ王に従軍し、あるいはその戦費を支えんとする者どもを、いとも偉大なる贖宥と許しにより、良きに取り計らうものなり。」

"Bolla della Santa Crociata, concessa per lo Nostro Santissimo Padre Paolo Quinto, per li Regni di Spagna, & Isole coadiacenti à quelli, e nelli Regni di Sicilia, e Sardegna, in fauore di quelli, ch'agiuteranno, e seruiranno nella guerra, o spese di quella, al Re Don Filippo, Nostro Signore, contro l'intedeli, & Heretici, nemici della nostra santa Fede Cattolica con molte grandi Indulgenze, e perdoni." 1621 年、IIIBB 9-4、洋紙、印刷、原文イタリア語、全 1 葉、コロンナ文書館蔵。

「故教皇パウルス 5 世聖下によりにより授けられし聖十字軍勅書。グレゴリウス 15 世教皇聖下がスペイン諸国、その近隣、シチリア、サルデーニャ諸国において印刷を命じしものなり。未信者、異教徒そしてカトリックの聖なる信仰の敵に抗うため、我らが主君ドン・フィリッポ王に従軍し、あるいはその戦費を支えんとする者どもを、いとも偉大なる贖宥と許しにより、良きに取り計らうものなり。」

第1章　コロンナ家と天正・慶長遣欧使節

"Bolla della Santa Crociata, concessa, per la Santità di Papa Paulo Quinto di felice ricordatione, la quale hà comandato publicarse il nostro Santissimo Padre Gregorio XV. nelli Regni di Spagna, & Isole coadiacenti, à quelli, e nelli Regni di Sicilia, e Sardegna, in fauore di quelli, ch'agiuteranno, ò seruiranno nella guerra, o spese di quella, al Re Don Filippo Nostro Signore, contro l'infedeli, & Heretici nemici di nostra santa Fede Cattolica con grandissime Indulgenze, e perdoni." 1623 年、IIIBB 9-4、洋紙、印刷、原文イタリア語、全 1 葉、コロンナ文書館蔵。

「故教皇パウルス 5 世聖下によりにより授けられし聖十字軍勅書。ウルバヌス 8 世教皇聖下がスペイン諸国、その近隣、シチリア、サルデーニャ諸国において印刷を命じしものなり。未信者、異教徒そしてカトリックの聖なる信仰の敵に抗うため、我らが主君ドン・フィリッポ 4 世王に従軍し、あるいはその戦費を支えんとする者どもを、いとも偉大なる贖宥と許しにより、良きに取り計らうものなり。」

"Bolla della Santa Crociata, concessa per la Santità di Papa Paulo V. di felice ricordatione, e comandata publicarsi per il nostro molto Santo Padre Vrbano VIII. in li Regni di spagna, & Isole à quelli, coadiacenti,& in li Regal di Sicilia, e Sardegna, in fauore di quelli agiuteranno, & seruiranno in la guerra, & spese di quella, al Rè Don Fl.ippo Quarto Nostro Signore, contro l'infedeli, & Heretici inimici di nostra Santa Fede Cattolica. Con molte grande Indulgenze, e perdoni." 1631 年、IIIBB 10-22、洋紙、印刷、原文イタリア語、全 1 葉、コロンナ文書館蔵。

「故教皇パウルス 5 世聖下によりにより授けられし聖十字軍勅書。ウルバヌス 8 世教皇聖下がスペイン諸国、その近隣、シチリア、サルデーニャ諸国において印刷を命じしものなり。未信者、異教徒そしてカトリックの聖なる信仰の敵に抗うため、我らが主君ドン・フィリッポ 4 世王に従軍し、あるいはその戦費を支えんとする者どもを、いとも偉大なる贖宥と許しにより、良きに取り計らうものなり。」

"Bolla della Santa Crociata concessa per la Santità di Papa Paulo Quinto di felice ricordatione e comandata publicarsi per il nostro Molto santo Padre Vrbano Ottauo. in li Regni di spagna, & Isole coadiacenti e nel Regno di Sicilia, & Sardegna, in fauori di quelli che aiuteranno, & seruirão nella guerra, & spese di quella al Rè Don Filippo Quarto Nostro Signore. contro l'infedeli, & heretici inimici di nostra santa Fede Cattolica. Con molti grandi Indulgenze, e perdoni." 1641 年、IIIBB 10-22、洋紙、印刷、原文イタリア語、全 1 葉、コロンナ文書館蔵。

・教皇認可贖宥状 (手稿)

　教皇認可贖宥状は、手稿と印刷ともに残っている。内容もフィリピンでの宣教に使用するため、使節による請願など、それぞれの請願事由に合わせて、その内容も微妙に異なっているのが特徴である。これらの贖宥状をなぜコロンナ家が所有するに至ったかは、後段で論じることにする。

「マリーノにおけるサン・セバスティアーノ・エ・ロッコ信心会に贖宥を授けし、クレメンス 8 世小勅書」
"Bolla di Clemente VIII che conferisce indulgenze alla Confraternita dei SS. Sebastiano e Rocco in Marino." 1604 年 9 月 13 日、マリーノ、IIIBB 71-4、羊皮紙、本文ラテン語、裏書イタリア語、全 1 葉、コロンナ文書館蔵。

「教皇聖下よりフィリピン諸島から派遣されたイエズス会士アルフォンソ・バンセス尊師の要請のもと、祝別されしグラーニ、十字架、メダリア、聖画、アニュス・デイ、聖遺物に、教皇グレゴリウス 14 世 (7月18日)、教皇インノケンティウス 9 世 (1592 年 12 月 12 日) が認可せし贖宥。」
"Indulgentie concesse da Papa Gregorio xiiii à di xviii di Luglio e da Innocentio viiii à xii di xmbre 1592 allo grani Croce medagli quarti Immagine, Agnos dei, e reliquie benedette ad Instanza del R'Alfonso banses della Compagnia del Giesus mandati dalli Stati dell'Isole Filippine la Sua Santità" IIIBB 8-1、洋紙、イタリア語手稿、全 2 葉、コロンナ文書館蔵。

第 1 章　コロンナ家と天正・慶長遣欧使節

・教皇認可贖宥状（印刷）

「聖十字軍勅書を取得せし諸人が下記の贖宥を享受するものなり。（中略）記
されし修道士、修道女がため、修道院長アンティモ尊師要請のもと、祝別さ
れしコロナ、数珠に故グレゴリウス 14 世教皇聖下が認可せし贖宥。（中略）
1595 年、パレルモにて。」

"TVTTE QVELLE PERSONE CHE HAVERANNO PRESO LA BOLLA
DELLA SANTISSIMA CROCIATA goderanno le indulgentie infrascritte…
INDVLGENZE CONCESSE DALLA FELICE MEMORIA DI N. S. GRE-
GORIO PAPA XIIII. Alle Corone, & Grani benedetti ad instanza del
Reuerendo D. Anthimo Abbate per tutti li fratelli & sorelle scritti,… In
Palermo, 1595. " 1595 年、パレルモ、IIIBB 8-5、洋紙、印刷、原文イタリ
ア語、全 1 葉、コロンナ文書館蔵。

「モンセッラートのサンタ・マリア教会及び病院に贖宥を認可せしクレメン
ス 8 世小勅書」

"Breve di Clemente VIII che concede indulgenze alla chiesa e ospedale di S.
Maria di Monserrato" 1596 年、パレルモ、IIIBB 16-35、洋紙、印刷、原文
イタリア語、全 1 葉、コロンナ文書館蔵。

「祝別されし数珠、ロザリオ、十字架、メダリア、聖画。ドン・フランチェ
スコ・ディエトリクスタン枢機卿閣下要請のもと、我らが主、教皇レオ 11
世の聖性により、それらに認可されし贖宥。」

"INDVLGENZE CONCESSE Dalla Santità di Nostro Signore Leone Papa XI.
Alla Corone, Rosarij, Croci, Medaglie, & Imagini, benedette ad instanza
dell'Illustriss. Sig. Cardinal Don Francesco Dietrichstain… In Roma, Appresso
gli Stampatori Camerali. 1605." 1605 年、ローマ、IIIBB 10-26、洋紙、印刷、
原文イタリア語、全 1 葉、コロンナ文書館蔵。

「祝別されし数珠、ロザリオ、十字架、メダリア、聖画。フェリア公にして
スペイン国王陛下がため教皇聖下のそばに仕えし大使、いと令名高きドン・

ゴメス・スアレス・デ・フィゲロア・イ・コルドヴァ閣下の要請により、我らが主、教皇パウルス5世の聖性がそれらに認可されし贖宥。」

"INDVLGENTIAS, Y GRATIAS CONCEDIDAS, DE LA SANTIDAD DE NVESTRO SENOR PAPA PAVLO V. A las Coronas Rosarios Cruces Medallas, y Imagines Beneditas ad Instancia del Illustrissimo, y Eccelentissimo Señor Don Gomez Suarez de Figueroa, y Cordoua Duque de Feria. Embaxador de Obediencia a Cerca de su Santidad Por la Magestad Catholica... In Viterbo per Gieronimo Discepoli. Con licenza de'Superiori." ヴィテルボ、II-IBB 10-26、洋紙、印刷、原文スペイン語、全1葉、コロンナ文書館蔵。

「1523年、枢機卿ランチナヴェス・トリジェルマーノ・バルバティノ閣下要請のもと、祝別された数珠に故ハドリアヌス6世が認可せし贖宥。1576年5月26日、教皇グレゴリウス13世承認済。1603年、クレメンス8世承認済。1607年、教皇パウルス5世再承認済。」

"INDULGENZE CONCESSE DA PAPA ADRIANO VI. di buona memoria alli grani, che benedisse ad intâza dell'illustriss. Cardinal Lanchinaues Trigermano Barbantino l'anno 1523. E confirmate per il Nostro Santiss. Padre Gregorio XIII. alli 26 di Maggio 1576. E confirmate per Clemente VIII. l'anno 1603. E di nuouo confirmate per il Nostro Santissimo Padre Paolo V. l'anno 1607... Imprimatur Bissus V. G. Imp. de Rao. V Fr. Lud. Nocilla. IN PALERMO, Per Gio. Antonio de Franceschi Stampatore Cameralc. 1611." 1611年、パレルモ、IIIBB 10-26、洋紙、印刷、原文イタリア語、全1葉、コロンナ文書館蔵。

　以上のように、コロンナ文書館に収蔵されている贖宥関連史料を列挙してみると、1400年代に出された贖宥関連史料は、オドーネ・コロンナ枢機卿すなわち後の教皇マルティヌス5世関連のものであることがわかる。一方で、贖宥付聖十字軍勅書、教皇認可贖宥状ともに半数以上が16世紀前半以降から17世紀中盤にかけて作成され、かつコロンナ家のために作成されたもの

ではなく、他者の要請により作成されたものばかりであることがわかる。ル
ネサンス期のイタリアをはじめ、江戸時代の日本においても、蔵書目録の蒐
集というものが盛んに行われていた。コロンナ家もその例外ではなく、コロ
ンナ文書館にも 16 世紀から 17 世紀のコロンナ以外の蔵書目録が多く収蔵さ
れているが、他者の要請による贖宥状がコロンナ文書館に多く収蔵されてい
るのも、こうした文脈上にあるのではないかと推測される。では、次項以降
で、このように多くの贖宥状が収蔵されている要因の一端を探ってみたい。

2. 天正遣欧使節に認可された贖宥状
—その経緯及び他の贖宥状との比較—

まず、天正遣欧使節の贖宥状を見てみよう。当該贖宥状は以下のように 12
項目から構成されている。

「日本大使にして、いとも気高き貴人らに祝別されしグラーニ（数珠）、十字
架、メダリア。教皇シクトゥス 5 世の聖性により、それらに認可されし贖宥。」[39]
（以下贖宥状①と略す。）

1. 祝福されし、これらの数珠（questi grani、ロザリオの数珠の部分）を持つも
   のは誰しも、以下の何れかをする度に贖宥 50 年を得られよう。
   ・misericordia corporale（身体の慈悲）もしくは misericordia spirituale（魂の
   慈悲）（それぞれ 7 つのうち）の何れかを選び、そのうちからいくつかの業
   を行う。・ミサもしくは説教を聞く。・読誦、即ち御霊の読誦に服する。
   ・十字架もしくはほかの聖画に敬意を払う。
2. コロナもしくはロザリオの第三部を唱える度に、贖宥 200 年を遂げられ
   る。
3. 日本におけるキリスト教化促進のため、貴人が祈祷するとともに、以下
   の何れかがなされる度に、全贖宥が得られよう。
   ・告解及び（改宗）がなされる。・まず告解してからミサを挙げる。
4. 善意を審理し、日本の改宗がため、主祷文（パーテル・ノステル）、天使祝

詞（アヴェ・マリア）と唱える度に、全ての罪の赦免が果たされよう。赦
免には再び「受肉」されし最後の咎も含まれる。

5. 月に一回、故人のためにミサを挙げし者、及びミサで日本の改宗のため

---

39 Indulgenze Concesse della Santità di N. S. Sisto papa Quinto Alli grani Croci et Medaglie
benedette delli eccellentissimi signori Ambasciatori delli Giappone, l'anno 1585 il di 2 di giugno

1 Qualsivoglia che haverà uno di questi grani benedette ogni Volta che fara alcuna opera di
misericordia Corporale o spirituale o sentira la Messa o la predica o leggerà overo sertirà
leggere alcuna letione, spirituale, o fara riverenza alla Croce o à altra immagine guadani
Cinquanta Anni di Indulgenza.

2 Ogni Volta che dira la corona o terza parte del rosario Conseguisce duicento Anni di Indul-
genza.

3 Ogni Volta che si confessirà et si convercira o essendo prima confessato dirà la messa
guadagni indulgentia plenaria con questo che preghi il sig. re per la accrescimento della
Christianità nel Giappone

4 Ogni volta che farà l'esamine della Conscienza et dirà un pater noster et Ave Maria per la
Conversion del Giappone conseguisca remissione di tutti i peccati che haverà Commessi
dell'ultima volta che si rincarnimò

5 Chi dira la messa per li defunti, et in essa pregera per la Conversion de Giappone una
volta il mese lavi unaima del prugatorio

6 Chi per devatione digiunira qualsivoglia giorno o dirà tutto lo officio della madonna o farà
al cuna disciplina guadagni dui cento Anni di indulgenza e Cento quarantani

7 Chi aiutira la Conversione di qualsivoglia gentile o procunia che si convertiti vivono se-
cundo Il loro obligo o ominiserira Con li sacramenti ogni volta guadagi dui cento anni di
indulgenza

8 Chi dell'advento o quaresima visitira alcuna croce o altre o qualsivoglia loco pio dove sia
uno di questi grani et dira 15 volte IL Pater nostre et altre cante ave maria et insieme
pregherà IL signore per la conversion de gentili una volta la settimana nel giorno che verra
conseutisca tutte l'indulgenza ancor plenarie che guadagnano visitando le sette chiese di
Roma.

9 Chi essendo prima confessato o vero contrito nel articulo della morte dirrà gesu col coro o
con la bocca guadagni Indulgentia plenatoria e che si trovera à aiutarlo à ben morire
guadagi milli anni di Indulgentia

10 Chi cantra avemarie salutira la madonna nella matina o nel mezzo giorno o la sera ogni
volta guadagni vinti cinque anni di indulgentia

11 Chi per riverenza delle Cinque'piage o delle cinque'lettere del santisimo nome di questa o
delle Cinque'del santo nome di maria dira cinque salme o cinque patrinostre et Avemarie
ogni volta che lo farà guadagi cinquanta anni di indulgentia et una volta nella settimana nel
giorno guadagni 200 Anni di indulgentia

12 La suma delle indulgenze si concedono ancora per li Croci e medagli et per guadagniar li
Basti havere uno di qesti grani o cnti medagli proprie o prestate et se si perdira o
romperasi possa per due volte metter un altra che habia le medesime indulgentie che
vagliono per tutto il mondo.

RomaIndulgentie delli Giapponi. 1585 年 6 月 2 日、IIIBB 74-17、イタリア語手稿、全 1 葉、
複写?、コロンナ文書館蔵。

祈祷せし者は、煉獄の魂を清められよう。

6. いかなる日も祈祷のあいだ、断食せし者、聖母マリアの祈祷を全て唱え
し者、あるいは幾つかの規律に従いし者は、贖宥200年及び140年を得ら
れよう。

7. 異教の何人の改宗にも手を差し伸べ、彼ら（日本の紳士たち）が彼らの義
務（もしくは与えられし恩寵）に従い生きている改宗されし地区に手を貸す
者、あるいは秘蹟とともに（祈願）せし者は、その度に贖宥200年を得ら
れよう。

8. 降臨節及び四旬節の間、幾つかの聖地、ほかの場所、あるいはこれらグ
ラーニ（数珠）のひとつがある慈悲深い地ならどこでも、赴くに際し、主
祷文（パーテル・ノステル）、ほかの聖歌、天使祝詞（アヴェ・マリア）を15
回唱え挙げ、同時に今後週に一回、異教の民の改宗のため主を祈祷すれば、
ローマの7つの教会を訪れた際に得られる贖宥を、全てにして十全たる状
態で成し遂げられよう。

9. まず告解、すなわちイエス臨終の節を合唱、もしくは口にしつつ悔悟せ
し者、全贖宥を得られよう。ついで期せずして善き臨終に手を差し伸べた
る者、贖宥1000年を得られよう。まず告解、悔悟しつつ、イエス臨終の
節を合唱もしくは口にせし者、全贖宥を得られよう。ついで期せずして善
き臨終に手を差し伸べたる者、贖宥1000年を得られよう。

10. 天使祝詞（アヴェ・マリア）を歌い上げ午前、正午、夕方の何れかで聖
母マリアを祈り上げる者、その都度贖宥25年を得られよう。

11. 5つの天罰、このいとも聖なる名である5文字、マリアという聖なる名
である5文字。いずれかを崇敬せんがため、詩篇のうちから5節、主祷文
（パーテル・ノステル）、天使祝詞（アヴェ・マリア）を5回唱えし者、その
度に贖宥50年、週に1回、一日中それをするならば贖宥200年が得られ
よう。

12. 贖宥は総じて十字架、メダリオを用いる際に認められる。そして贖宥を
得る際には、これら（ロザリオの）数珠のひとつ、あるいは100個のメダ
ルを持つか、それらを借用すれば十分である。失くしたり、壊れたりした

折には、代わりのものを使うことが2回まで許されている。それは全世界
で求められ、同一の贖宥の（効果）を有するものである。

　贖宥状①は、本節冒頭でも若干触れたように、メダリアなどの聖具に付与
された贖宥の内容が記された贖宥状であり、全贖宥あるいは部分贖宥を得る
ための祈りや信心業を中心とした12項目が明記されているのがわかる。こ
の贖宥状①が出される直前の5月25日は、シクストゥス5世の教皇即位に
因んで特別聖年が発表されている。ちょうどこの時期には天正遣欧使節団が
ローマ滞在中であり、諸々のタイミングを重ねて、贖宥状①が出されたこと
は容易に想像がつくところである。贖宥状①の項目8では、ローマの7つの
教会を巡礼するようにと記載されているが、これは、聖年の際の贖宥に見ら
れる代表的な項目である。

　続いて、天正遣欧使節贖宥状に同梱された状態で保管されている贖宥状を
確認していきたい。

「聖下より祝別されしコロナ（冠）、グラーニ（数珠）、メダリア。我らが主、
教皇シクストゥス5世の聖性により認可され、それらに付された贖宥」[40]（以
下贖宥状②と略す。）

1. コロナ（ロザリオ）の祈祷の一部、コロナの祈祷またはほかの箇所におけ
　るロザリオ第3部を唱えし者は誰しも、これらグラーニ（数珠）、コロナ
　（数珠）、メダリオを用いつつ告解と聖体拝領を授かれば、その都度25年、
　40年の贖宥が得られよう。

2. 死者の魂のため、そして聖母マリア、使徒らの全祝日のために、これら
　のコロナの祈祷の一部、あるいは上述のようにロザリオ第三部を唱えつつ、
　告解と聖体拝領を受けし者、その都度、煉獄の魂に向けて代祷することが
　可能となり、上述のように25年の贖宥が得られよう。

3. 神に首を垂れ、上述のようにこれらコロナを唱えつつ、神に感謝し身を
　ゆだねているのなら、銘々のために主祷文、天使祝詞、使徒信経、サルヴェ・
　レジーナ、賛歌、詩篇、読誦、交誦、レクイエム・エテルナム、あるいは

第1章　コロンナ家と天正・慶長遣欧使節

恩義と御心のための祈祷が求められる折、全神経を祈祷に集中せずとも、常に14年の贖宥が成し遂げられよう。また死者の魂のために祈りを唱えれば、同様にして煉獄の罰の赦免を得られよう。

4. 上述のコロナのひとつ（あるいは上記のような別のコロナ）を手に持って、そのコロナに口づけ、もしくは敬虔な気持ちでそれに触れれば、何か必要に迫られて全てのコロナを唱えずともよく、コロナあるいはロザリオ第三部を唱えた時と同じように14年の贖宥が得られよう。

5. 上述のコロナのひとつ（あるいは上記のよう別のコロナ）を身にまとい、告解し、しかるべき時期（時間・年）に、聖体を拝受せし者、臨終に際し「イ

40　Indulgenze concesse Da N. S.ᵒʳ Sisto Papa Quinto alle Corone Grani Croci, et Medaglie che si benedicono da Sua Santità

　1 Qualunque dirà una Corona, overo la terza parte del Rosario, in una di queste Corone, overo in altra, dove sia uno di questi grani, croni, ò medaglie benedette confessato, et communicato guadagnerà, per ciascuna volta venticinque anni de ingdulgentia, et tante quarantene.

　2 Chi dirà una di queste corone overo la terza parte del Rosario, come di sopra, confessato, et communicato, per l'anime delli Morti in tutte le feste della Mandonna, et dello apostoli, per ciascuna volta possa applicare alle anime del purgatorio per modum suftragij li sudetti venticinque anni de indulgentia.

　3 Ogni ora che si levarà la mente à Dio dice'do questa corona come di sopra, ringratiandolo, et racco'ma'dandosi à sua Divina Maestà anchorche non facci oratione co'tutta quella attentione, che si richiede, per ciascuno pater nosterm ave Maria, Credo, ò Salve Regina, hinno, Salmo, lettione, antifona, Requiem eternam, o altre oratione per obligo, ò voluntà, conseguisca quindici anni de indulgenza, et se lo dirà per lanima delli Morti, guadagnera l'istesso in remissione delle pene del purgatorio.

　4 Chi terrà in mano una delle dette corone, ò altra come di sopra, bascia'dola, o tocandola devotamente non potendo per qualche neccesità dir tutta la corona, guad'gnerà lo medesime qundici anni de indulgentia come dicessi la corona, ò terza parti del Rosario intiero.

　5 Chi haverà adosso una di detti corone, ò altra come disopra, confessato, et Communicato all'hora ò in quell'anno al tempo debito, in punto di morte dicendo iesus col cuore, non potendo con la bocca guadagni indulgentia plenaria et remissione di tutti i suoi peccati.

　6 Che havendo una corona, come di sopra, salutando, ò faccendo riverentia alla imagine del Crocifisso, o della Madonna, che trovarà per strada guadagni quindici giorni de indulgentia, et il medesimo qua'do se inginocchiarà, d'icendo lave Maria, qua'do sona la Campana all'ave Maria Et esendo alcuno impedito da febre, ò da altro male che non potesse recitare gli Officij et odir la Messa dicendo tre pater noster, ò tre Avemaria, basciando la corona benedetta, ò uno delli detti grani, Croci, ò Medaglie benedette, supplisca alli defetti delli officij et odir Messa. Di più concede Sua Santità che queste corone, grani, Croci, ò Medaglie benedette habino le medesime indulgentia per tutto il mondo. IIIBB 74-17、イタリア語手稿、全2葉、コロンナ文書館蔵。

エス」と口に出せなくても、それを心の中で唱えれば、全贖宥と彼らが犯した全ての罪の赦免を得られるであろう。

6. 上記のようにコロナをひとつ持ち、〈十字架のキリスト像〉あるいは〈マドンナ像〉にお辞儀し、敬意を表しつつ、道沿いに立つ者は14日間の贖宥が得られよう。「アヴェ・マリア」を唱えつつ跪く時、そして「アヴェ・マリア」の時刻に鐘を鳴らす時も同様である。熱やほかの病にうなされていて、聖務日課をこなせずに、ミサに列席することが叶わなくても、主祷文、あるいは天使祝詞を3回唱え、祝別されしコロナ、上述の数珠のひとつ、十字架、祝別されしメダリアのいづかに口づけをすれば、聖務日課を欠いてしまっても、ミサへの列席を祈願できよう。さらに教皇聖下が認可せしは以下の通りである。「これらのコロナ、数珠、十字架、祝別されしメダリアに込められしは、全世界にむけられた贖宥そのものなり。」

　上記の贖宥状①、贖宥状②は、双方ともに教皇シクストゥス5世より認可されたものであり、同時期に出された可能性が非常に高いものと思われる。贖宥状②の項目を見ていくと、使節到来や異教の地の改宗といった特別な事情を織り交ぜた項目は一切認められず、ロザリオ等の祈りと信心業が中心に書かれていることがわかる。一方で贖宥状①では、日本や異教といった用語が織り交ぜられている項目は3、4、5、7、8と、贖宥状の半分程度に留まっていることが明らかである。両贖宥状の存在は、もとからあるフォーマット、つまり贖宥状②にあるような贖宥状をもとに日本関連項目が加えられ、天正遣欧使節贖宥状として作成された可能性があることを示唆している。

　では、贖宥状①における日本関連事項が贖宥に組み込まれている項目3、4、8を確認していこう。日本の改宗への祈願に、全贖宥の前提となる告解、主祷文、天使祝詞、教会巡礼がかけ合わされているのがわかる。一方で項目5、7では、上記の祈祷や巡礼の指示が記されていないため、部分贖宥となっている。これは贖宥状で日本の改宗が大きく取り上げられていても、全贖宥の前提条件が項目内に織り込まれていなければ、部分贖宥となってしまう好例だが、同じく遠方の改宗を贖宥状に組み込んでいる贖宥状「教皇聖下よ

第1章　コロンナ家と天正・慶長遣欧使節

り祝別されしメダリア、十字架、聖画、ロザリオ。シチリア王国カスティリ
オーニ公閣下要請のもと、我らが主、教皇パウルス5世の聖性より、それら
に認可されし贖宥と恩寵。」[41]（以下贖宥状③と略す。）の項目6では、「フィリ
ピンの改宗のため、教皇座のために祈祷しつつ、ミサを唱えれば、全贖宥が
得られよう。それは煉獄の魂の救済にも適用可能である。」[42]とされており、
全贖宥の前提条件が記されていなくても、フィリピンの改宗を願えば、全贖
宥を得られることが明らかである。このように厳密に全贖宥、部分贖宥が運
用されているわけではない贖宥状を見ていくと、贖宥状の要請者各々の思惑、
あるいは取り巻く背景が、贖宥状の内容そのものに影響を及ぼしていた可能
性が浮かび上がってくる。続いて、天正遣欧使節贖宥状の同時代の贖宥状と
ともに、天正遣欧使節贖宥状を要請者という視点から分析を加えていきたい。

　教皇グレゴリウス15世贖宥状「スペイン使節アンナ様の要請のもと、祝
別されしコロナ（冠）、ロザリオ、聖画、十字架に、我らが主、教皇グレゴ
リウス15世が認可せし贖宥。」[43]（以下贖宥状④と略す。）、教皇グレゴリウス14
世、教皇インノケンティウス9世認可贖宥状「教皇聖下よりフィリピン諸島
から派遣されたイエズス会士アルフォンソ・バンセス尊師の要請のもと、祝
別されしグラーニ、十字架、メダリア、聖画、アニュス・デイ、聖遺物に、
教皇グレゴリウス14世（7月18日）、教皇インノケンティウス9世（1592年
12月12日）が認可せし贖宥。」[44]、そして、先述のパウルス5世認可贖宥状に
は、要請者が明記されているにもかかわらず、先に示した教皇シクストゥス
5世認可贖宥状、天正遣欧使節贖宥状には要請者が一切記されていない。先

41　"Indulgenze et gratie concesse dalla S.ᵗᵃ di N'ro Sig.ʳᵉ Papa Polo V. alle Medaglie, Croci, Imag-
ini Corone, et Rosarij benedetti da Sua Beati.ᵐᵒ Sig.ʳᵉ Principe del Castigli-
oni nel Regno di Sicilia," IIIBB 10-26 イタリア語手稿、全2通、各2葉、洋紙、複写？、コ
ロンナ文書館蔵。

42　6 Item ogni volta che dira Messa pregando per la conversione delle Filippine et per la S.ᵗᵃ Sede
Apostplica gadagni Indulgenza plenaria, la quale si possi applicare per cavare un'Anima del Pur-
gatorio.

43　"Indulgenze, concesse da N'ro Sig.ʳᵉ Papa Gregorio XV.° alle Corone, Rosarij, Imagini, e Croci
benedette ad istanza dell'Amasciatorice di Spagna La Sig.ʳᵃ D. Anna. Alli 23 d'Aprile." 4月23
日、イタリア語手稿、全2葉、洋紙、複写（Copia）との記載あり、III BB 10-28：コロンナ
文書館蔵。

58

にも触れたが、そもそも贖宥状には一定の多様性が内包されており、要請者側、彼らを取り巻く環境によって、項目が異なってくる。贖宥状③すなわち、シチリアのカスティリオーニ公が要請したパウルス5世贖宥状に、スペイン支配下にあったフィリピン改宗の祈願が盛り込まれているのがそうであり、マカオのコレジオに保管されていた複数の贖宥状[45]にも、ザビエルやイグナチオ・デ・ロヨラ（Ignacio de Loyola, 1491〜1556）、カルロ・ボッローメオ（Carlo Borromeo, 1538〜1584）の列聖などに関わる贖宥状がプロクラドール（イエズス会の書記、経理担当）や枢機卿の要請によるものと記載されていることから、贖宥状の記載事項が要請者の都合や背景と深く結びついている傾向が見て取れる。

　また、ここでひとつ留意しておきたい点は、先述のスペイン使節アンナの要請による贖宥状④の後世の加筆と思われる裏書には、「スペイン使節アンナ様の要請によるグレゴリオ15世に認可されし贖宥状の複写」[46]と、明記されていることである。これは、コロンナ文書館に収蔵されているコロンナ家一族以外の者の要請による贖宥状も、同様に何らかの目的で複写・収集され、

44　"Indulgentie concesse da Papa Gregorio xiiii à di xviii di Luglio e da Innocentio viiii à xii di xmbre 1592 allo grani Croce medagli quarti Immagine, Agnos dei, e reliquie benedette ad Instanza del R'Alfonso banses della Combpagnia del Giesus mandati dalli Stati dell'Isole Filippine la Sua Santità" IIIBB 8、イタリア語手稿、全2葉、洋紙、コロンナ文書館蔵。アルフォンソ・バンセス（Alfonso banses）は、フィリピンで布教活動に従事したアロンソ・サンチェス（Alonso Sánchez, 1545〜1593）の可能性が高い。彼が1592年7月28日付の「フィリピンでの贖宥に関する勅書」をグレゴリス14世より交付されているからである。したがってコロンナ文書館蔵の当該贖宥状は、日付が前後するものの、サンチェス入手した贖宥状の複写と考えられる。なお、サンチェスのフィリピン贖宥状については、岡美穂子著「贖宥への祈り―マリア十五玄義と「オラショの功」」（『文学』13-5、2012年）の41頁で、概略が述べられている。

45　*Jesuitas na Asia Catalogo e guia, volume I*（『アジアにおけるイエズス会士、カタログとガイド』Francisco G. Cunha Leão, Instituto cultural de Macau, Instituto Português do património arquitectónico, Biblioteca da Ajuda）224頁参照。"Jndulgencias Da Santidade do Papa Gregorio 15° Ás Coroas Rozario, Jmagens, cruzes, medalhas, bentas, à instancias dos Procuradores da Canonização dos Santos Jzidoro Jgnacio, Francisco Xavier, Thereza, e Felippe, em Março de 1622." "Jndulgencias, e graças concedidas pela Santidade do Papa Paulo V. As Coroas Rozario, Jmagens, cruzes, medalhas, imagens bentas, a instancias do Jllustrissimo e Reverendissimo Senhor Cardeal Arcebispo de Millão por ocazião da Canonização de São Carlos Borromeo Cardeal aos 18 de Novembro de 1610."

46　"Copia d'Indulgenze concesse da Greg.° 15. ad istanza di D. Anna Ambasciatorice di Spagna 23. Aprile non vi è anno"

保管に至った可能性が高いことを示唆している。このような贖宥状の複写・収集の過程については、次項で詳しく論じる。

では、以上の点を踏まえながら贖宥状①、天正遣欧使節贖宥状をさらに深く検討していくことにしよう。天正遣欧使節贖宥状は、「日本使節の贖宥状」と明記されているにもかかわらず、項目3、4、5、7、8いずれにも日本人の使節が贖宥を得るための指針が明記されていない。日本と深い関係にあるが、日本人ではない他者、あるいはヨーロッパのカトリック信者に対して諸々の行動を規定するかのような体裁で書かれている点が、この贖宥状最大の特徴であるといえる。先に触れたジェロニモ・ロドリゲスの覚書では、日本人に馴染みやすい贖宥について具体的に論じられているが、天正遣欧使節贖宥状では、そういった歩み寄りの姿勢は一切認められない。当時のイタリアからみれば、極東の終端に位置する彼らの想像の域を超えた日本の改宗というものは、達成困難な事業と思われていたであろう。したがって、終端地域での布教という難題克服を祈願することで、得ることの難しい全贖宥を得られると要請者が考え、発行に際し、その旨をヴァチカン当局に要請したものと考えられる。

ここで贖宥状の要請及び認可した人物として挙がってくるのが第1章でも論じた枢機卿アスカニオ・コロンナである。アスカニオが1584年11月にアルカラで天正遣欧使節と会見し、楽器を贈ったとする記録が残されていることは先に述べた通りである。1586年に枢機卿に選出されるアスカニオが、天正遣欧使節邂逅から7ヶ月後の1585年6月に天正遣欧使節贖宥状を入手することは、それほど困難なことではなかったであろう。

これに関し、前段の議論を踏まえつつ検証を進めていくと、天正遣欧使節贖宥状はシクトゥス5世贖宥状を参考にしつつ、聖年に出される全贖宥が記された贖宥状と掛け合わされた形で作成された。そして、その要請者・受け手は、天正遣欧使節に浅からぬ縁があり、教皇庁とも距離が近かったアスカニオ・コロンナであったということになるであろう。また、これも第1章で触れているが、アスカニオ・コロンナと同時代の写本には、ザビエルの事績、両インド及び極東地域の布教史が残されており、当時のコロンナ家が多分に

海外宣教に関心を持っていた可能性があることを指摘しておきたい。以上の複数要因を踏まえると、天正遣欧使節贖宥状が教皇からの認可を経て発行された経緯には、1586年に枢機卿となる学識豊かで好奇心旺盛なアスカニオ・コロンナの宗教的意向と国際意識が反映されていたとも捉えることができる。

　では、様々な要請者や背景をもとに作成された贖宥状、コロンナ家に宛てられた贖宥状、そして天正遣欧使節贖宥状、これらがコロンナ家に集められた事情を、次項では慶長遣欧使節関連書簡を中心に確認しつつ考察していきたい。

3. 慶長遣欧使節と贖宥状─贖宥状伝達の過程─

　前項では天正遣欧使節贖宥状をはじめ、コロンナ文書館に収蔵されている贖宥関連史料を取り上げ、その性質、とりわけコロンナ家以外の人間が要請した贖宥状がコロンナ家に多く収蔵されていることを指摘した。本項ではこの経緯を踏まえ、慶長遣欧使節の贖宥関連史料を分析し、他者が要請した贖宥状を保持し運用することの一端を考察していきたい。

　慶長遣欧使節が2カ月の滞在を経てローマを去ったのは1616年1月7日であった。それからまだ日が浅い1月15日に、使節一行の逗留先であったアラコエリ教会の修道士モンテレオーネから、当時のコロンナ当主フィリッポ1世の妻であるルクレツィア・トマチェッリ・コロンナ（Lucrezia Tomacelli Colonna, 1578～1622）に向けて以下のような一通の書簡[47]が宛てられている。

47　1616年1月15日付、ローマ発、修道士ドメニコ・デ・モンテレローネ（Frate Domenico de Monteleone）書簡、原文イタリア語、全1葉、洋紙、ルクレツィア・トマチェッリ・コロンナ宛書簡集、コロンナ文書館蔵。
　　Ill.ᵐᵃ ecc.ᵐᵃ Sig.ʳᵃ Pan'Col.ᵐᵃ Vengo con queata mia salutarla et allegrare che sua ecc.ᵃ la possa bene come sento fa il sig.ᵉ prencipe don Filippo suo consorte sancte il sig.ᵉ iddio et maria vergine et il nostro Sarafico p.ʳᵉ sa'fran.ᶜᵒ li conserva in Sua sancta gra. io non manco di fare il debito mio di pregare sua divina majestà che li conserva in gra sua li mando la indulgenza del giappone non occorendo ne altra solo et non si scordino di me nelle sue sancte oratione et gli baccio li mani come faccio questo sua Ecc.ᵃ Di Roma di Ara celi questo di 15 di Gen.ᵒ. i6i6 Da Ecc.ᵃ umili.ᵐᵒ Se.ʳᵉ fra'Dome.ᶜᵒ de Monteleone vi mando cinque midaglie bendicte della benedi（ctione）del giappone.

61

いとも令名高きにして優秀、そして尊敬おく能わざる、庇護者、ルクレツィア・トマチェッリ・コロンナ様

　筆を執って（参上仕って）おりますのは、このように閣下への挨拶を申し上げますとともに、私が聞き及んでおりましたように、閣下の良きお力が、ルクレツィア様の夫君であらせられる君主フィリッポ様、聖なる主、聖なる処女マリア、我らが熾天使聖フランチェスコ神父を育まれ、聖なる慈悲の下、彼ら（上記4者）を庇護しておりますことを慶び申し上げるためでございます。私めも、我が義務として、神の慈悲のもと、彼らを庇護なさいます神の御加護を、祈らずにはおられません。貴方様方に日本の贖宥をお渡し致しますが、ほかは何も必要ございません。コロンナ家ご一同が、聖なる祈りの下、私奴をお忘れになりませんように。閣下に致しますように、彼らの手に接吻を。

　ローマ、アラチェッリ教会より
　1616年1月15日
　この上なく慎ましき、閣下の下僕
　修道士ドミニコ・デ・モンテレオーネ

　日本に神のご加護があらんことを込めて、5つの祝福のメダリアをこの手紙に同封致します。

　書簡中で示されている贖宥状そのものは、現段階では発見に至っていないが、先の天正遣欧使節贖宥状を考慮にいれると、書簡中で示される慶長遣欧使節の贖宥状もまた、少なからず慶長遣欧使節と関係があったコロンナ家のルクレツィアが、達成困難な極東の異教の地である日本の改宗を祈願する際に得られるであろう贖宥を目的として要請したのではないかと推察できる。この書簡が発せられる4日前の1616年1月11日には、フランチェスコ・マンノ・ヴィーコ（Francesco Manno Vico）なる人物が、ローマからルクレツィアに宛てた書簡[48]では、「日本人のために作られたメダリアの祝別の機会に、

十全と与れるよう望んでおります」[49]とも寄せられており、慶長遣欧使節贖宥
状の発行以前より、その発行が周知のものとなっていたことがわかる。ここ
からは、慶長遣欧使節贖宥状に対する特別な期待感が醸成されつつあったこ
とを窺い知ることができよう。

　そして、この非常に特異な贖宥状は複写として他所に渡っている。1616
年2月5日にルクレツィアの娘イッポリタ・マリア・コロンナ(Ippolita Maria
Colonna, 1596-1676) は、母ルクレツィアに宛てた書簡[50]のなかで、「日本の贖
宥状の複写を受け取りました。この件につき閣下に感謝申し上げます。」[51]と
述べているのだが、ここで注目すべきは、イッポリタ書簡の執筆日が、慶長
遣欧使節贖宥状についての言及が認められるモンテレオーネ書簡（1616年1
月15日発信）から21日しか経っていない点である。イッポリタ書簡中では
「日本の贖宥状の複写」 (la copia del indulgentia del giappone) としか記されて
いないものの、両書簡の発信日時の近さに鑑みる時、ルクレツィアがモンテ
レオーネより受け取った慶長遣欧使節贖宥状は、ほどなくして複写され、そ
れがイッポリタのもとに渡り、その礼状をイッポリタがルクレツィアに認め
たと考えるのが妥当といえる。イッポリタ・マリア・コロンナの生涯につい
て事細かに記されている『修道女イッポリタ・マリア・テレーザ伝』(1738)[52]
によれば、イッポリタは1614年、18歳の時に修道女となっており、これら
の書簡の発信元でもあるナポリのサン・ジョセッフ（ジョゼッペ）修道院の

48　1616年1月11日付、ローマ発、フランチェスコ・マンノ・ヴィーコ（Francesco Manno Vico）
　　書簡、原文イタリア語、全1葉、洋紙、ルクレツィア・トマチェッリ・コロンナ宛書簡集、コ
　　ロンナ文書館蔵。

49　"non hò voluto mancare con l'occasione della bened.ᵐᵉ delle medaglie che si è fatta alli Giap-
　　ponesi"

50　1616年2月5日付、ナポリ、サン・ジュゼッペ修道院発、イッポリタ・マリア・コロンナ書
　　簡、原文イタリア語、全1葉、洋紙、ルクレツィア・トマチェッリ・コロンナ宛書簡集、コロ
　　ンナ文書館蔵。

51　"Hò avuta la copia del indulgentia del giappone é ne ringratio V. E...."

52　P. Fr. Cherubino STORIA DELLA VITA DELLA MADRE SUOR IPPOLITA MARIA TERESA DI
　　GESU'NEL SECOLO D. IPPOLITA COLONNA Reglisiosa Carmelitana Scalza nel Venerab. Mo-
　　nistero del Monte Carmelo in S. EGIDIO di Roma. All'Emo, e Rmo Principe il Sig. Cardinale
　　FRANCESCO BARBERINI DCANO DEL SAGRO COLLEGIO &c. Dal P. Fr. CHERUBINO
　　DELLA Concezzione Carmelitano Scalzo. IN PALESTRINA MDCCXXXVIII. Nella Stamperia
　　Barberina, per Masci. Con Licenza de'Superiori.

第 1 章　コロンナ家と天正・慶長遣欧使節

創設者メンバーの一人とされている人物である。イッポリタがこの慶長遣欧使節贖宥状複写以外にも複写を蒐集していた形跡は、ほかのイッポリタ書簡にも認められる。では、引き続きイッポリタ書簡を見ていきたい。

　まず、1616 年 1 月 28 日付のイッポリタがルクレツィアに宛てた書簡[53]では、「ジョヴァンニ・アントニオ・（　）神父は、私のもとへ、ある箱と一緒に書簡（la）を持ってきて下さいました。その箱にはイギリス使節の贖宥状ともいうべき冠とロザリオが入っておりました。彼はその贖宥状の複写を手にするのを心待ちにしていたのです。」[54]といった記述が認められ、慶長遣欧使節贖宥状と同様に、他者の要請によるイギリス使節贖宥状の入手が述べられている。加えて 1618 年 5 月 18 日付のルクレツィア宛イッポリタ書簡[55]では、「閣下のお手紙とともに、祝別されしフィリピンのメダリアも受領いたしました。」[56]とする記述が認められる。この 2 書簡中に認められる贖宥状に関する記述は、使節や異教徒の改宗について言及された贖宥状の複写やメダリアについて著されており、物珍しい贖宥状の複写がイッポリタのもとに集められていることがわかる。

　なお、「祝別されしフィリピンのメダリア」との記述が認められるイッポリタ書簡は、教皇パウルス 5 世が在任中の 1618 年 5 月 18 日に執筆されたものである。前項で若干触れた「祝別されたメダリア」が付された贖宥状③もまた、教皇パウルス 5 世に認可されており、「フィリピンの改宗ため、教皇座のために祈祷しつつ、ミサを唱えれば、全贖宥が得られよう。それは煉獄の魂の救済にも適用可能である。」といった記述があることから、イッポリタ書簡内の「祝別されしフィリピンのメダリア」とは、贖宥状③に記載され

53　1616 年 1 月 28 日付、ナポリ、サン・ジョゼッフ修道院発　修道女イッポリタ・マリア・コロンナ書簡、原文イタリア語、全 2 葉、洋紙、ルクレツィア・トマチェッリ・コロンナ宛書簡集、コロンナ文書館蔵。

54　"me la portò il P. Gio : antonio（　）ramone insieme con una scatola di corone é rosarii del indulgenza del immaciator inglese quale desi deraria averne la copia del indulgenza..."

55　1618 年 5 月 18 日付、ナポリ、サン・ジョゼッフ修道院発　修道女イッポリタ・マリア・コロンナ書簡、原文イタリア語、全 2 葉、洋紙、ルクレツィア・トマチェッリ・コロンナ宛書簡集、コロンナ文書館蔵。

56　Con l'altra di V. E., hò ricevuto le medaglie ben. e de li filippine,...

ている祝別されたメダリアを指している可能性が高いものと思われる。

　イッポリタが宛てた書簡で、贖宥状関連の記述が認められるものはほかにもあり、1617 年 12 月 1 日付の書簡[57]には、「かくも美しき贖宥のメダリアが入った箱を受領いたしました。閣下におかれては、ただ感謝するばかりに存じます。」[58]と、述べられている。先述のイッポリタ 3 書簡、モンテレオーネ書簡、マンノ・ヴィーコ書簡も併せて考慮すると、これらの書簡内に記された贖宥状は単に伝達されていたわけではなく、モンテレオーネ、マンノ・ヴィーコ、イッポリタらとトマッチェリとのあいだで、特別な由来を持った贖宥状やメダリアの授受が、好意的にあるいは熱心に行われていたことが明らかに見て取れる。

　一方で、前掲書『修道女イッポリタ・マリア・テレーザ伝』の 40〜45 頁では、イッポリタが修道女になった直後に重い病に罹り、生死の境を彷徨った経緯が詳細に記されている。そのなかでは「不健康が常態化している折に、進んで己を罰する代わりに、苦行帯（cilizj）を巻き、数珠（catene）の他にも贖罪の道具（altri stromenti di Penitenza）を使った」[59]とされている。この「贖罪の道具」の中に、ルクレツィアから送られた日本の贖宥状複写等が含まれていた可能性があることを指摘しておきたい。つまり、ルクレツィアは多様な贖宥状や贖宥が付いたメダリアを収集し、それらを贖罪の道具として用いようとしていたイッポリタのもとへ送り届けていた可能性も否定できないのである。

　なお、贖宥状複写の盛んな遣り取りは、17 世紀当時一般的に行われていたようであり、『司祭と帝国の年代記』（Annali del sacerdozio e dell'impero）1671 年の項目では、贖宥状複写に対する反駁として、レオ 10 世の時ほどではな

57　1617 年 12 月 1 日付、ナポリ、サン・ジョゼッフ修道院発　修道女イッポリタ・マリア・コロンナ書簡、イタリア語、全 2 葉、洋紙、ルクレツィア・トマチェッリ・コロンナ宛書簡集、コロンナ文書館蔵。

58　"Hò ricevuta la scatola con le medaglie, di così bell'indulgentia, é neren-do infinite gratie à V. E...."

59　P. Fr. Cherubino, op. cit., p. 45. "Surrogando in quel tempo agli incomodi, che soleva ricevere dalle naturali indisposizioni alcune penalità volontarie coll' uso di cilizj, catene, ed altri stromenti di Penitenza."

いものの、贖宥状複写の流布が堕落をもたらすとして、断じられている。

またカトリックには、自分が獲得した贖宥を死者に譲る代祷というものがあり、ある人物の死去に際し、彼の世での罰が軽減されるように他者の贖宥状を棺のなかに収める風習がある。憶測の域を出ない議論ではあるが、修道女であったイッポリタのもとに他者の贖宥状が集められたのも、修道女という立場による宗教的好奇心のほかに、本来の使用目的とは別に利用されていた可能性が拭いきれない。そして、コロンナ家もまた自らが要請したものであっても、あるいは、自分のためではなく他者が要請した贖宥状であっても、これまで見てきた史料にある通り、書簡のやり取りの際に受け取り手が喜び、感謝される以上、複写であろうと一定数押さえておいて、外交手段を含む一つのコミュニケーションツールとして贖宥状を運用していたと考えられる。

まとめ

第1章第1節では学界未使用、未紹介史料である文書館所蔵のアスカニオ・コロンナ宛書簡、フィリッポ・コロンナ1世宛書簡を通して、コロンナ家が如何にして天正・慶長の両遣欧使節に関する情報に接していたかを考究してきた。

第1節前半では、アスカニオが天正使節団と直接会見後も、デステ家などがそうしていたように、ローマ在住のアスカニオ関係者たちを利用して継続的に使節一行の情報を入手していた。それはアスカニオの豊かな知的好奇心によるところが大きく、彼が海外宣教関連の情報を通して非ヨーロッパ世界にも目を向けていた可能性があることを指摘した。

続いて後半では、優秀な政治家であったフィリッポ1世が、独自に構築していた人的ネットワークを駆使しつつ、積極的に慶長遣欧使節関連の情報を入手し、それらの情報を自らの政治運営に活用しようとした可能性があることを指摘した。

聖職者アスカニオと、俗世の権力者フィリッポ1世の日本人使節関連情報に対するスタンスは、学術的関心によるものであったり、もしくは政治的関

心によるものであったりと軌を一にしていたものとは言い難い。とはいえ、ローマの一貴族に過ぎないコロンナ家が、人的ネットワークを活用することで、奇しくも天正・慶長両遣欧使節や世界宣教を通した海外情報に対して継続的に関心を寄せ、収集していた可能性がある。第1節で、大航海時代を経て、イタリア・ローマの貴族コロンナ家に見られる、時を隔てた揺るやかな異文化情報獲得の紐帯の存在を指摘できた点は大きい。

　第2節では、コロンナ家に伝来する天正・慶長遣欧使節贖宥状関連史料について議論を進めてきた。本節では俄かに明らかになりつつある天正・慶長両遣欧使節とコロンナ家との密接な関係性を贖宥状という観点から考察し、第1項では天正遣欧使節贖宥状を中心に、ほかの同時代の贖宥状と比較した上で、当該贖宥状発行にアスカニオ・コロンナが関与した可能性があることを指摘した。第2項では慶長遣欧使節贖宥状をはじめ、ある種の特殊性を持った贖宥状が、その蒐集意図まで踏み込んで議論こそできなかったが、コロンナ家とその親類、知人間で好意的に授受されつつ伝達していった過程の一端を明らかにした。

　日本は、コロンナ家においては絶えず知的好奇心の対象であり続けていた。一方でコロンナ家に宛てられ、かつ複写伝達された贖宥状に目を向けてみると、達成困難な事業への祈願の対象として、あるいはコロンナ家で好意的に授受されていた特殊性を帯びた贖宥状における、ひとつの規定要因としても日本が眼差されていたことが浮き彫りとなった。この可能性を指摘できたことは、東西交流史研究への新たな視点の提供に繋がったといえよう。

第 2 章

アマーティと慶長遣欧使節

第 2 章　アマーティと慶長遣欧使節

第 1 節　新出史料に見る人物像とその役割

　本節では、前章で明らかとなったコロンナ家と日本との関係を、アマーティ
を取り巻くひとつの背景として捉えつつ、コロンナ文書館において最近まで
埋もれていたアマーティの新出史料を参照し、アマーティの生い立ち、使節
における役割を解明する。その上で、これまで全く取り沙汰されることのな
かった、コロンナ家と慶長遣欧使節との直接的な関係性を、教皇庁、コロン
ナ家、アマーティらの密接に絡み合った当時の動向から明らかにし、慶長遣
欧使節研究に新しい視点を見出してみたい。

1. コロンナ文書館に収蔵されているアマーティ関連史料

　アマーティとコロンナ家とのあいだに浅からぬ関係があったことは、既に
序章で触れた通り、複数のイタリア人研究者により指摘されてきた。本項で
は、この関係性をより明らかにものにすべく、コロンナ文書館における文献
調査で発掘したアマーティ関連史料（1600〜1650 年代）、慶長遣欧使節関連
史料、ならびにその調査の過程で発見した天正遣欧使節関連史料も併せて紹
介し、次項以降で議論するコロンナ家とアマーティとの関係性解明への接続
を試みる。

「歴史雑録」集
アマーティ著、政治論文（ラテン語手稿、1615 年）[1]
アマーティ著、マルカントニオ・コロンナ 2 世に関する著作の構想メモ（イ
タリア語手稿、1609 年）

1　Scipione Amati, *Pro Italico Arumorum Motu, Ad Hispaniarum Regem, Ad Sabaudia'Ducem, Ad Italia'Principes, Paranetica Sententia, Propositiones disputativa', ex ed collecta'XXXVI. Scipione Amati V.D. Ill.^{mi}. D'ni Don Petri Celestris Santae Crucis Marchiones E'questris Ord Sa'cti Jacobi Bellici Reg'Maiestatis Cath.^{ca}. Consiliariy : Magni Sicilia'Questoris : ac eiusd. Regni ad Sane Hispaniaru'Regia'Oratoris Ab Epistolis.* 請求番号 IIA 56 12

「IIIBB 文書群」

アマーティ著、トリヴィリャーノの聖職禄に関する請願書（イタリア語手稿、1625 年）

発教皇ウルバヌス 8 世、宛アマーティ、聖職禄に関する書簡（ラテン語手稿、1638 年）

財産に関する証書（イタリア語手稿、1646 年）

「書簡」集

　1609 年から 1653 年の期間に、アマーティよりコロンナ家当主フィリッポ 1 世、マルカントニオ・コロンナ・ジョーエニ 5 世（Marcantonio V Colonna Gioeni, 1606〜1659）、枢機卿ジローラモ（Girolamo Colonna, 1606〜1666）らに宛てた書簡が総計 138 通存在する。そのうち幾通かの書簡には、アマーティとコスモ・ボンテンピによるコロンナ文書館再編に関する記述が認められる。また複数のコロンナ家家臣がフィリッポ 1 世に慶長遣欧使節ローマ滞在の動向を伝える書簡が 6 通、1616 年 1 月にローマのアラチェリ教会上長が、フィリッポ 1 世の妻ルクレツィアに宛てた、慶長遣欧使節へ贖宥とメダリオを贈る旨を述べた書簡、慶長遣欧使節を日本より引率してきたフランシスコ会士のソテーロがフィリッポ 1 世に宛てた、使節への手厚い援助に対する礼状など、多くの慶長遣欧使節関連史料が保管されている。一方で、枢機卿アスカニオ・コロンナ（Ascanio Colonna, 1560〜1608）の書簡群には、1585 年の 3 月から 6 月にローマに滞在した天正遣欧使節の動向を報告するコロンナ家家臣、及び支援者による書簡が 4 通保管されており、この事実のみに鑑みてもコロンナ家が継続して日本情報を得ていた事を窺い知ることができる[2]。

「一般索引・一般目録」集

　筆者は、カーヴェ、ジェナッツァーノ、パリアーノ、トリヴィリャーノ、ヴィーコらの各都市における書簡集より、40 余通のアマーティが認めた書簡を発見した（1615 年〜1639 年）。

　なお、1615 年 12 月 8 日付でフィリッポ 1 世に宛てられたアマーティの書簡には、和紙と思われる材質の紙が使用されている。この書簡には、同時期

第2章　アマーティと慶長遣欧使節

にローマ滞在していた使節の折衝役に忙殺されているため、アマーティの
フィリッポ1世への謁見は叶わないものの、トリヴィリャーノ司祭長就任の
ための推薦状の執筆をフィリッポ1世に丁重に願い出る旨が記述されている。
当時のヨーロッパにおいて、和紙は非常に貴重で珍しいものであった。その
ためアマーティは、使節随行員から譲り受けたと想定される和紙を、交渉の
道具として主君フィリッポ1世への通信文に用いることで、主君の歓心を得
ながら自らの主張を押し通そうとしたのではないかと推察することができる。

「手稿本」集
アマーティ著、タキトゥスに関する政治論文（ラテン語手稿、1641年）

　以上に加えて、筆者が確認した268通に及ぶアマーティ一族によって認め
られた書簡により、彼らがコロンナ家の各所領において、役人として活動し
ていたことが明らかとなった。したがって、アマーティ一族とコロンナ家と
の関係性に鑑みれば、アマーティがコロンナ家家臣として活動していたこと
は、もはや必然というよりほかないであろう。
　上記のようにアマーティ関連史料を具に見ていくと、アマーティがコロン
ナ家の関係者として活発に活動していたことを窺い知ることができる。また、
彼が慶長遣欧使節と邂逅する以前、つまり1615年にマドリッドで執筆を進
めていたタキトゥスに関する政治論文と、「手稿」集に収められているタキ
トゥスに関する政治論文（1641年）とのあいだに何らかの関連性があること
も指摘しておきたい。次項ではアマーティの史料を取り上げつつ、彼の経歴、
使節における役割を考察していく。

2. 新出史料に見るアマーティの経歴
―慶長遣欧使節邂逅以前―

　コロンナ文書館における調査で発見した史料の中に、「ヴェーロリ司教区
におけるシピオーネ・アマーティ博士昇進についての事由書」[3]と呼ばれる手

第1節　新出史料に見る人物像とその役割

稿がある。経歴不詳のヘースス・マリア（Jesus Maria）なる人物によって書かれたこの史料は、8葉で構成されており、前半3葉ではヴェーロリとコロンナ家との紛争解決に不可欠な人物たるアマーティを速やかに現地に派遣すべき旨がイタリア語で訴えられている。後半5葉では、1583年の出生から1620年代の経歴のあらましがラテン語で綴られている。彼の経歴をまとめると以下のようになる。なお、議論を進めるにあたっては、本節末尾別表の「『事由書』に見るシピオーネ・アマーティの経歴」も参照されたい。

　シピオーネ・アマーティは1583年12月6日、トリヴィリャーノに出生。1598年には戦役に従軍する聖職者であった[4]。14年をかけてラテン語、法学（聖・俗）を修め、1606年にはイエズス会ローマ学院においてアントニオ・サンタレッロから道徳神学「良心例学」の講義を受けている[5]。また「サンタ・ウマニタリア」アカデミー（Accademia Santa umanitalia）にも所属しており、タキトゥスの講義を担当した。1613年、司祭に叙階。博士号取得後は、アスカニオ・コロンナ枢機卿のラテン語及び使徒書簡の家庭教師となった。マルティノ・コロンナの治めるナポリへ赴いた際には、現地の紛争解決に尽力、マルティノ・コロンナの息子であるカミッロの家庭教師も務めており、タキトゥスとティトゥス・リヴィウスについて講義している。

　アマーティは、タキトゥス著『歴史』『年代記』についての政治学的論考、及び『イタリア統治における十二状況』を執筆。これら2著作は、上役の再

2　この議論の詳細は、拙著「コロンナ家と天正・慶長遣欧使節―コロンナ家の日本関連情報収集の視点から―」（『スペイン史研究』第28号、スペイン史学会編、2014年）を参照されたい。

3　Jesus Maria, *Consideratione civili sopra della promotione del Dottor Scipione Amati al Vescovato de Veroli*.「ヴェーロリ司教区、シピオーネ・アマーティ博士の昇進に関する事由書」以下「事由書」と略す。コロンナ文書館蔵、「一般索引・一般目録」集、トリヴィリャーノ書簡集。請求番号　III TD

4　前掲「事由書」3r "Idem di Anno i598. ad scriptus est militia'Clericali dein tonsura et habito oblongo semper usus."

5　前掲「事由書」3r "Casus et Conscientia'sub Patre sa'ctarillo in Societ. Colleg. audivit."「ローマ学院の歴史」（*Storia del collegio romano*, Villoslada, Ricardo Garcia, Pontificia Università Gregoriana, Roma, 1954.）には、サンタレッロは、1604年から1607年にかけて道徳哲学（良心例学）の教授であったとの記載がある（325頁）。つまり、*Societ. Colleg.*はローマ学院を指すものと思われ、したがって、アマーティもローマ学院及びイエズス会に関わりがあったと考えられる。

第2章　アマーティと慶長遣欧使節

検討・承認を経て、スペイン当局から出版許可を得ている[6]。一方で、彼は
シチリア王国においてサンタ・クルス・マルキオーネにラテン語の政治論文
を献呈、講義した。以上のように「事由書」内に記載されているアマーティ
のキャリアを概観していくと、聖職者でありながらコロンナ家にゆかりの深
い関係者として活発に動いていたことがわかる。とりわけ、コロンナ家にお
いて人文学の家庭教師を務め、政治・歴史関連著作の執筆を精力的にこなし
ていたことが窺える。では、彼の政治・歴史に対する関心は、慶長遣欧使節
とどのように結びついていたのか。次項ではこの視点に基づいて検討してい
きたい。

3. アマーティと慶長遣欧使節の邂逅

　本項では、アマーティと慶長遣欧使節との関係を解き明かすのに重要な、
「事由書」の記述を丹念に追究する。なお、不鮮明な経歴に関しては、アマー
ティがフィリッポ1世に宛てた書簡など、その他の史料から適宜に情報を拾
い上げながら、アマーティの慶長遣欧使節における役割を明らかにしていく。
　慶長遣欧使節との邂逅直前のアマーティは、マドリッドに長期滞在中で
あった。1610年12月24日にローマより、1614年12月13日にマドリッド
より書簡をフィリッポ1世に宛てていることから、コロンナ家の意向のもと
に、この数年のあいだにマドリッドに赴いていたものと思われる。マドリッ
ドでの逗留先は、ヴィットーリア・コロンナ・デ・カブレラの邸宅であり、
ここでアマーティがタキトゥスに関する政治論文を執筆し、その出版準備を

6　前掲「事由書」3v "Sensus Politicos super Annales Cornel'Tacito. et Historias, nec non documenta
　status duodeci'super Regimine Italia conscripsit. Sunt revisa, et approbata ab ecc.ª ut edantur,
　Ea, Hispaniaru'ad Regia'profectus, Regiu'Privilegiu'i'primendi obtinuit."
　　前述したように、『遣欧使節記』の「読者へ辞」末尾にも同様の記述が認められる。「タキトゥ
　スの年代記について、その情勢、政治観念の諸問題を印刷する特許を当局から得た。その後、
　この使節に通訳兼報告者として貢献することになった。」"doppò hauer impetrato priuilegi da
　Sua Maestà Cattolica di poter imprimere alcune materie di stato, & i sensi politici sopra gl'An-
　nali di Cornelio Tacito, che spero nel Signore sarà presto, hebbi occasione di seruire a questa
　Ambasciata d'Inteprete, e Relatore come l'hò fatto con ogni fedeltà, e lontano da tutti gl'inter-
　essi da Madrid sin'à Roma ; "

進めていたことは冒頭でも触れた通りである。ヴィットーリアは、フィリッ
ポ 1 世の叔母にあたり[7]、1586 年に海軍提督ルドヴィーコ・エンリケ・デ・
カブレラ 3 世（Ludovico III Henriquez de Cabrera, 生没年不詳）のもとに嫁い
でいる。アマーティの慶長遣欧使節通訳兼折衝役への就任は、ヴィットーリ
アの推薦[8]と、彼女の従姉弟[9]に当りスペイン宮廷に仕えていた教皇使節アン
トニオ・カエターニ（Antonio Caetani, 1566～1624）の強力な後押しのもとに
結実したものであった[10]。

　慶長遣欧使節のマドリッド滞在期間は、（1614 年 12 月 20 日～1615 年 8 月 22
日）であるため、ヴィットーリア、カエターニ両人の推挙のもと、慶長遣欧
使節とアマーティが邂逅した時期は、慶長遣欧使節がマドリッドを出立する
直前の 1615 年 8 月ころと考えるのが妥当であろう。

　ローマにおいてアマーティは、使節の動向に絶えず気を配り、任務を全う
した[11]。また、予め用意していた祈願文を付して『慶長遣欧使節と奥州国の
歴史』を編んだ。衆目が集まるなか、彼はこれを公式にパウルス 5 世に献呈
し、その褒美として 75 ドゥカートを拝領[12]、さらには『日本王国、帝権にお
ける博物、宗教、政治』なる小冊子を執筆し、ボルゲーゼ枢機卿に献呈した

7　フィリッポ 1 世の父ファブリツィオ・コロンナ（Fabrizio Colonna, 1557～1580）とヴィットー
　リアは兄妹関係にある（双方の父はマルカントニオ・コロンナ 2 世）。
8　前掲書『遣欧使節記』38、71 頁。；原文 47 頁、Al Lettore 参照。「マドリード滞在中に教皇大
　使カエターニ卿、及びメディナ・デル・リオセコ公兼モディカ伯夫人ヴィットーリア・コロ
　ンナの要請で使節通訳兼折衝役に就任」。"riceuendo per Interprete, e per negotij dell'ambasciata
　il Dottor Scipione Amati Romano, a instanza di Donna Vittoria Colonna Duchessa di Medina
　de Riosecco, e Contessa di Modica ; e di Monsignor Nuntio Caetano, facendolo Gentil'huomo
　di sua tauola ;"
9　アントニオ・カエターニの母アニェシナ・コロンナ（Agnesina Colonna）が、アスカニオ・コ
　ロンナの父マルカントニオ・コロンナ 2 世と兄妹関係にある。
10　前掲「事由書」4r "Antonij Caetani Nu'cij Ap.ii in Regia Hispani（　）off.o, legatoru'Iaponesiu'Regis
　Voxij in vele Roma'apud Paulu'. V. contendere volentiu'Interpres et legationis conductur eligitur
　a'Madrido usq'."
11　前掲「事由書」4r "Roma se'per in itinere invigilavit ut comes et prefuit ut interpres." アマー
　ティの通訳兼折衝役としての役割が、ブファリーニによるフィリッポ 1 世宛の書簡（1615 年
　10 月 20 日、ローマ発、フィリッポ 1 世書簡集、コロンナ文書館蔵。）に明記されている。し
　かしながら、アマーティの通訳としての役割に関しては、依然として議論の余地がある。「こ
　こローマに日本使節が到着、シピオーネ・アマーティ博士もラテン語通訳として来着した。」
　"Qua in Roma e Arrivato uno Ambasciatore Giapponese a st.se se a e venuto D. Scipione
　Amati per interprete nella lingua latina".

第2章　アマーティと慶長遣欧使節

と記録されている[13]。その後、使節随行員としての功績が認められ、ローマ教皇よりローマ市民権を授与された[14]。コロンナ文書館では、アマーティが執筆した日本報告は現段階では発見されていないが、先の2著作献呈の経緯に鑑みれば、アマーティがコロンナ家に対しても何らかの日本情報を提供していた可能性は否定できない。とりわけ、後者の『日本王国、帝権における博物、宗教、政治』いわゆる「日本略記」は、キリスト教的道徳基盤から織田・豊臣政権期の政治を分析し、政治的教訓を導き出そうした論文であったことから、政治手腕に長けたフィリッポ1世が領地運営に活かすため、アマーティから「日本略記」と同様の情報を引き出そうとしていた可能性も考えられよう。「日本略記」の詳細については、次章でさらに詳しく論じていきたい。

　使節一行と別れた後のアマーティは、アラートリ、トリヴィリャーノなどで主席司祭、司教代理を歴任、同時にコロンナ家の関係者として、その領内を行き来した[15]。また、アマーティは資料編纂員としても活躍しており、トレント公会議文書の一覧表を、勘弁にして有用なものとしてまとめ上げ、ローマ文書館管轄下で著名な文書群を収めた文書館の設立に奔走したとされる[16]。以上が「事由書」内に見られるアマーティの略歴である。

12　前掲「事由書」4r "Roma edidit Historia legationis et Regni Regis Voxij una cu'oratione precu'dem confecta, et in pub.^{co} consistorio habenda Paulo.V. P. Mar.° dicavit. A sa'ctitate sua Portione'75. ducatus auri de auro accepit." 『奥州国、使節の歴史』 *Historia legationis et Regni Regis Voxij* は、『遣欧使節記』 *Historia del regno di Voxu del Giappone* を指すものと思われる。

13　前掲「事由書」4r "Libellu'de state Naturali, Religioso et Politico Iaponici Regni et Imperij Illmo D. card.^{li} Burghesi dicavit, donavit." この小冊子 *Libellu'* は、「日本略記」 *Breve ristretto delli tre stati Naturale, Religioso, e Politico del Giapone.* を指している。つまり、ラテン語名とイタリア語名がほぼ一致していることにより、「日本略記」がボルゲーゼ枢機卿に献呈されたのは明らかといえる。

14　前掲「事由書」4r "Iaponica legationis Historicus, et interpres à Paulo. V. et Populo Romano pub.^{co} in consistorio nobilitatis Privilegio Civitate Romana donatus est." 実際にはローマ市民権は、ローマ市元老院より授与された。

15　ジェナッツァーノ（Genazzano）、パレストリーナ（Palestrina）、パリアーノ（Paliano）、トリヴィリャーノ（Trivigliano）等々。

16　前掲「事由書」4r "Concilium Tridentinu'in Tabulam satis brevi', et perutilem redigit, Notorios authoritate Romani Archivij creavit,"

4. 慶長遣欧使節以降、コロンナ家関係者として、聖職者として

　本項では「事由書」に掲載されていないアマーティの活動を、1620年代後半以降を中心に、彼が認めた書簡を基に追っていきたい。

　まず、アマーティからフィリッポ1世らコロンナ家に宛てられた書簡に見られる、アマーティの肩書きに着目してみたい。17世紀の書簡は、書簡の本文末尾の署名、及び書簡裏側の差出人には同時に当時の肩書きが併記されていることが多い。しかし、コロンナ文書館に残されている最も古いアマーティ書簡は1609年に書かれたものであり、この時にはまだ肩書きは無い。博士（Dottore、あるいはDott. Dott.^{re}）の肩書きが初めて現れるのは1615年であり、この頃、つまり慶長遣欧使節との邂逅前後に博士号を取得したものと思われる。「博士」の肩書きは以降、アマーティが認めた最後の書簡となる1653年に至るまで最も多く使用されている。

　次いで現れる肩書きが、1622、23年の書簡で記されている司祭長（Arciprete）であり、1630年から1638年に頻繁に使用されている肩書きが、司教総代理（Vicario Genelare）であった。アマーティの書簡群から察するに、コロンナ家所領の一部であった、アラートリ司教区の司教総代理だった期間が長かったものと思われる。そして、とりわけて重要な肩書きが、1634、35年の書簡に集中して見られる主席書記官（Protonotaro）である。これは単なる書記を指すのではなく、教皇庁7人の最高記録官に許される称号、教皇庁書記長（Protonotaro Apostolico）を指している[17]。このように書簡中に認められるアマーティの肩書きを追っていくと、博士号取得後、聖職者として着実なキャリアアップを重ね、その最盛期が教皇庁書記長の称号を得ていた51歳から52歳頃であったことが浮き彫りとなってくる。

　アマーティは1620年代より継続してコロンナ家の文書整理に深く携わっていた一方、1623年にフィリッポ1世の息子で当時17歳のカルロ・コロン

17　Scipione Amati, *Censura al Maestro di Camera di Francesco Sestini da Bibiena del dottor Scipione Amati Protonotario Apostolico*, Liege, Henrico Hartes, 1634.

第 2 章　アマーティと慶長遣欧使節

ナ（Carlo Colonna, 1606〜1686）に政治学指南役として仕え、タキトゥスについて自身の所見を多少述べたとの記述がある[18]。「事由書」にも見られることだが、アマーティは一貫してコロンナ家の家庭教師も務めていたことがほかの書簡からも見て取れる。

　使節折衝役としてのアマーティの手腕は、この頃にも遺憾なく発揮されており、司教のコロンナ家領内巡察の際には、書簡を通してその綿密な打ち合わせをフィリッポ 1 世と交わすなど、雑事をそつなくこなしていたアマーティの働きぶりを窺い知ることができる[19]。

　また 1630 年、バルベリーニ家に嫁いだフィリッポ 1 世の娘アンナの男児出産の折には、それが御家の安泰に結び付くことに触れながら、フィリッポ 1 世に慶びの言葉を寄せている[20]。1634 年から 1635 年頃には、前述したボンテンピとともにパリアーノのコロンナ文書館再整理に関与し、収蔵する文書の選定、目録作成のみならず、文書館の門鍵の数など、文書館のきめ細かい部分にまで注意を払っていた[21]。とりわけ、フィリッポ 1 世宛書簡のなかでボンテンピは、「文書館に収める目録作成にアマーティが非常に尽力し、迅速に整理された目録は簡便で秀麗ですらあった」と極めて好意的な評価を残しており[22]、アマーティがその優秀さゆえにほかのコロンナ家家臣からも絶大な信頼を得ていたことがわかる。

　1630 年代から 1640 年代にかけては、これまで以上に、コロンナ家所領の礼拝堂における管理や式典の挙行に、深く頻繁に介入していた形跡が多数の

18　パリアーノ発信、1623 年 4 月 28 日、フィリッポ・コロンナ 1 世書簡集、原文イタリア語、コロンナ文書館蔵。"Hieri giovedì cominciai à servir'al S.ᵉ D Carlo con un discorso politico, e poi se dichiarò un poco del Tacito..."

19　トリヴィリャーノ発信、1625 年 6 月 7 日、フィリッポ 1 世宛、トリヴィリャーノ発信書簡集、原文イタリア語、コロンナ文書館蔵。

20　トリヴィリャーノ発信、1630 年 7 月 14 日、フィリッポ 1 世宛、トリヴィリャーノ発信書翰集、原文イタリア語、コロンナ文書館蔵。

21　関連史料が、フィリッポ・コロンナ 1 世書簡集（コロンナ文書館蔵）に収められている。アマーティによる書簡 3 通（1635 年 5 月 13 日付 2 通、5 月 16 日付 1 通、全てパリアーノの文書館より発信）。

22　パリアーノ要塞発信、1634 年 8 月 14 日、フィリッポ・コロンナ 1 世書簡集、原文イタリア語、コロンナ文書館蔵。"fù subbito dato principio al nuovo inventario, che non straordinaria diligenza, et fatiga di esso Amati, tenendo ordine facile, et nobile..."

第1節　新出史料に見る人物像とその役割

書簡に見受けられる。パリアーノのサンタンドレア教会（Chiesa di Santa Andrea）に設えられているサンタ・ルクレツィア礼拝堂（Cappella di Santa Lucretia）での記念式典における式次第を作成する[23]一方、1646年7月18日にパリアーノから枢機卿ジローラモ・コロンナ（Girolamo Colnna, Cardinal, 1604〜1666）に宛てた書簡では、パリアーノのマドンナ・ディ・ザンカーティ礼拝堂（Cappella della Madonna di Zancati）保護に際し、公正証書の手続きについて言及しており、法学を修めた実務家としての一面も垣間見せている。

　1642年8月10日にマルカントニオ・コロンナ・ジョーエニ5世（Marcantonio Colonna V Gioeni, 1606〜1659）に宛てた書簡[24]では、長く病に伏せっていた旨が記されているが、その一方で彼の歴史理論が極めて明快に論じられており、それを軸としてコロンナ家の歴史がどのように記述されるべきかの議論が広範に展開されている。62歳となり、病に伏せっていてもなお衰えることない、アマーティの著作意欲をここに見ることができよう。

　以上のように、慶長遣欧使節の折衝役という大役を担って以降のアマーティは、教皇庁に太いパイプを持った、コロンナ家にとって欠かすことのできない人物へと成長していったことがわかる。とりわけ、コロンナ家の折衝役として一層の実績を重ねつつ、法律家と歴史学者の立場から政策提言も行っていることから、慶長遣欧使節での経験、『遣欧使節記』や「日本略記」の執筆が後の彼の人生に少なからず影響をおよぼしていたことは間違いないと思われる。

5. 慶長遣欧使節及びヨーロッパ外交舞台におけるアマーティの役割

　アマーティの経歴・背景については、その関連史料の乏しさから、あまり

23　「サンタ・ルクレツィア礼拝堂記念祝賀式典報告」"Relationi dell'Anniversario celebrato nella Cappella di S.ᵗᵃ Lucretia" フィリッポ・コロンナ1世宛書簡集、原文イタリア語、コロンナ文書館蔵。

24　パリアーノ発信、1642年8月10日、マルカントニオ・コロンナ・ジョーエニ5世宛書簡集、原文イタリア語、コロンナ文書館蔵。

第 2 章　アマーティと慶長遣欧使節

研究されてこなかった。それは、彼がソテーロの伝聞を基に慶長遣欧使節に関する報告書を記したにすぎず、使節にとって重要な人物ではなかったと考えられる傾向にあったからである。しかし「事由書」の記述から、アマーティの使節における役割に再検討を加えると、別の可能性を見出し得る。

　「事由書」において、慶長遣欧使節の動向をパウルス 5 世に説明する段では、「アマーティは秘密とされていた使節の目的、隠匿されていた奥州国の政治状況について秘密裏にパウルス 5 世に報告している。なお、これらの情報は匿名人物の主導によって編まれたものであり、アマーティのほかに教皇側近シピオーネ・コベッルチオ、ジョエ・バプティスタ・コスタクートも使節派遣の真実をよく心得ていた」[25]と記されている。なお、この一件については、「遣欧使節記」第 26 章にも「（ボルゲーゼ）枢機卿は教皇聖下の侍従官である、いとも尊きコスタグート殿とパオロ・アラレオーネ殿に、使節を接待する準備をし、しかるべき交誼を尽くすよう命じた。そこで両人はアラコエリ修道院に足を運んで、信任状を持って派遣されたフライ・ファン・ソテロ神父（Padre Fra Giovanni Sotelo Fratello）とシピオーネ・アマーティ博士と協議し、使節と随行員一行についての情報を収集した」[26]とする記述が認められる。アマーティが著した『遣欧使節記』の記述では、「事由書」と同じ出来事が別角度から述べられており、アマーティ自身の使節に対する深い関与が仄めかされているものの、その後の出版とパウルス 5 世への献呈を意識してか、若干控えめに記されている印象を受ける。一方で「事由書」に至っては、先述した通り推薦状の一種であるゆえに、誇大な記述となっている可能性は

25　前掲「事由書」4r "Pro expedienda legatione Paulu'. V. de secretiori legationis sensu, ac politico Regis Voxij arcano, scripto quodam satis erudito, et secretu'informavit, Scipione Cobellucio, et Joe'Bap'ta Costacuto tantu'conscijs." 　慶長遣欧使節は、奥州への宣教師派遣、メキシコとの通商関係立を目的に派遣された。しかし日本でのキリシタン弾圧、奥州を治める伊達政宗が日本の一領主にすぎないこと等々、スペイン宮廷は把握しつつあった。当然ながらスペイン宮廷との外交交渉は不調に終わり、使節一行はそれらの仲介をカトリックの権威であるパウルス 5 世に求めたのであった。これらの情報が使節にとって不都合だったのはいうまでもない。アマーティは、使節を主導したフランシスコ会士ルイス・ソテーロ、及びスペイン宮廷の側近から以上のような情報を得るとともに、それらをパウルス 5 世に伝えたものと考えられる。

26　前掲書『仙台市史』所収、「遣欧使節記」77 頁（原文 55 頁抜粋）。

否定できないが、それを含めてもなお、アマーティの使節に対する積極的な関与はおろか、必ずしも使節側の人物ではなく、密かに教皇にも通じ、使節の内情を探っていたことを読み取ることができる。

　これら両記述を比較すると、アマーティが使節折衝役として使節一行と積極的に関わり、使節の真実を知る立場として教皇パウルス5世と使節とのあいだに立ち、いわば外交的役割を担った人物であった可能性が浮かびあがってくる。彼が在マドリッド駐在教皇庁大使アントニオ・カエターニの推薦を受け、使節通訳兼折衝役の任を仰せつかったという事実と併せて整理すると、既にこの時にパウルス5世から、使節関連の情報収集を託されていた可能性も否定できない。いうなれば、使節の世話をしつつ、使節側の人間を装いながら、実は教皇側の日本におけるヒューミントとして策動していたとも解釈することができるのである。使節随行員を務めていた際に、使節を差し置いてパウルス5世と容易に接見できる立場にあり、教皇へ『遣欧使節記』を献呈するとともに、後年アマーティが教皇庁首席書記長に就いたことに鑑みても、この推測はあながち間違いとはいえないであろう。一方で、先述したアマーティを使節折衝役に推挙したアントニオ・カエターニは、ヴィットーリア・コロンナと従姉弟関係にあり、マドリッドにおいては相応の行き来があったものと推察される。したがって、ヴィットーリア・コロンナとアントニオ・カエターニとのあいだで何らかの話し合いの場がもたれ、1615年8月頃にあったと思われるアマーティの使節通訳兼折衝役推挙に至ったと考えるのは、妥当であるように思われる。そして、アマーティ推挙に際し、ヴィットーリアの甥にあたるフィリッポ1世の意向も加味されていた可能性も否めない。

　次いで「事由書」内の記述で留意しておきたいのが、先述したアントニオ・カエターニとフィリッポ1世、及びアマーティとの関係である。彼はマドリッド駐在教皇大使として、現地マドリッドでの慶長使節の動向を具に教皇庁に報告している[27]。カエターニは先述の枢機卿アスカニオ・コロンナの従兄弟

27　これら書簡群の多くが『大日本史料　第十二編之十二』に収められている。

にあたり[28]、かつては敵対関係にあったコロンナ家とカエターニ家であった
ものの、ヴィットーリア・コロンナもカエターニとともにアマーティを使節
随行員に推薦している事実から判断すれば、17世紀初頭の両家の関係が良
好であったと捉えることができる。フィリッポ・コロンナ1世が過去にスペ
イン宮廷に仕えていた事実も併せて考慮すると、コロンナ家が遠戚のアント
ニオ・カエターニを通して教皇庁から慶長遣欧使節に関する情報を入手し、
かつてのスペイン宮廷の知己を辿りながら情報を得るなど、方々にその影響
力を行使していたと考えられる。むしろアマーティ推薦にあたっても、ヴィ
ットーリア・コロンナを通してフィリッポ・コロンナ1世の意向が関与してい
た可能性もあるであろう。そうなると、コロンナ家がアマーティを使節随行
員につかせることで、慶長遣欧使節の素性、ひいては日本情報を入手しよう
としていたということは、第1章第1節での考察も視野に入れると、より説
得力のある議論となる。

　第1章第1節で既に論じたが、フィリッポ1世のもとへ各地から寄せられ
る書簡群には、フィリッポ1世が頻々と慶長遣欧使節を探っていた形跡が随
所に認められる[29]。とりわけニコラス・ダネオ（Nicolas Daneo）が1615年2
月23日付でマドリッドからフィッポ1世に宛てた書簡には、マドリッドで
レルマ公を代父に立てた支倉の受洗式の様子が具体的に記述されている。こ
の事実は、アマーティの使節通訳兼折衝役推挙の6ヶ月前から、フィリッポ
1世が慶長遣欧使節の具体的な情報を入手していたことを示唆しており、
ヴィットーリア・コロンナとアントニオ・カエターニによるアマーティ推挙
の過程において、フィリッポ1世の意向が強く反映されていた可能性もここ
に浮かび上がってくる。フィリッポ1世が、ヴィットーリア・コロンナやア
ントニオ・カエターニとともに、そしてヴィットーリアを介してソテーロを
も巻き込み、海外情報の収集・入手を目的として、シピオーネ・アマーティ

28　アントニオ・カエターニの母であるアニェシナ・コロンナ（Agnesina Colonna）が、アスカニ
　　オ・コロンナの父マルカントニオ・コロンナと兄妹関係にある。
29　前掲書「コロンナ家と天正・慶長遣欧使節―コロンナ家の日本関連情報収集の視点から―」32
　　-34頁。

の使節通訳兼折衝役就任を画策、スペイン宮廷や教皇庁に根回ししていた可能性は否定できない。

　コロンナ文書館において、慶長遣欧使節を日本より引率してきたフランシスコ会士のルイス・ソテーロがフィリッポ1世に宛てた書簡[30]が発見されたことにより、これまで全く取り沙汰されることのなかったコロンナ家と慶長遣欧使節との関係性が明白となった。ソテーロは堪能な日本語を駆使して、日本で宣教活動を展開し、その交渉能力により徳川家康等の権力者にも巧みに近づいていた。慶長遣欧使節は伊達政宗がメキシコとの通商関係を樹立するために企図されていたものとされているが、一方では東日本に司教座を置き、自らがその座に就こうとしたソテーロの野望が、主たる原動力であったとする説が現在でも根強く存在する。したがって、アマーティ推挙の裏では、コロンナ家とも気脈を通じていたソテーロの意向も密接に絡み合っていた可能性があることにも留意しておく必要があろう。

　上記を踏まえると、アマーティは教皇庁、コロンナ家双方から使節に関する情報収集を依頼され、双方のヒューミントとして活動していたと判断するのが妥当といえる。見方を変えれば、アマーティの使節随行員選出を軸として、教皇庁、コロンナ家、スペイン宮廷とのあいだで、慶長遣欧使節の情報を巡る活発なやり取りが静かに繰り広げられていたとも捉えられよう。慶長遣欧使節は、本来目的としていた外交交渉、あるいはソテーロの思惑とは裏腹に、17世紀初頭ヨーロッパの複雑な政治的・外交的駆け引きという表舞台のただ中で期せずして踊らされていたのであった。

【別表】「事由書」に見るシピオーネ・アマーティの経歴
・1583年12月6日日曜日　トリヴィリアーノ（Trivigliano）に生まれる。
・カミッロ・アマーティ（Camillo Amati）の親戚筋にあたり、母はニコライ・デ・クリドナ（Nicolai de Chridona）の娘。

30　ジェノヴァ発信、1616年3月3日、フィリッポ・コロンナ1世宛書簡集、原文スペイン語、コロンナ文書館蔵。

- この事由書が書かれた当時生きていたアマーティ一族には、アッピオ（Appio）、ポンペイオ（Pompeio）、マルカントニオ（MarcusAnt. s）、アマート（Amato）らがいる。
- 1598年　戦役に同行する聖職者となる。
- 14年間に渡り、ラテン語、人文学、判事や弁護士に必要な法学（聖・俗双方）を学び、その後教壇に立つ。イエズス会学院（Societ. Colleg.）に学ぶ。
- 1606年　イエズス会ローマ学院で、アントニオ・サンタレッロ（Antonio Santarello）よりイエズス会の基本理念ともいえる「良心例学」の講義を受ける。
- サンタ・ウマニタリア・アカデミー（Academia S. Humaitaria）に通い、タキトゥスについて講義した。
- 1613年　司祭に叙階される。
- 博士号取得後、枢機卿アスカニオ・コロンナ（Ascanio Colonna）にラテン語や使徒書簡（epistolis）を口頭で教授した。
- マルティノ・コロンナ（Martino Colonna）の治めるナポリへ赴き、現地の紛争解決に尽力。マルティノ・コロンナの子息カミッロ（Camillo）の家庭教師も務め、タキトゥスとティトゥス・リヴィウスについて講義した。
- タキトゥス著『歴史』『年代記』についての政治学的論考、及び『イタリア統治における十二状況』を執筆、スペイン宮廷より、その出版許可を得る。数年間シチリアで過ごし、スペイン人サンタ・クルス・マルキオーネ（Santa Crus Marchione）に政治論文を献呈、ラテン語で議論した。
- スペイン宮廷に出仕する教皇使節アントニオ・カエタニ（Antonio Caetani）の推薦を受け、慶長遣欧使節通訳兼折衝役に就く。
- 1615年11月23日　ローマ市元老院より支倉常長らとともにローマ市民権を授与される。
- 教皇パウルス5世に『遣欧使節記』を献上。教皇より75ドゥカートを拝受した。
- ボルゲーゼ枢機卿に「日本略記」を献呈した。
- 1616年　使節一行と別れた後、地元トリヴィリアーノに戻り、主席司祭

に就く。

・1620年10月7日　アラートリ司教の死去に際し、総司教代理の任を3ヶ
月務める。

・枢機卿アリアス・アスカニオ・コロンナより聖職禄及びその譲渡に関する
勅書を授与される。

・聖パンクラティウスの称号を得て、アラトリーノ管区トリヴィリャーノ、
サンタ・マリア教会の主席司祭兼院長に就任する。

・トレント公会議文書の一覧表を、勘弁にして有用なものとしてまとめ上げ、
ローマ文書館管轄下で著名な文書群を収めた文書館の設立に奔走する。

第2章　アマーティと慶長遣欧使節

第2節　『遣欧使節記』（1615年）の成立史

1.『遣欧使節記』とは

　『遣欧使節記』の書誌的説明は、先述した『元和年間　伊達政宗遣欧使節の史料に就いて』で詳しく述べられている。『遣欧使節記』はオクターヴォ版（縦21.5cm×横15.5cm）で、扉1枚、教皇パウルス5世への献辞6枚、読者への辞7枚、目次1枚、本文76頁から構成されており、1615年にローマのジャコモ・マスカルディから出版されている。東洋文庫蔵の1本と、戦前に丸善が所有していた1本と比較すると、両書は扉の飾り絵が異なるだけでそのほかは同じであることから、扉の飾り絵を取り替えて重版されたものと推測される[31]。

　使節一行は1615年10月下旬にローマに入り、明けて1616年1月初頭にローマを後にしていることから、1615年が刊年となっている『遣欧使節記』は、使節がローマに滞在している最中に出版されたということになろう。したがって、重版は極めて短い期間でなされており、ヨーロッパにおいて使節に対する関心が比較的高かったことを示しているといえる。その傍証として、1617年にドイツのインゴルシュタットで『遣欧使節記』のドイツ語訳が出版されており、ドイツ語訳版では訳者の献呈辞、序文のほかに、イタリア語版には無い、支倉六右衛門の肖像銅版画と、支倉がソテーロとともに教皇に政宗の親書を捧呈している銅版画が載っている[32]。

　しかし一方で『元和年間　伊達政宗遣欧使節の史料に就いて』では、「徳川幕府の切支丹迫害の報告がヨーロッパに伝わったため、且つはこの遣使を指導したフランシスコ会士のルイス・ソテーロが、日本布教に長い経験と大きな勢力とを有する耶蘇会に対抗する政策を懐いて旅行中も奔走したので、

31　これに関しては、前掲書『元和年間　伊達政宗遣欧使節の史料に就いて』14-15頁を参照のこと。
32　前掲書『元和年間　伊達政宗遣欧使節の史料に就いて』116頁。

第 2 節　『遣欧使節記』（1615 年）の成立史

耶蘇会及びポルトガル政府から、この遣使に不利な情報がヨーロッパに送られたために、使節の目的が疑われたりして、天正遣使のとき程は官民から歓迎されなかった故とで、刊行された冊子の数は比較的少ない。」[33] とされており、慶長遣欧使節に対するヨーロッパの関心が極めて限定的であったことを留意しておく必要がある。

　『遣欧使節記』は全部で 31 章からなり、第 1 章から第 15 章が伊達政宗と奥州国の説明、ソテーロの奥州国における活動について、ソテーロの活躍によって派遣されることになった慶長遣欧使節について述べられている。第 16 章から最終章では、使節が石巻を出帆しアカプルコへ到着後、マドリッドでフェリペ 3 世との謁見を経てローマに至り、教皇パウルス 5 世と謁見、ローマ入市式の挙行について述べられ、最後にボルゲーゼ枢機卿が使節一行のローマの滞在先に訪問するところで締めくくられている。

　しかし、アマーティが使節に同行したのは先ほども述べたように、マドリッドからローマまでであるために、アマーティが実際に記述していると思われる箇所は第 23 章からとなっており、従来の研究において、その残りの部分についてはソテーロからの伝聞に基づき記述された可能性が高いといわれている。第 23 章以降は使節の活動について具体的な記述がなされ、アマーティが克明に記録していったものだと推測がつくが、それ以前の章はソテーロの宣教活動の延長線上で語られている節が見られるため、『遣欧使節記』はアマーティ独自の視点から書かれている著作というよりも、アマーティの記述が、ソテーロの見解の中に組み込まれていたとする見方が主流であった。

　この著作を世に広めることで、奥州のことがヨーロッパで広く知られるに至り、それによって当時、既に不振であった慶長遣欧使節の外交交渉を外延的に支え、あわよくば東日本司教座設置という自らの野望をも果そうとしたソテーロの意図、もしくは何としても使命を果たさんとした慶長遣欧使節一行の意思が強く反映していたとも考えられる。使節がローマを去って 40 日後という短い期間で『遣欧使節記』が出版されるに至ったのには、そうした

33　同上、7 頁。

87

第 2 章　アマーティと慶長遣欧使節

要因が働いていたのかもしれない。

　しかしながら、前節でアマーティの経歴を明らかにしたように、アマーティ
が相当の教養を身に着けていたことから、ソテーロの伝聞記述や典拠をその
まま受けて当該著作を執筆したとは考え難い。むしろ、アマーティのレトリッ
クや志向性が著作内に組み込まれ、著作上にアマーティ自身の思想なりが透
けて見えていると考える方が妥当といえる。次項以降では、典拠についてま
とめたうえで、『遣欧使節記』に見られるアマーティの執筆意図を検討して
いく。

2.『遣欧使節記』の典拠

　『遣欧使節記』の典拠は、著作冒頭の「読者への辞」でアマーティ自身が
「この序文と同じように以下の記事もすべて私がいとも尊き神父の口から、
またこの使節に同行して人々や随員から聞き知ったこと、〔フランシスコ会の〕
インディアス宗務総長の神父がローマ行きのために彼に与えた特許状の中を
読んで、より明確に知ったことである。」[34]と述べているように、まず神父 (ソ
テーロ)、使節随員からの伝聞、インディアス宗務総長の特許状と考えられ
る。もうひとつの典拠は、1614 年にセビーリャで出版された『ソテーロ東
道支倉使節遣欧事情』であり、第 8 章の一部は、当該著作をスペイン語から
イタリア語に訳したものである[35]。

　また、典拠とまでは至らないが『遣欧使節記』と類似した著作で、1586
年にグイド・グァルティエリ (Guido Gualtieri, 1540?～?) が、慶長遣欧使節
より 29 年前にイタリアを訪れた天正遣欧使節についてまとめた『日本遣欧
使節記』を著している。『遣欧使節記』と同様にまず地誌[36]を記し、そのあと
に使節がローマに至るまでの経緯、そしてヨーロッパにおける具体的な行動

34　これに関しては、前掲書『仙台市史　特別編 8　慶長遣欧使節』38 頁。及び *HISTORIA DEL REGNO DI VOXV*, Al Lettore. を参照のこと。

35　前掲書『元和年間　伊達政宗遣欧使節の史料に就いて』23 頁。

36　『遣欧使節記』は欧州の地誌を中心にふれているが、『天正少年使節記』では、日本全般の地誌
　　について触れている。

88

第 2 節 『遣欧使節記』（1615 年）の成立史

を記すといった構成を取っている。『日本遣欧使節記』のほかにも同様の構成で以って書かれた天正少年使節に関する出版物[37]は現在でも多く残されており、アマーティはこれらの出版物を参照した可能性が十分にあるといえよう。つまり、ソテーロの伝聞やアマーティ自らの体験を、『日本遣欧使節記』などの雛形に照らし合わせつつ記述した可能性である。

　一方で『仙台市史』において平田は、ソテーロの伝聞については「ソテロが書いた「報告書」（スペイン語手稿、20 枚）が残されており、インディアス宗務総長の「特許状」が添付されていた書類の中におそらくこの「報告書」が含まれていて、アマーティはこれを知ろうとして利用したのである。『使節記』は、彼が単にソテロや随員の話を聞いて書き留めたものではない。」[38]としており、ソテーロの手稿「報告書」と『伊達政宗遣欧使節』を比較検証することで、アマーティによるスペイン語原典からの若干の改訂により、使節の派遣意図を説明する段において原典よりも曖昧な表現に書き換えられていることを指摘している[39]。

　このように、『遣欧使節記』の典拠を整理していくと、従来の研究ではいくつかの典拠が明らかにされているものの、それが限定的であることがわかる。次項では、慶長遣欧使節邂逅以前の第 23 章以前の記述中でも、ソテーロの伝聞に依らず、アマーティが執筆した箇所がないかを整理し、その執筆意図を考察する。

37　*Breve Raggvaglio Dell'Isola Giapone Havvto Con la Venvta à Roma delli Legati di quel Regno, Ove In Compendio Si Tratta delli costumi di quei popoli, della religione, essercitij, habiti, vitto, qualità dell'aere,& molte altre cose*, Con Vn Presente Fatto Da detti Legati al Serenissimo Gran Duca di Toscana. Con Licenza De Svperiori. In Roma, Appresso Bartholomeo Bonfadino & Tito Diani, al Pelegrino. 1585.
　　Relatione Del Viaggio, Et Arrivo In Evropa, Et Roma, De'Prencipi Giapponesi venuti à dare obedienza a sua Santita l anno M. D. LXXXV. All'Eccelentiss. Sig. Girolamo Mercuriale In Reggio. Appresso Hercoliano Bortoli. Con licenza de'Superiori. 1585.
　　以上 2 点の冊子をはじめ、天正遣欧使節がヨーロッパを訪れた際に使節の動向と、日本の博物誌を記したものは、どれも多くの版が重ねられており、現段階で多数認められている。これらの詳細は、Adriana Boscaro, *SIXTEENTH CENTURY EUROPEAN PRINTED WORKS ON THE FIRST JAPANESE MISSION TO EUROPA.* Leiden, E.J Brill, 1973. において網羅的に紹介されているので、そちらを参照されたい。
38　前掲書「アマーティ著『遣欧使節記』の成立と展開」542 頁。
39　同上、545 頁。

3. 『遣欧使節記』に見られるアマーティのレトリックと思想

　前項までは、『遣欧使節記』の典拠を整理し、著作の構成に大きく関わったソテーロの伝聞記述を中心に考察を進めてきた。本項ではこのことを受けつつ、アマーティのレトリックを抽出し、アマーティ独自の立場を分析していく。

　前項でも取り上げた、平田により紹介されたソテーロによる報告書は、ヴァチカン図書館に収蔵されている「奥州国王およびその（家系）の古さと高貴さ、彼がキリスト教に施した支援と、キリスト教徒になりたいと考えている願望、彼の臣下における真の聖なるカトリック信仰の増大に関する報告書」(以下「奥州国記」と略す。)[40] というものであり、その写しと思われるものが、ヴァチカン文書館のボルゲーゼ文書群に収蔵されている[41]。本項では後者の写しの報告書と『遣欧使節記』を比較したうえで、アマーティの記述部分を考察していきたい。

　「奥州国記」は、既述の通り20葉で構成されており、『遣欧使節記』の第1章から第16章までが綴られ、最後に日本報告としてのまとめが付されている。瞥見する限りでは、平田が指摘した箇所を除いて、内容レベルに限っては『遣欧使節記』と「奥州国記」はほぼ一致しており、この箇所は、ソテーロの意向がそのまま『遣欧使節記』に反映されていたと考えて間違いないであろう。スペイン語で書簡を認めていたアマーティにとっては、当該著作における翻訳は極めて容易であったものと思われる。これらの箇所、及び第17章から第23章では、日本におけるキリスト教布教の状況が、こと細かく記載されているが、その中で特徴的なのが、政治と宗教の問題を語る際に、事実の経緯を中心に述べること、とりわけ徳川幕府や伊達政宗を説明する段においては、その傾向が顕著に見て取れる。いうなれば、人文主義的理解、ギ

40　"Relación del Reyno de Voxu, de la antiguidad y nobleça de su Rey, de los favores que á echo a la Chrisitianidad y deseos que de ser critiano tiene, y de el aumento de vera santa fé catholica en sus vasallos" Fondo Borghese Serie 1973, Biblioteca Apostolica Vaticana.

41　Fondo Borghese Serie I 973, Archivio Segreto Vaticano.

リシア・ローマの故事・歴史になぞらえた記述が皆無といえる。これらの記述との際立った対照性が浮かび上がってくるのが、『遣欧使節記』冒頭のパウルス5世への献辞と、「読者への辞」である。双方ともにソテーロからの伝聞記述に依らないと書けない内容ばかりであるが、それに付加される情報は、歴史家たるアマーティのものと思われるレトリックに満ち溢れている。

　献辞においては、まず冒頭でポルトガル人が発見した日本が66国に分かれていること、日本人の気質や気候、風土など、日本の地誌に触れ、奥州の説明へと移行している。これは、バロスやガルヴァンらポルトガル人の発見の軌跡をたどる航海記やイエズス会書簡集、イエズス会年報の影響が強く認められるものである。『遣欧使節記』第1章では、冒頭から奥州を説明する項目へと入り、イエズス会士らによる秩序立てられた記述とは言い難く、献辞とはレトリックが全く異なっている。

　さらには、政治秩序の根本をキリスト教の道徳観念に求めるキリスト教政治神学に基づく記述が随所に認められ、挿話として帝政ローマ、共和制ローマについても触れられており、各々の事実の説明にとどまらず、政治思想に係る言及を以って、日本の国体の抽象的理解が認められるのも、ソテーロの「奥州国記」には見られない特徴的なレトリックである。

　「読者への辞」でも、献辞と同様のレトリックが展開されており、冒頭からしばらく続くキリスト教教義の説明においては、聖書を巧みに引用しつつ、抽象レベルで教義の理解を促している。後段で個々の事案として日本における宣教師ソテーロの活躍を取り上げており、紙面こそ必要最低限しか割かれていないものの、内実は秩序立てられた当時の読者の理解を得やすい構成となっている。一方でソテーロによるキリスト教の説明は、仏教の説明を織り交ぜるということはあるにせよ，系統だった説明とは言い難いものとなっている。そして、ソテーロの「奥州国」からの翻訳記述と、献辞や「読者への辞」に見られるアマーティ独自の記述との間には、大きな隔たりがあることが浮かび上がってくる。

　『遣欧使節記』は、その内容から慶長遣欧使節をイタリアに広く喧伝するプロパガンダの要素を含んでいた。しかしながら、第1章から第15章のソ

テーロによる日本記述は、分量的には豊富であるものの、奥州の事情に特化したいという思いが働いたために、日本全体の中での奥州という位置づけが不十分であった。そこで、まず日本の全体像が明らかにされ、奥州と慶長遣欧使節の経緯の概略が示される、アマーティによる冒頭の献辞、「読者への辞」が、当時のカトリック世界、とりわけイタリア人読者の本編理解への導線としての機能を果たしていたといえよう。このようなアマーティとソテーロにおける記述の問題は、「日本略記」の「政治誌」にも随所に現れることとなる。これは第4章で詳しく論じたい。

まとめ

第2章第1節では、新出史料である、ヘースス・マリアが著した「事由書」を中心としたコロンナ家史料を通して、アマーティの背景及び慶長遣欧使節における彼の役割を明らかにした。その結果、アマーティが聖職の身にありながら、コロンナ家の関係者として領域内の紛争解決に奔走するなどしていた姿が浮きあがってきた。さらには、交渉役としての能力が買われ、使節兼折衝役に就くとともに、教皇、コロンナ家、スペイン宮廷とのあいだで情報仲介者として当時の外交舞台で活躍していたことも指摘した。つまり、使節折衝役兼通訳というキャリアは、「事由書」内で取り立てて詳述するほどに際立つものだったのである。使節通訳兼折衝役という役割は、アマーティの折衝役としての有能さを示す上で、「事由書」内において、なおも効果的に機能していたのであった。

また、彼が認めた多数の書簡にも考察を加えていくことで、アマーティがコロンナ家の重臣として活躍をしていたことが明らかとなった。この点に鑑みると、若年の頃より、その優秀さから一目置かれる存在であったであろうアマーティの慶長使節随行員への選出は、単にマドリッドに逗留していたからという理由でその任が回ってきたわけではなく、フィリッポ1世、ヴィットーリア、カエターニらによって周到に練られた人事であったということができよう。

第 2 節　『遺欧使節記』（1615 年）の成立史

　以上のような議論を経つつ、アマーティの経歴を深く掘り下げていくことで、典型的な人文主義者の異文化接触の過程、その背後に見え隠れするアマーティを梃子としたヨーロッパの貴族たちの異文化情報獲得競争の一端を多少なりとも解明できたと思われる。

　第 2 節では、前節で明らかにしたアマーティの経歴をひとつの背景として踏まえつつ、『遺欧使節記』に見られるソテーロ由来の記述と、アマーティの記述の特徴を比較した。その結果、『遺欧使節記』の前半部、奥州と伊達政宗について論じられている第 1 章から第 15 章においては、その具体性からソテーロの「奥州国記」からの翻訳である可能性が高く、パウルス 5 世への献辞と「読者への辞」においては、歴史や政治の知識に長けたアマーティの記述に依るところが大きいことを明らかにした。その上で、『遺欧使節記』が、ソテーロにより企図された慶長遺欧使節のプロパガンダの一部として機能しながらも、アマーティがソテーロから聞いたことをそのまま書き写したのではなく、アマーティ自らの日本に対する興味とレトリックによって、ソテーロの伝聞が組み合わされ、構成された、アマーティの独自性が一定程度認められる著作であることを明らかにした。

第 3 章
アマーティ著「日本略記」（手稿）の成立史

第 3 章　アマーティ著「日本略記」（手稿）の成立史

第 1 節　「日本略記」の典拠

　本章で取り上げる、未刊の手稿「日本の自然、宗教、政治、その 3 つの状況を伝える略記」[1]いわゆる「日本略記」は、ヴァチカン文書館に収蔵されており、序章でも述べたように、これまで本格的な分析が加えられることはなかった。しかしながら、前章で取り上げた「事由書」内のラテン語記述による日本報告『日本の国々、及び皇帝の自然、宗教、歴史についての小冊子』と「日本略記」の両タイトルを並べて瞥見してみると、そのタイトルの類似性から同一著作であることは明らかと言えよう。以下の第 1 項では、まず「日本略記」の概要を見ていきたい。

1.「日本略記」概要

　「日本略記」は、アマーティによってボルゲーゼ枢機卿に献呈されたのち、ヴァチカン文書館ボルゲーゼ文書に収蔵され、今日に至っていると断定して差し支えないであろう。したがって、この手稿「日本略記」は、アマーティ直筆の報告書である可能性が高く、パウルス五世に献呈された『遣欧使節記』とほぼ同時期、1615 年末から 1616 年 2 月あたりまでのあいだに執筆したものと推察することができる。

　では、以上のような経緯を持った「日本略記」とは、いかなる著作であったのだろうか。「日本略記」は、「博物誌」（Stato Natvrale）12 葉[2]、「宗教誌」（Stato Religioso）22 葉[3]、「政治誌」（Stato Poitico）45 葉[4]の合計 79 葉から構成

1　Scipione Amati, *BREVE RISTRETTO Delli tre'stati Naturale', Religioso, e Politico del Gapone, fatto, et ordinato dal Dottor Scipione'Amati Romo interprete', e'Relatore dell'Ambasciata del Re'Idate'Masamune'Re'de Voxu regnãte'nel Giapone*, Fondo Borghese Serie I, 208-209, 51r-90r, Conservato presso il Archivio Segreto Vaticano.「日本に君臨する奥州国主伊達政宗公の使節たるローマ人通釈兼報告官シピオーネ・アマーティ博士により執筆・編纂された日本の自然、宗教、政治、その 3 つの状況を伝える略記」は、以降「日本略記」と省略する。

2　ヴァチカン文書館蔵、Fondo Borghese SerieI, 208-209, ff.51r-56v.

3　*Ibid.*, ff. 57r-67v.

96

第1節 「日本略記」の典拠

されている。岡本は「ローマで使節一行と別れた後も日本に深い関心を持っていたので、『使節記』では殆ど触れられなかった日本全般に関する書を別に著すつもりでこれを書いたのではなかろうか。」[5]としている。しかし、アマーティが使節に同行する以前にタキトゥスに関する著作の出版準備をし、ほかにも政治に関する幾つかの著作[6]を残している点、さらには、「政治誌」に全体の58％が割かれている点から勘案すると、アマーティがこの書をまとめた主たる目的が、「政治誌」の執筆にあったと考える方が妥当なのではないだろうか。

　本節では、まず「日本略記」の内容をテーマ別に分類・整理し、詳らかにしていく。次いで、第2章第2節の議論を引き受けつつ、アマーティが典拠した文献を分析し、アマーティの日本情報受容の一端を明らかにしていく。以下では、「博物誌」「宗教誌」「政治誌」と各構成によって分類した上で、各内容を検討してきたい。

「博物誌」

　「日本略記」において、「博物誌」の占める割合は、全79葉のうちの12葉と決して多くはないが、記されている内容は、地理、食生活、住居、慣習、風俗と大変多岐にわたっている。以下に、その内容を分類列挙し、要約していこう。

地理

・日本の位置、緯度について言及し、日本列島の主な島々、日本と中国、高麗（Corai）、琉球（Leguio）との位置関係・距離や、地震が頻発すること、また金銀が豊富に産出されるなどに触れている。九州、四国（Xicoco）、本州について述べている一方で、都（Meaco）以東は全く不明であると説

4　*Ibid.*, ff. 68r–90r.

5　前掲書『元和年間伊達政宗遣欧使節の史料に就いて』19頁。

6　*Praenesis* Romae, apud I. Mascardum, 1609; *Censura al maestro di camera di Francesco Sentiti da Bibiena...*, Liège, H. Hartes 1634; *Laconismo politico sopra il consiglio di coscienza, che combatte la ragione di stato* Roma, L.Griignani, 1648.

明。

食生活と農業

・日本人が常に戦という人災に晒されながらも、主に米を生産し、それが豊かに実ることに触れながら、米から作られる酒と、茶（Chia）を嗜んでいたことに言及。

・狩りで仕留めた獲物以外は獣を口にせず、牛乳も飲まないことについて、ヨーロッパの食べ物や嗜好品の臭いを日本人が嫌いだからだとしている。

・貧者と富者との食生活の違い、病人には魚や牡蠣を食べさせることに着目し、治療がヨーロッパで用いられていた瀉血のように血を流すことが全くないのは偶然ではないと評価している。

住居、服装

・豊富に採れる杉によって建物は全て作られ、壁も床も同様で、日本人はそこで寝る。木材からできている豪華な祭壇（仏壇）を家のなかに設える。

・服装は豪華なうえに、どの国とも異なっており、1年に2回、衣替えがあるとしている[7]。上流階級の住居、服装にしか触れていない。

慣習、風俗、人間性、言語

・髪型においては、男性が髷を結い、上流の女性は髪を解けた状態にしている。女性のお歯黒についても触れており、黒を歓喜の証、赤を憂鬱の証としている[8]。

・日本においては刀がダイヤモンドよりも価値があるものである。戦で用いる武器は多種多様であり、そのどれもがヨーロッパのものよりも優れている。

・日本人は名誉、礼節を非常に重んじるため、様々な儀式や場面において、礼節を持った言葉遣いができるように、賛辞の例文集のような本を使って勉強する。

---

7 Amati, *Stato Natvrarie, op. cit.*, f.53v. "Secondo che mutano l'età, mutano i uestiti ; et in due giorni designati dell'anno si uestono tutti d'estate, e d'inuerno."

8 Amati, *Stato Natvrarie, op. cit.*, f.54v. "I denti negri sono i più stimati trà nobili. Il color negro trà loro è segno d'allegrezza, il rosso di malinconia."

第1節　「日本略記」の典拠

・年長者を尊び、苦痛や不幸に対して信じられないほどの忍耐力をもっている。
・日本人には本音と建前が存在し、気が短く、一般市民は領主の横暴に振り回されているが、才気は東方のどの民族よりも優れていると示唆する。
・年齢の違いや、貴賤、男女違いによって、言葉遣いは異なり、その場に相応しくない言葉遣いをすると嘲笑の的になる。
・漢字と平仮名を織り交ぜながら日本語が構成され、書き言葉と話し言葉が異なっていることに触れている。日本語がラテン語やギリシア語を凌駕する優れた言語であるとしている。

　以上のようにまとめていくと、「博物誌」においてアマーティは多様な内容に言及しているものの、彼自身の関心は上流階級の習慣、風俗にのみ向いており、一般の民衆はその比較として用いられているにすぎないことがわかる。これは、ドミニコ会、フランシスコ会、アウグスティノ会の托鉢修道会が民衆を中心に宣教活動を展開していたのに対して、イエズス会が権力者を中心に布教活動を展開し、それらの階層の生活習慣を記録しており、アマーティがイエズス会士の書簡を執筆の際に参考にしたためと思われる。

「宗教誌」
　22葉からなる「宗教誌」は、日本における、起源の説明から始まる。その内容を簡便にまとめると以下のようになる。ユダヤ人がエジプト脱出したのと同時期に、イサナギ（Isangui）とイサナミ（Isanami）という中国出身の夫婦が偶然日本列島に移り住み、日本の歴史は幕を開ける。その後、移り住んだ日本人同士で諍いが生じたため、従来採用してきた共和制から、内裏（Daire）という君主を置くこととなった。内裏は法を整備し、統治秩序の構築に努めたが、治めている66国のなかには反乱を起こし、内裏を承認しない者も現れるようになる。内裏は中国の統治制度を真似たものであったが、それだけでは内裏の品格や尊厳を維持することができず、そこで導入されたのが宗教による統治であった。僧侶（Bonzi）や聖職者は、宗教による統治の

99

第3章　アマーティ著「日本略記」（手稿）の成立史

管理下に置かれ、内裏は教皇のような役目を担うようになり、枢機卿と同じ
ような役割を果たす公家（Cunge）が据えられた。そして、内裏は品格や名
誉としての存在となり、政治的統治は皇帝に一任するようになった[9]。

　アマーティは、このように概略を述べた上で、内裏の婚姻制度、内裏が神
聖な称号を与える権利を有しているなど、内裏の性質を簡単に解説し、内裏
の下につく宗教、殊に仏教の内実を事細かく解説していく。具体的には、仏
教が中国から持ち込まれ、日本にどのように広められていったかを踏まえ、
坊主たちの慣習、地位役職、教育機関、宗派などの解説をするのである。こ
こで注目すべきは、アマーティは偶像崇拝を批判し、仏教の教えなどを説明
する際に、demonio（悪魔）など否定的な語彙を多用している点にある。そ
の象徴的な例として以下の記述が挙げられる。

　　坊主たちはしばしばひどく派手な演出を交えて説法を行う。坊主が説
　　教壇に上がるときには絹衣を身にまとい、金扇子を片手に贅を凝らした
　　小机を正面に置いて、そこに載っている一冊の経典を読み上げながら、
　　宗派の迷信深い儀式、またある時には道徳的な教義を雄弁かつ効果的に
　　解き明かし、2000〜3000人を超える聴衆の感涙を幾度も誘うことにな
　　る。説教の目的は、信奉する宗派を通してのみ人は救われる、と聴衆を
　　説得することにある。これらの坊主どもには、ファリサイ派の偽善とい
　　う偽善が注入されているので、謙虚そうに見える物腰や柔和な話しぶり
　　に見入っていると、彼らがいかにも聖人君子であるかのように見えるが、
　　実際には、もっとも邪悪かつ罪深い人間なのである[10]。

9　Amati, *Stato Natvrarie, op. cit.*, 57r–58v.

10　Amati, *Stato Religioso, op. cit.*, ff.61r–61v, "Predicano spesso, e con gran apparato : perche sal-
endo un bonzo nel Pulpito, uà uestito di seta, e con un uentaglio d'oro nella mano, tenendo
auanti una ricca tauola nella quale stà posto un libro per leggere, e dechiarare le superstitiose
cerimonie delle sette, et alcuna uolta dottrina morale con tanta eloquenza, et efficacia che fan-
no spesso piangere l'auditorio, ch'eccede il numero di due, ò tre mila persone. Il fine del ser-
mone è di persuadere all' (audienza), che solo se può un'huomo saluare per mezzo di qualla
setta, che professa. Perche se sia trasfuso in questi Bonzi tutta d'Hipocrisia delli farisei, perche
mirando all'habito esteriore, alla modestia, e dolcezza di parlare, paiono huomini di gran santità,
uirtù, doue che sono i più uitiosi, e pieni di peccati."

第1節 「日本略記」の典拠

　この箇所は、次節で取り上げるルイス・デ・グスマン（Luis de Guzman, 1543〜1605）が著わした『東方伝導史』からアマーティが引用した部分である。ここからは、どの文献を参考にしたにせよ、仏教に対する深い疑念、それよりもむしろ偽善的と見なしている仏僧らの振る舞いに対して、皮肉に満ちた感情を抱いていることがわかる。

　そのほかにも、禅宗（Xenxus）、浄土宗（Xodoxius）、法華宗（Foquexus）、一向宗（Icoxus）といった宗派、さらに宗派ではないが、修験道についても詳しく言及され、経についても "Namu、Amida、Buth" "Namu、Mio、Ieren、qui、quio"[11]と簡単に述べられている。これらのことを解説した後、サン・フェリペ号事件、その後の豊臣秀吉によるキリスト教徒迫害、都の近くに住み潤沢な収入を得ている高僧などの様子に触れ、「宗教誌」は些か唐突なかたちで締めくくられている。

　以上を踏まえると、「宗教誌」で留意すべき点は、宗教そのものを論じるというよりは、日本の統治機能にどのように宗教、殊に仏教が組み入れられていったかについて注目し、詳しく論じている点にあることは明白である。これは、先にも触れているように歴史学者であるアマーティの政治に対する関心が多分に含まれているためと推測される。

「政治誌」

　「政治誌」については第4章で詳しく分析するため、ここではごく簡単に説明するにとどめる。「政治誌」45葉となっており、「政治誌」の量の多さから判断して、アマーティは日本の政治に重きを置いていたと思われる。彼の政治思想は、キリスト教イデオロギーがひとつの根幹となっており、その視点から、織田信長や豊臣秀吉を例に挙げながら、日本の政治状況並びに日本の統治システムを考察している。さらには、日本の統治システムから政治的教訓を引き出そうとしている一方で、暴力に塗られた日本の統治システム再編には、キリスト教的道徳観が必要であると結論づけている。

11　*Ibid*., 64r.

第 3 章　アマーティ著「日本略記」（手稿）の成立史

2.「日本略記」における典拠同定

　1615 年末から 1616 年頃に執筆されたと推測される「日本略記」が、前項で述べたように「博物誌」「宗教誌」「政治誌」といった 3 部構成となっている背景には、イエズス会士書簡、及びそれらをまとめた書簡集、報告書などの影響を受けた可能性が考えられる。本項では、その典拠の可能性のある同時代の著作を挙げつつ、アマーティがどのような著作を参考にして、「日本略記」を編み上げたのかを考察していきたい。

　先述したことでもあるが、「事由書」によれば、アマーティはボルゲーゼ枢機卿に「日本略記」を献呈したとあり、慶長遣欧使節に関する記述としてまとめあげた『遣欧使節記』と並んで、極めて短期間のうちに書き上げたものと考えられる。この形跡は、後にグスマンからの抜粋に近い引用に関して考察する部分で詳しく論じるが、アマーティが、短期間で書き上げようとする場合、イエズス会士が日本から送る書簡を丹念に読みこんだり、あるいは当時盛んにラテン語、イタリア語、スペイン語、ポルトガル語、フランス語などに翻訳・出版され、日本情報が散りばめられている刊本のイエズス会士書簡集から必要事項を抽出するといった非効率な作業を行い、その上で新たな日本報告を書き上げるとは考え難い。そのような場合には、ひとつの報告書としてまとめられている出版物を参照し、その雛形をもとに自分の編集方針に則った形式の報告書をまとめ上げ、効率的に短時間で書き上げるほうが妥当性を得ている。ここで、アマーティが典拠した可能性がある、当時の代表的な著作として取り上げたいのが、アレッサンドロ・ヴァリニャーノ（Alessandro Valignano, 1539〜1606）の「日本諸事要録」（1583）及び「日本諸事要録補遺」（1592）[12]、ジョヴァンニ・ピエトロ・マッフェイ（Giovanni Pietro Maffei, 1533?〜1603）の『東インド史』（1589）[13]、グスマンの『東方伝道史』（1601）[14]、

　12　A. ヴァリニャーノ『日本巡察記』松田毅一訳、平凡社、1973 年。
　　　Alejandro Valignano *SUMARIO de la cosas Japón*（*1583*）. *ADICIONES del sumario de Japón*（*1592*）. Editados por José Luis Alvarez-Taladriz. Sopohia University, Tokyo, 1954.（Monumenta Nipponica Monographs. No. 9）

先述したイエズス会士の書簡集とイエズス会日本年報である。したがって、以下ではこれらのアマーティ関連文献を分類・整理しながら、「日本略記」の成立史を考えていきたい。

【イエズス会士書簡集】

　1537年に「モンマルトルの誓い」のもと、イグナチウス・デ・ロヨラ、フランシスコ・デ・ザビエル（Francisco de Xavier, 1506～1552）他5名らによって結成されたイエズス会は、ローマ・カトリックの尖兵としてザビエルをはじめとした多くのイエズス会士をアメリカ大陸、アフリカ、インド、東南アジア、そして日本などに派遣し、広範な布教活動を展開した。派遣されたイエズス会士たちは現地で起きた出来事、習慣、地理、布教状況などを不定期にローマのイエズス会総長に送付していた。これらの書簡は書簡集・報告書として編集・出版され、ヨーロッパ各地へと流布するようになり、イエズス会世界宣教の成果を喧伝するプロパガンダの一躍を担うようになった。代表的なものとして、『1551年から1558年にかけてポルトガル領インドよりもたらされたイエズス会士特別報告集』[15]、『1549-66年日本イエズス会士書簡集』（コインブラ版）[16]、『1549-89年日本イエズス会士書簡集』（エヴォラ版）[17]、スコットランドの貴族出身イエズス会士ジョン・ヘイ（John Hay, 1546～1607）

13　Giovanni Pietro Maffei, *LE ISTORIE DELLE INDIE ORIENTALI DEL REV. P. GIOVAN PIETRO MAFFEI DELLA COMPAGNIA DI GIESV'. TRADOTTE DI LATINO IN LINGVA TOSCANA da M. Francesco Serdonati Fiorentino. Con vna schelta di lettere scritte dell'Indie, fra le quali ve ne sono molte non più stampate, tradotte dal medesimo. CON INDICI COPIOSI. IN FIORENZA, PER FILIPPO GIVNTI. M. D. LXXXIX. Con Licenza de'Superiori, e Priuilegio.* Firenze, 1589.

　　なお、ラテン語版 *HISTORIARVM INDICARVM LIBRI XVI.* は1588年にフィレンツェで出版されている。ともに国際日本文化研究センター蔵。

14　ルイス・デ・グスマン『東方伝道史』新井トシ訳、天理時報社、1944年。

　　Luis de Guzman *Historia de las misiones ue han hecho los religiosos de la Compañia de Iesus : para predicar el sancto Evangelio en la India oriental, y en los reynos de la China y Iapon. ESCRITTA POR EL PADRE LVIS de Guzman, Religioso de la misma Compañia. PRIMERA（SECONDA）PARTE EN LA QVAL SE CONTIENEN SERS LIBROS tres de la India Oriental, vno de la China, y dos de Iapon. DIRIGIDA A DOÑA ANA FELIX DE GVZMAN, Marquesa de Camarasa, Condesa de Ricla, Señora del Adelantamiento de Caçorla. Año 1601 CON PRIVILEGIO. EN ALCALA, por la Biudade Iuan Gracian* Alcala, 1601.

第3章　アマーティ著「日本略記」（手稿）の成立史

編集による『イエズス会士書簡集：日本、インド、ペルーのことに関する最
近の通信』[18]などがあり、挙げれば枚挙に暇がない。

　そして、イエズス会東インド巡察師として 1579 年に初来日したヴァリ
ニャーノは、日本キリシタン教界における布教改革の一環として、日本から
イエズス会本部に不定期かつ不統一な形式で送られる書簡、報告書類の通信
体制の刷新を図り、統一的公式「年報」通信制度を設け、1579 年度以降、
年度ごとに年報の作成を命じた。この「日本年報」は、イエズス会内での日
本情報の共有が促進されたことに加え、公開印刷を前提としていたため、ヨー
ロッパのキリスト教徒にも、当時出版を重ねていた書簡集と併せて詳細な日
本情報がヨーロッパで伝えられるに至った[19]。

　当時の日本におけるイエズス会の展開と日本の国情の記述が詳細なことで
一目置かれている『日本史』を著したポルトガル人イエズス会士ルイス・フ
ロイス（Luís Fróis, 1532～1597）も、多年度にわたり日本年報を執筆してい
た。これらの印刷されたイエズス会書簡群では、「日本略記」と類似する記

15　*Diuersi auisi particolari dall'Indie di Portogallo riceuuti, dall'anno 1551. sino al 1558. dalli
reuerendi padri della Compagnia di Giesu. : Doue s'intende delli paesi, delle genti, & costumi
loro, & la grande conuersione di molti popoli, che hanno riceuuto il lume della santa fede, &
religione christiana. Tradotti nuouamente dalla lingua spagnuola nella italiana. Col Priuilegio
del Sommo Pontefice, & dell'Illustrissimo Senato Veneto per anni XV. Venezia, 1559.* 国際日本
文化研究センター蔵。

16　*Cartas que os padres e irmaos da Companhia de Iesus, que andao nos reynos de Iapao
escreuerao aos da mesma Companhia da India, e Europa, des do anno de .1549. ate o de
.66. : Nellas se conta o principio, socesso, e bodade da Christadade daquellas partes, e varios
costumes, e idolatrias da gentilidade.* Coimbra, 1570. 筑波大学ベッソン・コレクション蔵。

17　*CARTAS QUE OS PADRES E IRMÃOS da Companhia de Iesus, que andão nos reynos de
Iapão, escreverão aos da mesma Companhia da India & Europa des do anno de 1549 atè o
de 1580. PRIMEIRO TOMO. Nellas se conta o principio, socesso, & bondade da Christandade
daquellas as partes, & varios costumes, & falsos ritos da gentilidade. Impressas por mandado
do Reuerendissimo em Christo Padre dom Theotonio de Bragança Arcebispo d'Evora. Impressas
com licença & approuação dos SS. Inquisidores & do Oridinario. Em Evora por Manoel de
Lyra. Anno de M.D.XCVIII.* Evora, 1598. 京都外国語大学蔵。

18　John Hay（ed.）, *DE REBVS IAPONICIS, INDICIS, ET PERVANIS EPISTOLAE RECENTIORES.
A Ioanne Hayo Dalgattiensi Scoto Societatis IESV in librum vnum coaceruatae. ANTVERPIAE,
Ex Officina Martini Nutij, ad insigne duarum Ciconiarum, Anno M. DC. V.* Antwerpen, 1605.
国際日本文化研究センター蔵。

19　H. チースリク監修、太田淑子編『日本史小百科　キリシタン』東京堂出版、2001 年、73-76
頁。なお、日本年報は従来の書簡集に所収される場合もあれば、単独で出版される場合もある。

述を多数認めることができる。とりわけ、バルタザール・ガーゴ、ガスパール・ヴィレラ、フロイスは、単に布教区内での出来事を述べるに留まらず、その周辺情報として、日本の地誌、仏教の宗派、文化、習慣等について詳細な記録を残している。なかでもフロイス執筆の書簡、及び日本年報では冒頭数頁で日本の地誌を記述し、それから各布教区の状況を報告する形式を半ばフォーマット化している。これらの書簡群は、これから論じるマッフェイやヴァリニャーノ、グスマンらの日本報告に収斂され、各々の報告書内で形式化されていくことになる。このようなことから、報告書作成の効率性に鑑みれば、アマーティがこれらの書簡群をある程度参照したではあろうが、丹念に読み込んだ可能性は低いと思われる。

【イエズス会士報告書：マッフェイ】

これらの出版された書簡集、及び非公開のイエズス会文書を用いてイエズス会による布教成果をひとつの報告書として『東インド史』をまとめ上げたのが、マッフェイであった。マッフェイの母方の叔父は、ヴァチカン図書館の管理人であったことから、マッフェイは幼少より、その叔父のもとで深い教養を身につけたとされる[20]。1565年にイエズス会に入会し、1571年にポルトガル人イエズス会士マヌエル・ダ・コスタ（Manuel da Costa, 1541～1604）が編んだ未刊手稿「東方布教史」（*Historia da missões do Oriente*）をラテン語に翻訳[21]、1585年には『イグナチウス・デ・ロヨラ伝』[22]を出版するなど、イエズス会において著述家としての地位を築き上げていった人物である。

20　マッフェイの評伝に関しては、以下のウェブサイトを参照した。Dizionario Biografico degli Italiani - Volume 67（2006）,（http：//www.treccani.it/enciclopedia/giampietro-maffei_（Dizionario-Biografico)／2017年3月4日確認。）
21　1571年にドイツのディリンゲンより出版されている。書誌は以下の通り。
　　RERUM A SOCIETATE JESU IN ORIENTE GESTARUM AD ANNVM VSQVE à Deipara Virgine M. D. LXVIII, commentarius Emanuelis Acostæ Lusitani. recognitus, & latinitare donatus. ACCESERE DE IAPONICIS REBUS EPISTOlarum libri IIII, item recogniti, & in latinum ex Hispanico sermone conuersi. DILINGÆ Apud Sebaldum Mayer. Anno M. D. LXXI. Cum priuilegio Cæsareo & Superiorum facultate. Dillingen, 1571.
22　*DE VITA ET MORIBUS IGNATII LOIOLAE, QUI SOCIETATEM IESV FVNDAVIT, LIBRI III,* Auctore Ioanne Petro Maffeio, Presbytero Societatiseiusdem. EX AVCTORITATE SVPERIORVM. ROMAE, apud Franciscum Zannettum. M. D. LXXXV. Roma, 1585.

第 3 章　アマーティ著「日本略記」（手稿）の成立史

「東方布教史」で使われた東インドや日本から送られてきた書簡には誤謬
が非常に多かったことをマッフェイは強く認識しており、そのため、より正
確な情報による東インドでのイエズス会布教報告の執筆、すなわち『東イン
ド史』へと繋がっていった。そして、1585 年にローマを訪れた天正遣欧使
節との出会いもまた、執筆への意欲を一層かき立てる要因の一つとなったと
されている[23]。また、イエズス会布教史の日本編として、日本の布教状況ば
かりか、日本という国の情勢をも詳細に記すよう、ヴァリニャーノを通して
日本に滞在するフロイスに『日本史』執筆を促した人物こそがマッフェイで
あった[24]。

　『東インド史』はザビエルの事蹟に則り、アフリカ、インド、東南アジア、
日本での布教、新大陸での布教について紙面が割かれているが、現地の文化、
習慣、地誌といった視点も多彩に盛り込まれている。とりわけ日本について
は、主に 480 頁後段から 495 頁まで記述されている。ポルトガル人イエズス
会士ガスパール・ヴィレラ（Gaspar Vilela, 1525〜1572）の日本発信書簡や、
フロイス執筆の日本年報冒頭に記載されることの多い、下（Ximo）、四国（Xi-
coco）、都（Meaco）の説明、中国、五島列島との位置関係、気候、山岳と比
叡山、植生、家畜の解説にはじまる。マッフェイの日本記述は、日本語で紹
介されることがほとんどないため、以下、記載順に事項を箇条書きでまとめ
ておく。

・飢餓や気候変動などあらゆる苦痛への耐性が驚くべきと評価。食事の作法、
　飲酒の習慣、米のワイン。（483 頁）
・茶の作法、茶道具の価値、日本刀の価値、比叡山焼き討ち。言語。（484〜
　485 頁）
・長刀、着物、靴、日傘、喜びの色としての黒と赤、悲しみの色としての白。
　（485 頁）

23　Donald F. Lach, *Asia in the making of Europe Volume 1 The Century of Discovery Book 1.*
　　Chicago, The University of Chicago Press, 1965. pp. 324–325.
24　*Ibid.*, pp. 325, 686.

106

第 1 節　「日本略記」の典拠

・臭い、白湯を好む、おはぐろ、公での歩き方、馬の乗り方、敬意を表す儀礼（靴を脱ぎ、屋内で靴を脱ぐ）、看病（ヨーロッパと違い、病人に塩辛い物を与える）（486 頁）

・統治形態の解説。殿たち（Toni）はヨーロッパと同様にいくつか種類があり、王（Re）、公爵（Duco）、侯爵（Marchese）、伯爵（Conte）のようなランク付けが存在する。ヨーロッパと同様に日本にも善人も悪人もおり、善悪の基準も似ている。（487 頁）

・僧兵をマルタ騎士団のようだと比喩。教養ある学僧が多く、キリスト教が浸透しやすいとする。武士の日常、庶民の生活についての解説。商店・技術者の水準の高さに驚愕。（488 頁）

・日本人の性格を優秀で器用であるとし、名誉を重んじるとともに、侮蔑を嫌い、互いに敬意を表する。安価な製品を作る職人にも敬意を払う必要がある。そうしないと職人は仕事を放棄する。自制心があり、腹を立ててもそれを表には出さない。嫌なこと、不幸が降りかかっても感情を表に出さない。（489 頁）

・下克上と権力者の栄枯盛衰。日本の宗教における善悪判断が悲劇的に間違っている。説教の方法。坊主は民衆に阿弥陀、釈迦の教えを説き、狂気と極悪のあいだを歩むものである。（490 頁）

・仏教をルター派のようだと断じる。第一段階が来世の福を司る仏（Fotoques）、第二段階で現世の福を司るものが神々（Camis）とわかれ、かつて王やその子息、武勇を上げたものが神々（Camis）として崇め奉られることがある。これは馬鹿げた話で、ギリシア神話のジュピター、サトゥルヌス、バッカスのようだと評価。そして、日本人のあいだでは、神（Dei）から賜った真理の原理がすでに根絶しているから、知識の教え（del magistero della coscienza）を忘れ、羞恥の箍（i serramim della pudicizia）が外れ、節度無く享楽を貪るようになる。ほかに戦の方法、刀の使い方にも言及。（491 頁）

・前頁に続き戦時について論じており、村落の破壊、落武者狩り、山賊の所業、水軍について言及。貧者、病人の生活について論じ、貧者に施しを与えるキリスト教の教えを日本人らが賞賛しているとする。犯罪者の処刑、

107

第3章　アマーティ著「日本略記」（手稿）の成立史

謀反を企てたものに対する処遇。(492頁)

・前頁を受けて司法について議論が及び、犯罪者の裁き方、領主には絶大な生殺与奪権があり、権力者が不機嫌に政務を執り、横柄で民衆を顧みないと断じる。その上で恐れが物事を支配し、それが憎しみへと繋がり、反乱や一揆が頻発、王座は不安定で継承は稀であるとする。日本は王 (Vo)、内裏 (Dair) と呼ばれる唯一の皇帝 (Imperatore) のもとで支配されていたが、公方らに蔑まれ始めたとしている。(493頁)

・軍人 (huomini militari) が領主 (Signori) を苦しめ、仕えることも軽んじるようになり、奪い合いとなった各領土は細分化される。そして、勢力に応じて名誉の称号 (i vocaboli d'honore) を分け与える権利のみが内裏に残されることとなった。そのために内裏は大金を集め、各権力者からの感謝のために神性 (dignità) 保持するに至っている。全日本人の間で最も権力を持つものは天下 (Tensa) という名のもと、都 (Meaco) とその近親諸国を支配する。これらの土地は、当初は暴君 (Tiranno) 信長に支配されていたが、2年前に謀反人に殺され、引き続き羽柴 (Faxiba) が暴力で以って、その座 (天下) についた。(494頁)

　494頁以降では、「日本の習慣、秩序を理解してもらうには、より多くの紙面を割く必要があるために、これ以上は書かない」とした上で、アントーニオ・ガルヴァン (António Galvão, 1490～1557) の『諸国新旧発見記』(1563)[25] を引き合いに出しつつ、3人のポルトガル人が1542年に初めて日本に上陸した旨に言及して、主な日本記述を締めくくっている。

　マッフェイの日本記述で多く見られるのは、その都度、日本とヨーロッパ

25　António Galvão, *TRATADO. Que compôs o nobre & notauel capitão Antonio Galuão,dos diuerdos & desuayrados caminhos, por onde nos tempos passados a pimenta & espesearia veyo da Indias ás nossas partes & assi de todos os descobrimentos antigos & modernos, que são feitos ate a era de mil & quinhentos & cincoenta. : Com os nomes particulares das pessoas que os fizeram : & em que tempos & as suas alturas, obra certo muy notauel & copiosa Foy vista & examinada pela santa Inquisição. Impressa em casa de Ioam da Barreira impressor del rey nosso senhor na Rua de sã Mademe.* Lisboa, 1563.

第1節　「日本略記」の典拠

を比較して論じている点にある。前半部において日本の食事作法や礼儀作法、服装、服飾を取り上げる際には、「ヨーロッパでは帽子をとり、日本では靴を脱ぐ」などの具体例を出したり、日本人とヨーロッパ人の好みが全く異なるといった記述を通して、日欧の文化・風習の差異を強調する。一方、後半部では、前半の相対主義的レトリックを引き継ぎながら、ギリシア神話やヨーロッパの爵位を持ち出したりするなど、自らに引き寄せて日本の制度を理解しようとした態度が見て取れる。

　以上のようにマッフェイの記述を概観してみると、アマーティの「日本略記」と酷似した内容とまでは言い難い。しかしながら、色彩や日本刀の価値、病人に与える食事、内裏や領主との争い、天下に関する説明、仏教とは否定的見解も示しながらも、ヨーロッパに次いで日本人が優秀である点については、一定の類似が認められる。記述内容の類似点以上に注目したいのは、両著作の構成である。なぜならば、アマーティ、マッフェイともに、第1段階で日本の習慣、制度を取り上げ、第2段階で宗教、引き続いて第3段階において政治について論じているからである。アマーティのほうが政治に関する記述が圧倒的に多いのだが、イエズス会書簡を参照して各地域の報告を体系にまとめ上げた嚆矢ともいえるマッフェイの『東インド史』と「日本略記」のあいだに報告書の形態として一定の類似点があることに、ここでは留意しておきたい。

【イエズス会士報告書：ヴァリニャーノ】

　イエズス会東インド巡察師であったアレッサンドロ・ヴァリニャーノは、1579年から3度にわたり来日した。先述したように、イエズス会本部と布教との間の情報共有制度を改革し、「年報」制度を導入するなど、日本キリシタン教界の発展に大いに貢献した。また、その布教成果をヨーロッパに喧伝すべく天正遣欧使節を企図し、既述の通りマッフェイの日本への関心をフロイスに伝え、『日本史』執筆を促した人物でもあった。そのヴァリニャーノが目指した日本での布教方針には、日本の風土、風習、習慣を受け入れ、相応しい布教方法を見出していこうとする適応主義が貫かれていた。その代

第 3 章　アマーティ著「日本略記」（手稿）の成立史

表的な著作として、ヴァリニャーノが 1581 年に著した「日本イエズス会礼
法指針」が挙げられる[26]。この著作は、当時の日本における階層社会に、イ
エズス会士が入り込んでいく際、イエズス会士らが威厳と体面を保つ必要性
を説いたもので、その基準を権力者のあいだに最も浸透し、宗教人として一
番権威を備えていた禅僧に求めている[27]。そして上記のような適応主義を基
盤として、1583 年にヴァリニャーノが脱稿したのが「日本諸事要録」及び
「日本諸事要録補遺」であった。両著作は公開出版を目的としたイエズス会
年報とは異なり、イエズス会総長に宛てた機密文書とされており、目を通す
ことができる人間は限られていた。著作冒頭の「献呈の辞」において、ヴァ
リニャーノはその執筆意図を以下の 3 点にまとめている[28]。

1. 日本の性格、習慣、諸事がインドやヨーロッパと異なり、正反対である
   ため、日本に関して明確で詳細な報告書を作成する必要がある。
2. ほかの報告書では日本を中心に取り上げているのではなく、インド管区
   の一地域として取り扱っているにすぎず、これでは簡単かつ不十分であり、
   変化する日本の現状と大きく異なっている。
3. 日本をイエズス会インド管区から副管区に昇格したことに伴い、新たに
   統轄を委ねられる人々の知識や指標にするため、ローマにいるイエズス会
   総長に日本に関して明確な情報を伝えるために、特別な報告書を作成する
   必要があると思われる。

　このような執筆意図をもとに著された「日本諸事要録」は、全 30 章で構

26　ed. critica, introd. e note di Giuseppe Fr. Schütte, *Il cerimoniale per i missionari del Giap-*
　　pone : Advertimentos e avisos acerca dos costumes e catangues de Jappão : importante docu-
　　mento circa i metodi di adattamento nella missione giapponese del secolo XVI : testo portogh-
　　ese del manoscritto originale, versione letterale italiana di Alexandro Valignano. Edizioni di
　　Storia e letterature, Roma, 1946.
　　A. ヴァリニャーノ『日本イエズス会士礼法指針（キリシタン文化研究シリーズ 5）』矢沢利彦、
　　筒井砂共訳、キリシタン文化研究会、1970 年。
27　高瀬弘一郎『キリシタン時代の文化と諸相』八木書店、2001 年、580-581 頁。
28　前掲書『日本巡察記』3-4 頁。Valignano, *Sumario, op. cit.*, pp. 1-3.

110

成され、第1章から3章までが日本の地誌、それ以降は地誌を踏まえた日本
キリシタン教界におけるイエズス会の組織運営に関する方法の指南に紙面が
割かれている。この「日本諸事要録」における記述のなかで、アマーティ「日
本略記」の典拠元としてとりわけ重要になってくるのが、冒頭の日本の地誌
が記載さている第1章「日本の風習、性格、その他の記述」[29]、第2章「日本
人の他の新奇な風習」[30]、第3章「日本人の宗教とその諸宗派」[31]の部分である。
というのも、このヴァリニャーノの著作には、『東インド史』と「日本略記」
とのあいだに見られる構造的な類似はないものの、内容に関しては、アマー
ティの日本記述との類似点が第1章から第3章にかけて若干認められるほか、
抜粋とまではいかないが参考程度に典拠した可能性を見出すことができるか
らである。「日本略記」と類似する「日本諸事要録」内の記述を見ると、以
下のような事項が挙げられる。

　まず、内裏の統治についてヴァリニャーノが述べるところでは、「往時、
日本には内裏と称せられる六十六ヵ国全体の一国王が居り、日本の中央にあ
り、すべての都市のなかでもっとも主要である都に居住し、その長官の諸将
軍によって国々を統治していた。この長官には全員のなかで最高の者が二人
居り、公方と称せられる副王、あるいは将軍の如き者で、その一人は都の外
の三十三カ国を、別の一人はそのほかの三十三カ国を統治していた[32]。」とし
ている。一方、アマーティは「日本略記」の「宗教誌」において、「これと
同じもの（内裏）は法を与え、統治の秩序を築き、鳥羽上皇の治世において、
二人の副王、もしくは日本の六十六の国の総督、つまり東方の三十三カ国を
治める副王、もう一方の西方の三十三カ国を治める副王が強大な権力を振る

29　同上、5-14 頁。*ibid.*, pp. 5-24.

30　同上、13 27 頁。*ibid.*, pp. 24 56.

31　同上、27-31 頁。*ibid.*, pp. 56-67.

32　同上、8 頁。

　　Valignano, *ibid.*, p. 10. "Tenían antiguamente un rey que era señor universal de todos los se-
senta y seis reinos de Japón, llamado dairi, que reidiendo en la ciudad de Miyako, que está en
el medio y es la más principal de todas, gobernaba sus reinos por medio de sus gobernadores
virreyes y capitanes, entre los cuales tenía dos que eran superiores de todos los otros y como
virreyes y capitanes generales llamados kubo, uno de loscuales gobernaba los treinta y tres rei-
nos que están allendedel Miyako y el otro los otros treinta y tres de esta otra parte. "

うに至った。」[33]としており、アマーティが「公方」と明記していないものの、内裏のもとにつく 2 人の副王が三十三カ国づつ支配していることに言及している点で一致している。またこの点は、大規模な引用の傾向が認められ、後段で詳述するグスマンの記述には無い事項でもあり、ここからアマーティが「日本諸事要録」を典拠とした可能性を見出すことができる。

このほか、屋形と国衆の関係、靴を脱ぐ習慣、髷、日本人の不幸に対する忍耐強さ、刀の価値、言語など、数々のアマーティとの類似点が認められる。また、アマーティは、「宗教誌」内で、仏教の一向宗、禅宗、法華宗等の具体例を挙げ、それぞれの宗派の特徴や「南無阿弥陀仏」について論じている。他方、ヴァリニャーノは第 3 章で阿弥陀と釈迦を取り上げ、仏教について詳述しているが、宗派の詳しい説明までには至ってないため、仏教においては、アマーティがヴァリニャーノを参照した可能性は低いと考えられる。

このように「日本諸事要録」は「日本略記」の典拠として、多く参照されたとは言い難い。しかし、マッフェイやフロイス、ガーゴ、ヴィレラに見られる日本報告の形式を踏襲しつつ、体系的に日本の地理、文化をイエズス会本部に報告したという点で、その功績は大きかったといえる。そのなかで、「日本諸事要録」を中心としたヴァリニャーノの著述を参照して、イエズス会士布教史の集大成『東方伝道史』を書き上げたのがルイス・デ・グスマンであった。

【イエズス会士報告書：グスマン】

まず、比較テキストとして用いる『東方伝道史』(*HISTORIA DE LAS MISSIO-NES*, 1601) の著者ルイス・デ・グスマン (Luis de Guzman, 1543～1605) の経歴に軽く触れておきたい。グスマンはバレンシア、オソルノ村の出身であり、1563 年、アルカラ大在学中に同地でイエズス会に入会した。イエズス会の

---

33 Amati, *Stato Religioso, op. cit.*, f. 58r, "Questo medesmo diede leggi, et ordinò il gouerno, e nell'Imperio di Tabanofouo successe, che due Viceré Rè ò gouernatori de'66. Regni del Giapone, uno gouernando i 33. d'oriente, e l'altro i 33. di ponente uennero à co'petenza di maggioranza"

アルカラ学院で学問を修め、その後、司祭に叙階される。1573年以降、ベルモンテ学院長、イエズス会アンダルシア管区長等を務めるが、病気のため一旦第一線を退いた。病状回復後に1594年にアルカラ学院長、翌年イエズス会トレド管区長を歴任、次いでイエズス会総長アクアヴィヴァのスペイン管区助手に任命され、1605年トレド管区長在職中に没した[34]。アジアでの宣教経験はなく、イエズス会総長アクアヴィヴァの命を受け、インド、中国、日本でのザビエルの宣教過程、ザビエル死後のイエズス会士らの日本での活動を中心に全14篇で構成された『東方伝道史』を執筆した。

　当該著書は、1601年にアルカラで出版され、天正遣欧使節がスペインのベルモンテ来訪時、現地学院の総長であったグスマンが使節一行を歓待した記述も第8編に認められる。年代順にまとめられたマッフェイの『東インド史』とは異なり、地域ごとにイエズス会士の活動がまとめられ、マッフェイやヴァリニャーノようにアジアとヨーロッパの違いを強調することに重きを置かず、説教臭さと距離を置いた簡潔な描写が、この著作の特徴である[35]。そして、そのバランスの良さから、イエズス会の歴史著作の大著とされている。日本関連記述は第五篇から第十三篇でまとめられており、次節で比較・考察対象とする『東方伝道史』第五篇「会士に依つて日本の諸國に福音傳道の端緒が開かれ、それが日本帝國の首都京都の大都市にまで傳道された事」[36]では、キリスト教日本開教の過程とともに、日本の地理、文化、習慣、宗教が具体的かつ詳細に論じられている。そのため、先述した巡察師ヴァリニャーノの『日本諸事要録』[37]、「東インド地域におけるイエズス会の発端と発展の歴史」[38]をはじめ、ほかのイエズス会士の書簡、刊本の日本イエズス会士書簡集を多用したとされており[39]、オランダの旅行家ヤン・ホイフェン・ヴァン・リンスホーテン（Jan Huyghen van Linschoten, 1563～1611）が著した『東方案内記』（*Itinerario : Voyage ofte schipvaert van Jan Huyghen van Linschoten naer Oost ofte Portugaels Indien 1579-1592*, 1592）などの記述と類似した箇所も認め

34　前掲書『東方伝道史』9頁。
35　Lach, *op. cit., Book 1.* p. 328.

第3章 アマーティ著「日本略記」（手稿）の成立史

られる[40]。

　アマーティの「日本略記」には、『東方伝道史』から抜粋に近い状態での引用が非常に多くの箇所で認められる。「自然誌」、「宗教誌」、「政治誌」、どの項目でも典拠の形跡が認められるが、とりわけて多いのが「宗教誌」においてである。「政治誌」においても、これまで挙げてきた日本報告よりも類似している点が多く、「東方伝道史」が典拠の大元であった可能性が極めて高い。この考察については次節で詳しく論じていく。

36　Libro qvinto como se Dio principio ala predicacion del Santo Euangelop, en los Reynos de Iapon, por medio de los Padres de la Compañia de Iesus, hasta llegar a la grande Ciudad de Meaco, Cabeçade toda la Monarchia de Iapon.
　　なお、本論文で取り上げる第五篇の考察対象は以下の通りである。
　　第一章　日本の土地、地勢及び分割にされている諸國に就いて
　　　Capitvlo primero, de la tierra de Iapon, y sdus calidades, y los muchos Raynos en que esta diuidia.
　　第二章　日本人特有の風習に就いて
　　　Capitvlo segvundo, De algunas costumbres particulares que tienen los Iapones.
　　第三章　日本人の性質及び特有性
　　　Cap. III. De aignas otras condiciones y propriedades particulares de los Iapones.
　　第四章　日本の世俗的な生活をする人々の諸型に就いて
　　　Capitvlo IV. De los diuersos estados de gente que ay en Iapon, entre los seglares.
　　第五章　日本に多数ゐる僧侶及び司祭に就いて
　　　Capitvlo V. De los muchos Bonzos y Sacerdotes que ay en Iapon.
　　第六章　日本の主なる宗派
　　　Cap. VI. De algunas sectas principales de Iapon.
　　第七章　最初の三派より分かれた他の特殊な宗派に就いて
　　　Capitvlo VII. De otras sectas particulares, salieron de las tres primeras.
　　日本語タイトルは、新井トシ訳『東方伝道史』によるもの。
37　グスマンはイエズス会総会長の勅命である布教史『東方伝道史』執筆のため、『日本諸事要録』を容易に閲覧できたと思われる。
38　Alessandro Valignano, Joseph Wicki (ed.), *Historia del principio y Progreso de la Compañia de Jesús en las Indias Orientales (1542-1564)*, Institutum Historicum Societatis Iesu, Roma, 1944.
39　アルバレス・タラドリス、ホセ・ルイス「グスマンの「東方伝道史」にうつされたバリニアーノの「弁駁論」について」『サピエンチア：英知大学論叢』24号、1990年、191-208頁。
40　『諸事要録』や未刊のイエズス会文書の他にも、グスマンが書簡集や旅行記などの刊本を中心に引用することで『東方伝道史』を編纂し、アマーティが『東方伝道史』から多く引用することで「日本略記」を著したとする、当時の布教史、報告書の類の執筆モデルの一端を推し量ることができる。

114

第2節　ルイス・デ・グスマン著『東方伝道史』(1601年)との関係

　本節では、「日本略記」と多くの類似箇所が認められるグスマン著『東方伝道史』(1601) との比較を試み、「日本略記」第1章・第2章に該当する「博物誌」(Stato Naturale)、「宗教誌」(Stato Religioso) における典拠の形態の分析を進めるとともに、アマーティの著述意図の一端を考察していく。

　その方法としては、まず前段の議論を引き継ぎつつ、「日本略記」とその献呈先のボルゲーゼ家の関係について触れる。次いで、スティーヴン・グリーンブラットが『驚異と占有』[41]において取り上げている「仲介者」[42]の文脈を念頭に置きつつ、17世紀当時における東西世界の「仲介者」であった宣教師から引き継がれた情報の伝達・咀嚼過程の有り様を分析し、アマーティが密に接していた17世紀イタリアの貴族に見られる異文化受容の一端を解明する。

1.「日本略記」とボルゲーゼ家

　「日本略記」がボルゲーゼ枢機卿に献呈された事実は第2章第1節で述べた通りである。ボルゲーゼ家が、慶長遣欧使節ローマ滞在時の世話役として奔走したことも前章で詳細に論じたが、イタリア人から見れば全くの異邦人であった慶長遣欧使節一行と長期間接することで、自ずとボルゲーゼ枢機卿を含めたボルゲーゼ家全体が日本の政治に対して関心を寄せたことは容易に想像できる。したがって、ボルゲーゼ家の要請のもとに「日本略記」が編まれた可能性は少なからず議論の余地があるように思われるのである。

41　スティーヴン・グリーンブラット『驚異と占有』荒木正純訳、みすず書房、1994年、189-238頁。
42　異文化を媒介する「仲介者」"go between" の存在を取り上げ、大航海時代当時における異文化情報の伝達について論じている。

第3章　アマーティ著「日本略記」（手稿）の成立史

　ヴァチカン文書館のボルゲーゼ文書には、16世紀中葉から17世紀初頭に書かれたと思われる手稿の論文集が多く収蔵されている。そこには、古今東西問わず事例を取り上げ、広汎に政治の方法論を説いた『修道士トマッソ・カンパネッラ著、全政治技法における150の方法概念』(*Cento Cinquanta Concetti methodici dell'universa scienza politica di Frà Tomasso Campanella*)[43]を筆頭に、ギリシア・ローマ時代の政治状況に対する分析や、ハンニバルによるイタリア侵攻時の共和制ローマの対処について具に考察が加えられている「歴史・道徳論集」(*Discorsi storici e morali diversi di autori*)[44]、「作者不詳、コルネリウス・タキトゥスについての政治論文」(*Discorsi politici di un anonimo sopora Colnelio Tacito*)[45]といったものまであり、そのジャンルは実に多彩である。

　なお、先に取り上げたカンパネッラの著作は、『政治警句集』(*Afolismi politici*, 1601)と内容が同一であり、ボルゲーゼ家関係者が何らかの機会を得て、『政治警句集』を当該手稿として書き写したものと思われる。当該著作で特筆すべきは、カンパネッラがアマーティと同様の視点から日本の政治状況について詳しく論じていることなのだが、当該論点については別に機会を設けて詳細に分析していきたい。若干議論が逸れてしまったが、以上に列挙した著作群からは、過去の事例や最新の政治思想から貪欲に政治的教訓を引き出そうとしていた形跡が多少なりとも認められる。

　17世紀初頭の教皇庁は、世界各地で宣教活動に従事するイエズス会や托鉢修道会よりもたらされる海外情報であふれており[46]、当時のボルゲーゼ家が当家出身の教皇パウルス5世（PaulsV, 1552～1621）を通して積極的に対外情報を入手していた可能性は少なからずある。日本記述が含まれるカンパネッラの著作、「日本略記」共々ボルゲーゼ文書に収められている事実も、このような教皇庁を取り巻く環境と深く結びついていると推察することもで

43　Fondo Borghese Serie IV, 3　手稿
44　Fondo Borghese Serie Ia, 10　手稿
45　Fondo Borghese Serie I, 513　手稿
46　Maria Antonietta Visceglia, *Papato e politica internazionale nella prima età moderna*. Viella, 2013.『近世初期における教皇庁と国際政治』

きる。

　一方で、第2章第1節でも先述した「事由書」におけるボルゲーゼ枢機卿への「日本略記」献呈のくだりは、慶長遣欧使節に関する記述内に記されている。ここから察するに、使節一行のローマ滞在（1615年10月25日〜1616年1月6日）あるいは、使節一行がローマを発った直後に「日本略記」はボルゲーゼ枢機卿に献呈されたものと推測される。議論の余地が多分に残されていることではあるが、非西欧圏の日本人使節団である慶長遣欧使節との邂逅とボルゲーゼ家の異文化に対する興味関心が、『遣欧使節記』と同様に「日本略記」執筆へとアマーティを駆り立て、日本の政治について考察するひとつの契機を与えたとも捉えることはできないだろうか。

　上記を踏まえると、アマーティ、ボルゲーゼ家双方における日本の政治状況という共通の関心事項を媒介として、書き手であるアマーティが積極的に異文化情報の咀嚼を試みる態度でもって知識を供給し、読み手であるボルゲーゼ家は己の関心に従いそれを享受、時には書き手に対し、得たい知識を要求する相互関係、すなわち知的需給関係が成立していたのではないかと推測することができる。

　この関係の一端を解明するために、次項ではアマーティ「日本略記」の「博物誌」「宗教誌」のなかで随所に認められる、イエズス会士グスマン著『東方傳道史』からの引用箇所の考察を進めることとしたい。

2. 「博物誌」に認められる典拠の形態

　前節で述べたグスマンの経歴、前項で論じた知的受給関係の可能性を踏まえて、本項以降、両テキストの具体的な比較に移りたい。これまでの議論において「日本略記」が、「政治誌」に主眼を置きつつ、アマーティとボルゲーゼ家双方の日本に対する政治的関心のもとに編まれた著作であることを指摘してきた。その一方で、「日本略記」は「事由書」内の記述から察するに、『遣欧使節記』の執筆から時を置かずしてボルゲーゼ家に献呈しなければならなかった。そのために短時間のうちに書き上げねばならず、ヨーロッパで既に

第3章　アマーティ著「日本略記」（手稿）の成立史

刊行されていたイエズス会士らの報告書、年報、書簡を参考にし、グスマンの布教史も参照文献の主要な選択肢になっていたことは想像に難くない。

「日本略記」におけるクズマンからの引用は、著作の主要部分から外れる「博物誌」と「宗教誌」にその傾向が顕著に認められ、引用というよりもむしろ抜粋に近い記述が多く見受けられる。その一方で、抜粋とはいわないまでも、内容レベルで一致するほどの引用も非常に多く認められる。他方、『日本イエズス会書簡集』[47]所収のフランシスコ・ザビエル書簡、コスメ・デ・トルレス（Cosme de Torres, 1510〜1570）書簡、ガスパール・ヴィレラ（Gaspar Vilela, 1525〜1572）書簡の記載にも若干の類似が認められるが、『東方伝道史』からの抜粋ほどの一致には至っていない。

しかしながら、これらがグスマンからの抜粋や引用により手短にまとめられていたからといって考察に価しないというわけではない。そこで本項と次項では、あえて「博物誌」と「宗教誌」に着目し、アマーティとグスマン両者の記述の差異からアマーティの著作意図を分析していきたい。

「博物誌」における『東方伝道史』第五篇からの引用は、冒頭では数行程度に留まっているものの[48]、頁を追うごとにその分量は増していき、5行以上の抜粋に近い状態へと移行していく。具体的な比較例として、長文引用の該当箇所であるアマーティによるイタリア語原文の拙訳と、グスマンによるスペイン語原文の新井トシ訳を併記していく。なお、新井トシの翻訳本は戦中に出版されているため、言いまわしが現代とは異なり、旧字体が用いられている。本書では、そのまま引用することを、ここに付しておく。（下線は強調のため筆者が補足。原文は註参照。）

アマーティ：テキスト①
「四角い小卓〔お膳？〕がめいめいに一膳あてがわれ、どの料理皿にも別の小卓が運び込まれるので、テーブルクロスや食器類に頓着しなくてもいい。

47　コインブラ版：1570年出版、エヴォラ版：1598年出版。
48　日本、琉球、マカオの位置関係・距離、他人の家を訪問する際にヨーロッパ人が帽子を取るように日本人は靴を脱ぐなど、両著作には短文ながらも構文レベルでの一致が認められる。

第2節 ルイス・デ・グスマン著『東方伝道史』（1601年）との関係

食事の仕方はきわめて洗練されている。食べ物を摑むときには、長さ1パル
モ〔25cm〕強の木製の棒を2本用いながら、しかも、パン屑一粒落とさない
からである。乳と腿肉は毛嫌いされている。乳は血であり、白と赤という色
の違いにすぎないと信じられており、乳を飲むことはあたかも生き血を啜る
かのごとく、吐き気をひどく催させるのである。このような嫌悪感は、雌牛
や去勢牛、そしてたぶん馬肉を食べるときにも同じように生じるとされてい
る」[49]

グスマン：テキスト①
「彼等は棕櫚の薄い畳の上に坐り、一人一人小さな四角の膳に向かつて食事
し、一皿毎に、別の膳で運ばれる。食卓掛、ナプキン、ナイフ、フォクは用
ひないが、非常に清潔、清楚を保ち、象牙又は木の一パルモ前後ある二本の
箸で食物を取り、これを器用に使つて小しもこぼさない。彼等は牛乳及びそ
れを材料として作つたものを非常に嫌ふ。牛乳は山羊の血の変色したものと
して、我々が生血を飲む人に對するやうに、牛乳を飲む人を忌む。これと同
じく牛、羊を食べる事も、丁度我々が馬肉その他の野獣の肉を食べる人に對
するやうに吐氣を感ずる。」[50]

アマーティ：テキスト②
「日本語には豊かな表現力があるため的確で洗練されているのもさることな
がら、含蓄に富む語感の点からみても、ギリシア語やラテン語を凌駕してい
る。言語とともに修辞や丁寧な言葉遣いも習得する。貴族と交わす言葉と庶
民と交わす言葉とがあって、同じことを話すにしても、人が違えば話が通じ
ないからである。つまり、老人相手に話すのと若者相手に話すのとでは、同

---

49 Amati, *Stato Naturale, op. cit.*, f. 54r, "Volendo magnare se pongono à sedere nel pauimento
sopra di stole finissime di palma, e ciascuno tiene una tauoletta quadrata e（per qualsiuoglia）
piatto, portano tauoletta differente non curandosi di touaglie, ne（seruigliotte）. Sono politissimi,
perche pigliano le uiuande con due palette di legno, ò d'（esso）poco più longhi d'un palmo
senza che le cadi una mollica. Aborriscono il latte, et il cascio, credendo, ch'il latte sia sangue
mutato in colore rosso de bianco, e causa in loro tanta nausea il beuirlo, come causarebbe il
sorbire sangue crudo Il medesmo aborrimento tengano nel magnare carne di uacca ò di castrato,
come di forse carne di cavallo."

第3章　アマーティ著「日本略記」（手稿）の成立史

じ話題のやり取りでも違うのであって、万が一、若者ならではの言葉を〔ま
ちがって〕老人相手に使ってしまうと、さぞかし大笑いされることだろう。
―中略― 2種類の文字〔Abecedarij〕があるようだ。1つは簡素な字〔ひらが
な〕、もう一方はシナ風の象形文字だ。文字で書くときわめて短くなるわけ
は、多くの意味をもたせないように言葉を並べているからではない。」[51]

グスマン：テキスト②

「日本人の言葉は荘重にして豊かであり、多くの点において、そして一つの
事柄を表現する言語のもつその豊饒さにおいても、又その言葉の余韻、優美
さにおいてもギリシア、ラテン語を遥かに卓越している。この言語を習うに
は同時に修辞法と鄭重な言語を習わねば、凡ての人と話すことができない。
同じ一つのものでも、非常に異なった言葉がある。したがって貴族に対する
ものと、一般人又極低い地位のものに対する言葉の差異がある。又老人に対
する詞と極若いものに対する言葉がある故に、それを取り違えたり、誤った
りしては人に笑われる。―中略― アルファベットには二つの型があり、そ
の一つは単なる文字（表音文字）であるが、他は支那風の字体である。それ

50　前掲書『東方伝道史』458-459頁。Guzman, *op, cit.*, p. 391. "sientanse en el suelo sobre esteras
muy finas de palma, y cada vno come en su mesilla pequeña y quadrada, y para cada plato,
traen mesa differente : no vsan manteles ni seruilletas, cuchillo ni cuchares : y con todo esso,
guardan muy grande limpieza, y modestia, porque toman lo que hande comer con dos varillas
de madera, ò de Marsil, poco mas largas que vn palmo, y tienen ya en esto tanta destreza,
q'no seles cae vna migaja. *Aborrecen grandemente la leche, y las cosas que se hazen della,
porque estan persuadidos, que la lache es la sangre de las ouejas, mudado el color, assi les
causa tanto horror el comella, como a nosotros el beuer sangre cruda.* El mismo asco tienen
en comer carne de vaca, ò carnero, como le tendriamos nosotros en comer de vn cauallo, ò de
orta bestia semejate." リンスホーテン『東方案内記』（『大航海時代叢書 VIII』岩波書店、1968
年、250頁）に同様の記述が認められる。 "they doe lilewise refuse to eate Milke, as wee doe
bloud, saying that Milke although it is white, yet it is varie bloud."英訳版 *The Voyage of John
Huyghen Van Linschoten to the East Indies.* John Wolfe, London, 1598. p. 44.
51　Amati, *Stato Religioso, op. cit.*, f. 56r, "È copiosa de maniera, che uantaggio la greca, e la
latina tanto nella abondanza, che tiene de uocaboli, come nella proprietà, et eleganza. Con la
lingua s'impara Rettorica, e parlar polito, perche raggionamento di una cosa medesma, non se
può accommandare à diuisità e（Persone）, trauandosi uocaboli per trattare con la nobilità, e
uocaboli con la gente commune; Con i uecchi discorrono sopra un'（istesso）negotio differentemente,
che con i giouani ; e quando ai uecchi si attribuissero i uocabli, che son proprij della gioventù,
causarebbe gran riso.... （Tengono）due Abecedarij ; uno de sole lettere, l'altro di figure à modo
della china. Sono breuissimi nel scriuere perche non pongono parola"

第 2 節　ルイス・デ・グスマン著『東方伝道史』（1601 年）との関係

を書くには文字も言葉も入れない故に至極簡単であるが…」[52]

　以上のようにアマーティ、グスマンの両記述を、註に挙げた原文も参照しつつ比較すると、瞥見した限りでは文の構造はそのままに、原文であるスペイン語からイタリア語に置き換えられただけという印象を強く受ける。17世紀初頭のコロンナ家はスペイン宮廷との結びつきを強めており、アマーティもまたコロンナ家の関係者としてマドリッドに滞在し、主君フィリッポ・コロンナ 1 世（Filippo I Colonna）にスペイン語で書簡を著している[53]。スペイン宮廷からも俸禄を得ていたことを示す記録も残されており[54]、アマーティがグスマンのスペイン語をイタリア語に置き換えることは造作も無いことであったことは間違いないであろう。アマーティはボルゲーゼ家から「日本略記」執筆の要請を受けて、短期間のうちに書き上げる折に、「博物誌」を効率よくまとめようとしたために、以上のような『東方伝道史』からの抜粋が生じたことも先に触れた通りである。しかしその一方で、両テキストに対し更に綿密な分析を加えていくと、『東方伝道史』からの抜粋箇所には読み手であるボルゲーゼ家に対して簡潔かつ効果的にヨーロッパのものと大き

52　前掲書『東方伝道史』460–461 頁。Guzman, *op. cit.*, pp. 392–393. "Il lengua de los Iapones es muy grave y copiosa, y en muchas cosas haze ventaja a la Griega y Latina : assi en la abundancia que tiene de vocablos para dezir vna misma cosa, como en la propriedad y elegancia dellos. Deprendese con esta lengua, juntamente Rethorica y buena crianza, porque no se puede hablar con todas personas, aunque sea de vna misma cosa, sino con muy differentes palabras, y assi las tienen para tratar con la gente noble, y para con la gente comũ y mas ordinaria, vnos vocablos para tratar con los viejos, y otros para los que son de menos edad, y quien los trocase, ò mudase, se reyrian del : y de aqui es,... Tienen dos maneras de Abece darios, vno es de solas letras, y orto de figuras, al modo de los Chinas, : son breuissimos en secriuir, porque no ponen letra ni palabra" 極めて類似した記述がヴァリニャーノ『日本諸事要録』「第二章　日本人の他の新奇な風習」の本部にも認められる（ヴァリニャーノ『日本諸事要録』松田毅一他 訳、平凡社、1973 年、26 頁。Alejandro Valignano, editados por Josè Luis Alvarez-Taldariz, *Sumario dekas cisas de Japon（1583）Adiciones del Sumario de Japon（1593）*, Monumenta Nipponica Monographs No.9, Tokyo, Sophia Univarsity, 1594. p. 53.）。

53　シピオーネ・アマーティ筆、マドリッド発信、フィリッポ・コロンナ一世宛書簡が 2 通（1614年 2 月 13 日付、1615 年 2 月 13 日付、フィリッポ・コロンナ一世宛書簡集、原文スペイン語）、コロンナ文書館に残されている

54　バルトロメオ・トゥールコ（Bartolomeo Turco）筆、ローマ発信、1616 年 1 月 10 日付、フィリッポ・コロンナ一世宛書簡集、原文イタリア語、コロンナ文書館蔵。

第3章　アマーティ著「日本略記」（手稿）の成立史

く異なる日本の文化・習俗を伝えようとしたアマーティの態度が浮き彫りになってくる。

　アマーティとグスマンのテキスト①下線部では、日本人が牛乳に対し血のような印象を抱き、酷く嫌っている旨が記述されている。とりわけ下線部冒頭においてグスマンは、「乳及び乳から作られるものを尋常ならざるほどに嫌う」（Aborrecen grandemente la leche, y las cosas que se hazen della,）としているのに対し、アマーティは「乳とチーズを酷く嫌う」（Aborriscono il latte, et il cascio,）としており、「乳から作られるもの」（las cosas que se hazen de la）から「チーズ」（il cascio）という、アマーティによる具体性を増した明らかな改編の痕跡が認められるのである。

　次いでテキスト②で両者を比較してみるとどうであろうか。スペイン語からイタリア語に翻訳する際に構文を若干変える以外は、内容は一致しており完全な抜粋と思われる。アマーティが「日本略記」執筆を進める折に、テキスト①とは異なり加筆・訂正の必要はないと判断したためであろう。既知の事実であるがイエズス会は各地で布教するに際し、現地語の学習と研究を最重要課題としていた。『羅葡日辞典』（1595）や『日葡辞書』（1603〜1604）、禁教令以後ではあるがジョアン・ロドリゲスによって『日本語小文典』（1620）が編まれたのは、そのためである。アマーティもまたイエズス会ローマ学院で学んでいた時期があったことから、イエズス会のこのような方針を認識していたはずであり、語学に長けていたが故の個人的関心も加味して、上記のように言語と文化の親和性を示唆する記述をそのまま抜粋したものと思われる。

　したがって、テキスト①、②における抜粋箇所を見比べていくと、短期間のうちに書き上げたとはいえ、グスマンのテキストから単に抜粋することで効率的に日本報告を作成したのではなく、グスマンのテキストを「吟味・峻別」し、適宜に加除筆しつつ精度を高めた報告書を作成しようとしていたアマーティの態度を見て取ることができる。このような「吟味・峻別」する態度は、「日本略記」第2章に該当する「博物誌」において、より強く打ち出されていくこととなる。

第 2 節　ルイス・デ・グスマン著『東方伝道史』（1601 年）との関係

3.「宗教誌」に見るアマーティの著作意図

　「宗教誌」におけるグスマンからの抜粋は、より顕著なものとなって表出
しており、「宗教誌」の約半分程度がグスマンからの抜粋といっても過言で
はない。本項では前項結部で論じたアマーティの取捨選択の態度を踏まえつ
つ、「宗教誌」におけるグスマンからの抜粋箇所を分析していきたい。（アマー
ティの記述は拙訳、グスマンの記述は新井訳。下線は強調のため筆者が補足。）

アマーティ：テキスト③

「まさしくこの座主が大司教や司教にあたる次席の僧侶である東堂〔導師〕
らを選ぶ。東堂〔導師〕には軽微な煩悩を解く権限がある。もっとも名だた
る主な僧院を運営せねばならない大僧正の選出を承認するのは座主であり、
日常のごく一般的な承認は、東堂〔導師〕の裁量に委ねている。これら高僧
たちは大学寮を構え、そこで、自分たちの宗派のことを学ぶ。なかでも有名
なものに高野、根来、比叡山、多武峰、板東の 5 宗派があり、各宗派の学寮
では、各々 3000〜4000 人の学僧が勉学に切磋琢磨している。宗派はそれぞ
れ異なっているから、坊主たちはそれぞれ僧衣が違い、別々の儀式を挙げる。
<u>彼らの通常の聖務には、死者のために弔い、日夜決められた時間に寺院に居</u>
<u>て、時禱を唱える以外に、キリスト教の聖職者がしているのと同じような、</u>
<u>内陣に列席して経典を読みあげるお勤めもある。</u>」[55]

グスマン：テキスト③

「この座主自らが主教、副主教にあたるトウンドを選択する。彼等の権限は

55　Amati, *Stato Religioso, op. cit.*, ff. 60v–61r. "Questo medesmo Iaco elige i Tondi, che sono i
secondi Bonzi come Arciuescoul, e Vescoui, i quali tengono auttorità di dispensare nelle cose
più leggieri. Il Iaco confirma l'elettione del superiore, c'hà da gouernare i Monasterij più fa-
mosi, e principali ; lasciando alla facoltà de Tondi approuare i più communi et ordinarij. Ten-
gono questi bonzi insigni Vniuersità, doue studiano le lor sette, trà quali cinque sono le famose,
Coya, Nengura, Ieyzan, Taninominee, Vandore, concurrendo allo studio trè, e quattro mila stu-
denti per ciascuna. Come le sette sono differenti, cosi i Bonzi uestono diuersi habiti, fanno di-
uerse cerimonie. L'officio ordinario loro è di far l'essequie à morti, di trouarsi alli te'pij à sue
hore determinate di giorno, e di notte, contar sue hore, et altri essercitij ; assistere nel Choro, e
leggere ne'libri, come fà il Clero Christiano."

第3章　アマーティ著「日本略記」（手稿）の成立史

一般的な些細な事件を処理する事である。座主は有名主要な僧院に坐る僧長の選挙を確認する。そしてこの僧長はトゥンドを確認する。この僧侶たちはその宗派を研究する多数の大きな大学を所有してゐる。その著名なものに高野、根来、比叡山、多武峰、坂東の5つがある。この最後のものが一番有名で数多の生徒が修学してゐる。他の四つのものでも、各々三四千人余の制度がゐる。日本には宗派が多く、その宗派の間には大きな差異があるように、僧侶自身の僧衣、儀式も自ら違つてゐる。彼等の常職は葬式、埋葬で、それは巨額の報酬が施與される。僧院では我が國で朝課その他の時間に宗教家たちが諳んずる様な方法で、経文を合唱する。」[56]

アマーティ：テキスト④

「坊主たちはしばしばひどく派手な演出を交えて説法を行う。坊主が説教壇に上がるときには絹衣を身にまとい、金扇子を片手に贅を凝らした小机を正面に置いて、そこに載っている一冊の経典を読み上げながら、宗派の迷信深い儀式、またある時には道徳的な教義を雄弁かつ効果的に解き明かし、2000～3000人を超える聴衆の感涙を幾度も誘うことになる。説教の目的は、信奉する宗派を通してのみ人は救われる、と聴衆に説得することにある。これ

56　前掲書『東方伝道史』465頁。Guzman, *op, cit.*, pp. 396–397. "Este mismo Iaco elige los Tuondos, q'son ortos Bonzos como Obispos y Arçobispos, los quales tienen potestad de dispensar en cosas mas liuianas y ordinarias. Tambian confirma el Iaco las elecciones de los superiores que han de gouernar los monesterios mas famosos y principales, porque los demas surperiores confirman los Tuondos. Tienen estos Bonzos muchas y muy grandes vniuer sidades, donde estudian susu sectas. Las mas insignes son cinco, y se llaman Coya, Nenguru, Feyzan, Taninomine, Vandou, y esta vltima tienen por mas principal de todas, y donde ay mayor concurso de estudiantes : aunque en cada vna de las otras quarto, passa el numero dellos tres y quatro mil. Assi como sectas de Iapon son muchas y differentes entresi, lo son tambien los mesmos Bonzos en el habito y ceremonias. Su officio ordinario, es hazer las exequias y enterramientos delos duffuntos, porque se lo pagan muy bien. Dentro de susu monesterios, suelen cantar a choros, leyendo por sus libros, al modo que los Sacerdotes y Religiosos de por aca dizen los Maytines, y las demas horas." 座主についての記述は『日本イエズス会書簡集』所収、1561年10月8日付トレス書簡に類似の記述が認められる（松田毅一『十六・十七世紀イエズス会日本報告集第III期第一巻』、同朋社、1997年、338頁。*Cartas que os padres e irmãos de Companhia de Iesus* Evora, 1598. f. 74r.)。高野、根来、比叡山、多武峰、坂東などの教育機関の説明については、『日本イエズス会書簡集』所収、1549年11月5日付ザビエル書簡に同様の記述が認められる（『十六・十七世紀イエズス会日本報告集第III期第一巻』57–58頁。*Cartas que os padres e irmãos de Companhia de Iesus* f. 14v.)。

第2節　ルイス・デ・グスマン著『東方伝道史』（1601年）との関係

らの坊主どもには、ファリサイ派の偽善という偽善が注入されているので、謙虚そうに見える物腰や柔和な話しぶりに見入っていると、彼らがいかにも聖人君子であるかのように見えるが、実際には、もっとも邪悪かつ罪深い人間なのである。」[57]

グスマン：テキスト④

「彼等は度々荘重な外貌を装つて説教する。即ち説教僧は絹の僧衣をつけ、手には金の扇を持ち、高座又は説教檀の様な高い所に登つて、贅沢な天蓋を吊るした下に卓を置き、その上に書物をのせ、少し読んでは雄弁にそれを説明し、時々通常二三千人を越える聴衆を感泣さす。その説教の目的は聴衆に彼等が説く宗派のみが救済を保証する事を説き、引き続き信仰する様にとその宗派を信認さすためである。又これは僧侶の生活及び私服を肥やす収益の一つである。といふのはこの説教は度々行われ、聴衆の人数は多く、各自が幾何かの喜捨をし、説教のある度ごとに集まる金額は非常な額に上るからである。日本の僧侶は宗教の本義を度外視し、形式に拘泥した偽信家が集まつてゐるやうに思はれる。外観から見ると人の応待が鄭重である故に大聖人、有徳者の様に思はれるが、内面は罪科に充ちた不正の生活をしてゐる。」[58]

アマーティ：テキスト⑤

「この阿弥陀派は、日本全国に流布している人気の最大宗派である。なぜなら、聡明な人々にあっても来世や魂の輪廻がいくばくかの灯明なので、救済の手段がかようにも容易である点が島の大部分で支持されるのも頷けるからである。阿弥陀の寺院に住まう坊主たちは、鐘を鳴らしながら路地をめぐり、

57　Amati, *Stato Religioso*, *op. cit.*, ff. 61r-61v. "Predicano spesso, e con gran apparato : perche salendo un bonzo nel Pulpito, uà uestito di seta, e con un uentaglio d'oro nella mano, tenendo auanti una ricca tauola nella quale stà posto un libro per leggere, e dechiarare le superstitiose cerimonie delle sette, et alcuna uolta dottrina morale con tanta eloquenza, et efficacia che fanno spesso piangere l'auditorio, ch'eccede il numero di due, ò tre mila persone. Il fine del sermone è di persuadere all' (audienza), che solo se può un'huomo saluare per mezzo di qualla setta, che professa. Perche se sia trasfuso in questi Bonzi tutta d'Hipocrisia delli farisei, perche mirando all'habito esteriore, alla modestia, e dolcezza di parlare, paiono huomini di gran santità, uirtù, doue che sono i più uitiosi, e pieni di peccati."

第3章　アマーティ著「日本略記」（手稿）の成立史

三語の念仏、南無・阿弥陀・仏を日夜唱えている。また、施しをひとしきり集めたら、偶像の図柄が描かれた何着かの紙製の装束を熱心な信者に贈呈し、このなりをしていれば救われる、とお墨つきを与えるのがならいである。」[59]

グスマン：テキスト⑤

「この阿弥陀の宗派は日本に広く弘布され、繁盛してゐるものの一つである。何故なれば日本人は聡明な國民である故に、来世、霊魂の不滅について何らかの徴候を持つてゐる。それ故に罪障の容赦、救済が容易に約束される教を喜んで迎へるからである。阿弥陀の寺院に住んでゐる僧侶は、鈴を鳴らしながら南無、阿弥、陀佛の三語を高誦して、町を托鉢して廻り、多大な喜捨を受ける。彼等は又熱心な信者に紙で作つた偶像の形をした着物と多くの守礼を與へ、それを受けてゐれば、若し死んでも救はれると保証してゐる。それ故に日本人はそれに多額の金を支払ふ。これは僧侶のよい所得、収益の一つである。」[60]

58　前掲書『東方伝道史』465-466頁。Guzman, *op. cit.*, p. 397. "Predican tambien muy de ordinario, y con grande aparato exterior, porque se sube el predicador en vn lugar alto, a modo de plupito, ò cathedra, vestido de seda, con vn ventalle de oro en la mano. Tiene delante puesta vna mesa con vn rico dosel, y encima su libro, por el quel va leyendo vn poco, y despues lo declara con tantas razones y eloquencia, quea algunas vezes hazen llorar el auditorio, que passa de ordinario, de dos y tresmil personas. El sin que tienen en estos ser mones, es persuadira a los oyentes, que en sola aquella secta que cada vno predica, se pueden saluar, procurando, acreditarla, para que la sigan ; u es vna de las grangerias que uenen estos Bonzos, para enriquezerse, y passar su vida : porque como los sermones son muy ordinarios, y los oyentes muchos, y cada vno offrece algun dinero, es mucha la cantidad que suelen recoger cada vez. Parece que se junto en estos Bonzos de Iapon, toda la hypocresia de los Phariseos, porquye mirando su comopostura exterior, su blandura en el hablar, y tratar con todos, parecen hombres de grande sanctidad y virtud : y son los mas vicios, y llenos de pecados, que ay en aquella tierra." この部分については、『日本イエズス会書簡集』所収、1565年2月20日付フロイス書簡に同様の記述が認められる（『十六・十七世紀イエズス会日本報告集　第III期第二巻』、*Cartas que os padres e irmãos de Companhia de Iesus.* f.176v.）。

59　Amati, *Stato Religioso, op. cit.*, ff. 64r-64v, "Questa setta d'Amida è la più grande, Dilatata, e fauorita del Giapone, perche come gente di buono intendimento tiene alcun lume dell'altra uita, e dell'immortalità dell'anima, e uedendo, ch'il mezzo della saluatione è cosi facile, è seguito dalla meglior parte dell'Isola. I Bonzi, che uiuono ne'tempij d'Amida sogliono andar per le strade sonando un Campanello, e canta'do quelle trè parole, Namu, Amida, Buth. E sogliono raccogliere gran limosna e donare alli deuoti alcuni uestiti di carta con l'imagini dell'Idolo（assigurandoli）, che se portano quella figura, si saluano."

126

第2節　ルイス・デ・グスマン著『東方伝道史』（1601 年）との関係

アマーティ：テキスト⑥

「この法華宗徒が日本にいる仏教徒のなかでもっとも強情なのは、彼らが法華経に込められ継承されてきた考えにもっぱら依拠しているからだ。トルコ人やムーア人がコーランを遵守して、これに対する異論を受けつけようとせず、その言い分にもついぞ耳を傾けず、自分の誤謬も認めないのと同じように、彼らは法華経に操られているのだ。僧侶がたいそう敬われるのは、彼らが釈迦の図柄の描かれた紙衣（かみきぬ）ですら本物として提供することによって、救済と極楽浄土への道に便宜を与えるからだ。」[61]

グスマン：テキスト⑥

「この法華宗の僧侶は、日本中最も頑固な人々である。彼らは法華経の説く信条のみ肯定して、丁度モーロ人のマホメツイ経典に對するが如く、その教を質さず、ただ信従、盲信して他の如何なるものをも正しいとしない。これ等の僧侶も阿弥陀を祀る人々の様に深く畏敬されてゐる。それはいづれのものにも極楽への道が容易に開け、救済が安価に売られるからで、その保証として法華宗の僧侶も亦阿弥陀のそのやうに、同じ価格で紙の着物及び守礼を與へてゐる。」[62]

　テキスト③、④において注目すべきは、グスマンの記述の下線部分をアマーティが「宗教誌」において改編・削除している点である。より具体的にいえ

60　前掲書『東方伝道史』468 頁。Guzman, *op. cit.*, p. 399. "Esta secta de Amida, es vna de las mas estendidas y fauorecidas que ay en Iapon, porque como son gente de buenos entedimientos, tienen algun rastro de la orta vida, y de la inmortalidad del alma, y como les prometen tan barata la saluacion, y el perdon de sus pecados, huelgan de recebirla. Los Bonzos que viuen en los Templos de Amida, suelen andar porlas calles tañendo vna campanilla, y cantando aquellas tres palabras, con lo qual recogen mucha limosna. Tambien dan a sus deuotos, y feligreses ciertos vestidos hechos de papel, con el nombre y figura deste Idolo, con otras muchas nominas assegurandoles la saluacion, si mueren con ellas. Por estos vetidos y papeles, dan los Iapones grande suma de dinero, y es vna de las buenas rentas, y grangerias que tienen los Bonzos"

61　Amati, *Stato Religioso*, *op. cit.*, f. 65r. "Foquexus sono i più ostinati, che siano nel Giapone, perche solo si fondano nell'opinione, e eredito, che tengano al libro foque per il quale si gouernano, come i Turchi e Mori per l'Alcorano, senza uoler, dispatare ne sentir raggione per non esser conuinti di falso. I Bonzi son tenuti in gran reputatione, perche facilitano il Camino della salute, e del paradiso, dando anche loro uestiti di carta con la figura di Iaca per certezza."

127

第 3 章　アマーティ著「日本略記」（手稿）の成立史

ば、③下線部では、グスマンによる報酬に関する記述「それにより大金が支払われる」（porque se lo pagan muy bien.）が削除され、アマーティにより仏教の勤行についての記述「すなわち、キリスト教の聖職者が行うように、内陣に列席し、経典を読みあげるということだ。」（et altri essercitij ; assistere nel Choro, e leggere ne'libri, come fà il Clero Christiano.）に「改編・加筆」された形跡が認められる。

　一方でグスマン④下線部では、「又これは僧侶の生活及び私服を肥やす収益の一つである。といふのはこの説教は度々行われ、聴衆の人数は多く、各自が幾何かの喜捨をし、説教のある度ごとに集まる金額は非常な額に上るからである。」（para enriquezerse, y passar su vida : porque como los sermones son muy ordinaries, y los oyentes muchos, y cada vno offrece algun dinero, es mucha la cantidad que suelen recoger cada vez.）とする記述が認められるが、アマーティのテキスト④においては完全に欠落している。グスマン、アマーティ両テキスト④における内容は、上記欠落箇所以外は同一であることから、アマーティにより意図的に「削除」された可能性が極めて高い。

　そしてテキスト⑤においても「儲け」や「収益」、「報酬」といった信者と聖書者とのあいだで行われる金銭授受の具体的な記述は「削除・改編」の対象とされており、アマーティの「吟味・峻別」する態度は一層強まっていく。グスマン⑤では、「彼等は又熱心な信者に紙で作つた偶像の形をした着物と多くの守礼を與へ、それを受けてゐれば、若し死んでも救はれると保証してゐる。それ故に日本人はそれに多額の金を支払ふ。これは僧侶のよい所得、収益の一つである。」（y feligreses ciertos vestidos hechos de papel, con el nombre y figura deste Idolo, con otras muchas nominas assegurandoles la saluacion, si mue-

---

62　前掲書『東方伝道史』469 頁。Guzman, *op. cit.*, pp. 399-400. "Estos Bonzons Foquexus, son de los mas obstinados q'ay en Iapon, porque solo se fuda en el credito y opinion que tienen de su libro Foque, porel qual se rigen, como los Moros por su Alcoran, sin quere admitir razon para ninguna cosa, porque fa climente se hallan atajados, y conuencidos sin tener que responder. Son tenidos estos Bonzos entanta veneracion como los que adoran el Idolo de Amida, porque los vnos y los otros hazen muy facil el camino de su parayso, y venden barata la saluacion, y para asseguralla, dan estos Bonzos Foquexus, tambien sus vestidos de papel, y nominas por el mismo precio que los de Amida."

第2節　ルイス・デ・グスマン著『東方伝道史』（1601年）との関係

ren con ellas. Por estos vetidos y papeles, dan los Iapones grande suma de dinero, y es vna de las buenas rentas, y grangerias que tienen los Bonzos）であるのに対し、アマーティ⑤では「また、施しをひとしきり集めたら、偶像の図柄が描かれた何着かの紙製の装束を熱心な信者に贈呈し、このなりをしていれば救われる、とお墨つきを与えるのがならいである。」（E sogliono raccogliere gran limosna e donare alli deuoti alcuni uestiti di carta con l'imagini dell'Idolo〔assiguran-doli〕, che se portano quella figura, si saluano.）とだけ記され、仏の図柄が描かれた紙製の着物が僧侶の収益のひとつとなっている記述は、アマーティのテキストでは一切「削除」されている。

　アマーティ③、④、⑤のテキストにおいて「吟味・峻別」の意図を探るには、彼の宗教的態度やイエズス会との関係といった背景を押さえておく必要があろう。

　アマーティは使節とマドリッドで邂逅する直前の1615年2月12日にマドリッドにおいて『イタリア統一のために』（Pro Italico Arumorum Motu）[63]という論文を書き上げている。この論文は、イタリア統一のためにスペイン王やイタリアの君主たちのなすべきことが、キリスト教を基盤とした平和、平等、正義といった観点から極めて厳格に論じられたものである。また、先述したように「政治誌」においてもアマーティはキリスト教を基盤として政治理念を論じていることから、このようなアマーティの宗教に対する厳格な態度が「宗教誌」において「吟味・峻別」、すなわち意図的隠蔽として表出したものと考えられる。

　また、グスマンが所属していたイエズス会は、特に日本布教での事例が知られるように、その事業遂行のために貿易を積極的に行っている。イエズス会内部では、天正遣欧使節の世話役として同行したディオゴ・デ・メスキータ（Diogo de Mesquita, 1551〜1614）のように修道会の行き過ぎた商業主義に批判的な立場をとっていた者もいた。グスマンに至っては、イエズス会士らの書簡や報告書の類を布教史として手堅くまとめあげる必要があったためと

63　コロンナ文書館蔵、IIA 56-12, 1617-1775 miscellanea。

第3章　アマーティ著「日本略記」（手稿）の成立史

思われるが、儲けや利益に対して自らの主張を織り交ぜるような記述は、ほとんど見受けられない。

　一方で、アマーティもまたイエズス会ローマ学院を通して、「良心例学」等を用いたイエズス会の布教方針に則った教育を受けていたことは先に述べた通りである。「宗教誌」に見受けられるグスマン記述の削除・改編の第一の要因が、仏教の諸々の記述に認められる生業と宗教の結び付きを匂わせる箇所の「ぼかし」であったことは、前述してきたような彼の厳格なキリスト教に対するスタンスや経歴、思想に鑑みれば明らかと言える。しかし、儲けや利益に寛容であったイエズス会の貿易による布教資金獲得に対し、賛否がわかれていた状況も加味すれば、アマーティによるグスマン記述の削除・改編に、当時のイエズス会の状況が消極的に反映されていたと解釈することができよう。一方で「政治誌」には、日本キリシタン教界においてイエズス会とライバル関係にあったフランシスコ会を称揚する記述[64]が認められる。慶長遣欧使節を主導したフランシスコ会士ルイス・ソテーロの影響により、フ

64　Amati, *Stato Politico*, *op. cit.*, ff. 89v–90r, "E come trà tutti gli ordini di Religioni Christiane, che sono state e sono le（colonne）della Chiesa per l'eminenza de Dottori, che l'hanno illustrata, niuna è più remota dalle cose terrene, e beni transitoriy del mondo, che la santa religione Franciscana che come fertilissima pianta s'è dilatata per tutta la terra habitata ; cosi à lei piu che à niun'altra concione per raggione di politica spirituale, e positiua seminare in quell'Isola la santa parola de Dio, raccogliere il frutto della conuersione, e porlo nel gremio della Chiesa poiche l'habito, i costumi, et il fine, che mostrano non solo non reca sospetto, e gelosia ai Regnanti, ma serue di consolatione, e d'esse'pio alla plebe. uedendo chequelli, che predicano le cose eterne sono lontani dalle terrene, e che con l'opre authentiche la dottrina del sunto euangelio, che piaccia à Dio, che si dilati per tutto il mondo : sotto il felicissimo Imperio della santità di N'ro Signore Papa paolo Quinto."「その名を高らしめた卓越した博士たちのおかげで、キリスト教の修道会は、これまで教会の支柱となってきたし、いまもなお支柱でありつづけている。なかでも聖フランシスコ修道会以上に、俗事からも現世のつかの間の富からも隔絶した修道会はない。実り多き樹木が人の棲む大地全体にむかって葉を広げるように、フランシスコ会は、積極的な宗教政策にとっては、右に出るものがないほど雄弁に、神（Dio）の聖なる御言葉の種をこの島に撒き、改宗という名の果実を収穫し、教会という子宮のなかにその果実を植えたのである。というのも、フランシスコ会士らの身なりや習慣や目的はいずれも、君主を疑心暗鬼にさせるものではないからである。のみならず、むしろ、心を慰め、庶民の鑑となるものである。永遠なるものごとについて説くフランシスコ会士が、俗世と隔絶し、聖なる福音の教理の真正性をその数々の行ないで立証しているのを知っているからである。さぞや神（Dio）のお気に召すであろうこの教理は、教皇パウルス5世聖下のいとも幸多き帝権の下、世界中に流布しているのである。」

130

第2節　ルイス・デ・グスマン著『東方伝道史』（1601 年）との関係

ランシスコ会への賛辞が挿入された可能性も一方にはあるが、この記述からもアマーティ自身とイエズス会との微妙な距離感、ならびに自らの信念に基づいて儲けや利益といった文言を積極的に吟味・峻別した態度を窺い知ることができよう。

　さらに、この意図的隠蔽はグスマン、アマーティ両テキスト⑥において、より具体性を増していく。グスマン⑥後半部において「これ等の僧侶も阿弥陀を祀る人々の様に深く畏敬されてゐる。それはいずれのものにも極楽への道が容易に開け、救済が安価に売られるからで、その保証として法華宗の僧侶も亦阿弥陀のそのやうに、同じ価格で紙の着物及び守礼を與へてゐる。」（Son tenidos estos Bonzos entanta veneracion como los que adoran el Idolo de Amida, porque los vnos y los otros hazen muy facil el camino de su parayso, y venden barata la saluacion, y para asseguralla, dan estos Bonzos Foquexus, tambien sus vestidos de papel, y nominas por el mismo precio que los de Amida.）とされており、カトリックによって行われていた贖宥状販売を想起させる記述となっている。

　一方、アマーティ⑥では、「僧侶がたいそう敬われるのは、彼らが釈迦の図柄の描かれた紙衣ですら本物として提供することによって、救済と極楽浄土への道に便宜を与えるからだ。」（I Bonzi son tenuti in gran reputatione, perche facilitano il Camino della salute, e del paradiso, dando anche loro uestiti di carta con la figura di Iaca per certezza.）といったように「釈迦の図柄の描かれた紙衣」の価格や販売についての記述などが大幅に削除され、坊主たちの具体的な記述も簡便にまとめられあげられており、グスマンの記述にあるような贖宥状販売を連想させる文言は巧みに隠蔽されているのがわかる。そしてアマーティ⑤では、浄土宗における守礼販売の記述に対するアマーティの改編は、若干手を緩めている印象を受けるが、議論が進むにつれて、つまりアマーティ⑥では贖宥状販売をイメージさせる文言の意図的隠蔽の傾向が強まっている点は留意しておきたい。そして、これまで論じてきたようなアマーティの態度を裏付けるかのように、以下の抜粋では、アマーティは、坊主たちの寄進への姿勢に痛烈な皮肉を述べている。

第 3 章　アマーティ著「日本略記」（手稿）の成立史

　　日本における 5 番目、6 番目、7 番目の身分の者たち、すなわち、商
　人、職人、労働者らは、疑いなく政変と福音信仰の導入を望んでいる。
　それは、重税の圧迫（支配権争いや自国防衛といった理由で起こる、やむ
　ことのない内戦に対処するべく、王たちが課した）から解放するためとい
　うよりもむしろ、仏僧への寄進やお布施に我慢がならないせいなのだ。
　坊主たちは偶像崇拝の一派に属していて、すこぶるつきの守銭奴なので、
　民衆に金や寄進を乞うのは朝飯前なのである。君公たちの帝政に負けず
　劣らず、僧侶の貪欲によって民衆は弾圧されている[65]。

　既知の事実であるが、1563 年に終了したトレント公会議では、聖職者の
世俗化防止、贖宥状の有効性は認めつつも、その販売禁止が取り決められて
いる。この歴史的事実を考慮すると、これまで確認してきたアマーティによ
る意図的隠蔽は、贖宥状販売や安易な金儲けに走る聖職者の世俗化に対する
否定的な態度の一種のあらわれであり、1630 年代になって教皇庁主席書記
官（Protonotario Apostolico）にまで上り詰めたアマーティによる、カトリック
の主張としてのトレント公会議での決定を遵守せんとする厳格な態度の顕現
とも捉えることができよう。
　以上、アマーティとグスマンのテキストを併記して比較・検討を加えるこ
とにより、アマーティが偶像崇拝の仏教そのものへの批判という姿勢を強く
打ち出すなかで、「宗教における利益」に対し、極めて否定的な態度を示し
ていたことが明らかとなった。「日本略記」は『遣欧使節記』を脱稿してか
ら日を置かずして執筆されたものであり、急ぎボルゲーゼ家に本著作を献呈
せねばならぬ状況にあって、内容の中核とした「政治誌」以外は『東方伝道

65　Amati, *Stato Politico*, *op. cit.*, ff. 88v-89r, Non è cosa dubiosa che la quinta, sesta, e settima
　　specie di genti del Giapone, che sono i Mercanti, artifici, e lauoratori desiderano mutatione de
　　stato, et introduttione della fede Euangelica, non solo per liberarsi dall'oppressioni de tributi ch'i
　　Rè impongano per le continue guerre, che fanno trà loro per contesa dell'Imperio, ò difesa de
　　loro Regni, ma per non soffrire l'elemosine e donationi, che fanno ai Bonzi, che come auaris-
　　simi chiedono per ogni minimo trauaglio spettante al culto dell'Idolatria denari, et offerte dal
　　popolo che gia si troua oppresso non meno dall'imperio de Principi, che dall'ingordigia de
　　Bonzi.

史』から多く抜粋されたものと思われる。したがって、短期間のうちであっても「儲け」や「利益」、「報酬」といった特定の文言に「吟味・峻別」を加えることで、若干の揺らぎを伴いながら「削除と改編」を施し、典拠先の記述を意図的に隠蔽したアマーティの記述には、一定の強い意思が働いたと考えるのが妥当であろう。つまり、アマーティは以上のような意図的隠蔽をテキスト内に巧緻に組みこむことで、日本における宗教のありようから、生業としての利得の絡まないキリスト教の理想をボルゲーゼ家に伝えようとしたのである。そして、ここからアマーティの日本観、並びにキリスト教と深く結び付いた彼の政治理想が逆説的に浮かび上がってくるといえよう。

まとめ

第1節では、「日本略記」の概要を詳らかにしつつ、テキストの性質をおさえた上で、その典拠の同定を試みた。イエズス会士書簡やいくつかのイエズス会士の日本報告を概観すると、大枠としてフロイス、ヴィレラ、ガーゴらの一定程度まとめられた日本地誌報告を参照しつつ、ヴァリニャーノが「日本諸事要録」を作成し、日本の地誌・文化誌を体系づけていた。その一方、マッフェイがヴァリニャーノやフロイスと密接なかかわりを持ちながら、「東インド史」を書き上げた一連の収斂に至る過程があったことが分かる。そして、その一連の過程の集大成としてグスマンにより『東方伝道史』が著され、それを主に参照しながらアマーティが「日本略記」を書き上げたと位置づけることができる。

第2節前半部において、「日本略記」が上梓された1615年当時は、ボルゲーゼ家出身のパウルス5世が教皇の座についていた時期であり、ボルゲーゼ家が宣教師報告を通して海外情報を入手しやすかった背景を踏まえつつ、ボルゲーゼ家側が日本の統治機構への理解を深めるために、アマーティに対し執筆を指示、つまり情報の供給を促し、アマーティは「日本略記」を献呈することで、その需要に応えようとした知的需給関係の可能性を指摘した。また、本節後半部では、まず来日イエズス会士の情報がボルゲーゼ家に伝わる過程

第 3 章　アマーティ著「日本略記」（手稿）の成立史

の最終段階について、アマーティの記述、典拠同定を通じて、取捨選択とい
う視点から分析を加えた。その上で「吟味・峻別」にはじまり改編・削除を
経て意図的隠蔽へと至る過程が随所に見られ、当時の異文化情報の伝播、知
識の需給における一形態であることを指摘した。つまり、ローマの新興有力
家系であるボルゲーゼ家が得た日本情報は、日本で活動するイエズス会士か
ら直接得られたものではなく、グスマンやアマーティなど日本人とヨーロッ
パで接触しつつも来日経験のない人間による編集を経て得られた間接的な情
報であり、その伝達の過程において、複数の執筆者によって幾重にも改編が
重ねられ、各々の意図が複合的に組み込まれつつ成り立ったものであるとい
える。以上のように本節では、日本情報受容過程の最終段階において、アマー
ティの明確な意思で以って情報の取捨選択が行われ、それが日本情報として
最終受益者であるボルゲーゼ家に供給された過程を、史料分析を通じて明ら
かにした。この意味においては、17 世紀イタリアの異文化受容を解き明か
す上で、重要な視点を提供できたのではないかと思われる。

　冒頭で「仲介者」について若干触れたように、17 世紀ローマ近郊貴族の
異文化受容では、宣教師のように直接的に異文化に触れた者のみならず、グ
スマンのように間接的に異文化に触れた者、アマーティのように使節折衝役
という稀有な立場から異文化に触れた者など、数こそ少ないが多様な「仲介
者」が存在していたのであった。

134

第4章
アマーティの政治思想と日本情報

第1節 「日本略記」に見るバロック期キリスト教政治神学

「日本略記」の中心部分ともいえる「政治誌」は、アマーティが日本の政治状況を理解するために、自らの思想背景、及びソテーロからの伝聞、さらにはイエズス会士の情報などをおりまぜ、単なる典拠による報告にとどまらず、アマーティの日本の政治を咀嚼しようとする姿勢が随所に認められる。本章では2節にわたり、アマーティ及び同時代人の政治思想、政治潮流を通して、アマーティの日本理解を詳らかにしていく。

17世紀初頭のイタリアでは、コロンナ家、ボルゲーゼ家等の有力家系を中心に、アリストテレスの『政治学』に依拠した君主鑑をはじめとする統治・行政論が多く読まれており、数多くの著作の論文が出版されていた。これらの書物には、政治的支配を神の創造と救済の秩序と見なし、「キリスト教政治神学」(Politica Chrisitiana)、「暴君放伐主義」(Monarcomachi)、「タキトゥス主義」(Tacitismo) と言った概念が基盤要素として含まれており、これらはどれも「政治的アリストテレス主義」が根底にある。

本節では、バロック期に広く流布していたキリスト教政治神学 (Politica Christiana) を軸足としつつ、とりわけ日本とイタリアにおける宗教権力と政治権力との関係という観点からアマーティの「政治誌」を考察する。

1. 日本の政治状況とキリスト教政治神学

キリスト教政治神学とは、神による創造・救済・平和といったキリスト教的道徳観を基盤とした16世紀から17世紀の西欧において広く論じられた学問である。とりわけスペイン・イタリアに目を向けてみると、スペイン人フランシスコ会士フアン・デ・サンタ・マリア (Juan de Santa María, 1551〜1622) の『王、君主のための共和政、キリスト教政治神学』[1] (1617) や、イタリア人ドミニコ会士グッチ・ジャチント (Gucci Giacinto, 1585〜1648) の『キ

第1節 「日本略記」に見るバロック期キリスト教政治神学

リスト教政治神学を収めたる君主』[2]（1630）をはじめ枚挙に暇がなく、当時
盛んに議論されてきたことがわかる。「政治誌」は、アマーティが日本の政
治状況を理解するために、キリスト教世界や、ほかのアジア地域との比較を
試みつつ、日本の政治とキリスト教との係わり合いに議論を展開する傾向に
ある。本項では、「宗教誌」内にも認められる政治記述にも目を配りながら、
これらの記述を通してアマーティの日本理解を検討する。

　「日本略記」における「政治誌」を中心とした日本の政治関連記述は、まず
「宗教誌」において軽く触れられた内裏の起源、「王として、すなわち、政権の
絶対君主として内裏に選ばれた者が、世俗の君主政体を奪取されると、われ
こそは宗教界の頭目にして帝王なりと宣言したのである。たまたま日本とい
う島にはじめて足を踏み入れたのは、シナのイザナギとイザナミという生ま
れながらの夫婦である。子孫をここまで殖やしてきた日本人は、このイザナ
ギとイザナミを始祖とする」[3]としたうえで、「内裏の後継者たちに権威を奪わ
れたり弑逆されたりする者がいなかったわけではないが、帝権に夷狄の血統
が入ることはけっしてなかったのである。たしかにいとも偉大なる古代なの
であり、これは、信じられないほどに尊崇と遵奉によって万民がたえず崇め
奉ってきたおかげであった。」[4]とより深く踏み込んで解説するところから始ま
る。そして、具体的な国名（尾張 Boari など）を列挙しながら、どのような過程
を経て日本が多くの国々に分かれたのかを述べている。日本における身分を
支配階級と被支配階級に分けて説明し、それぞれの職務や、相互の関連性に
も目が向けられ、内裏の説明においては、内裏が極めて理性的であり誰から
も崇拝される存在で、内裏による統治体制がスパルタ、古代ギリシア、ローマ

---

1 Juan de Santa María, *REPUBLICA, Y POLICIA CHRISTIANA. PARA REYES Y PRINCIPES : y para los que en el gouierno tienen sus vezes. Compuesto por fray Iuan de Santa Maria, Religioso Descalço, de la Prouincia de San Ioseph, de la Ordende nuestro glorioso Padre San Francisco 35. EN BARCELONA, por Geronymo Margarit y a su costa, Año. M. DC. XVII.* Barcelona, Geronymo Margarit y a su costa, 1617.

2 Gucci Giacinto, *Il PRINCIPE CHRISTIANO POLITICO. Di Don Giacinto Gucci Fiorentino, Abate Vallombrosano. IN FIRENZE. Nella Stamperia di Gio : Batista Landini. Con Licenza de'Superiori. 1630.* Firenze, Stamperia di Gio : Batista Landini, 1630.

3 Amati, *Stato Religioso, op. cit.*, f. 57r.

4 Amati, *Stato Religioso, op. cit.*, f. 58r.

137

第4章　アマーティの政治思想と日本情報

に勝るとも劣らないとしている[5]。また、「宗教誌」では仏教と内裏との関連性を中心に日本の政治史の展開を論じていたが、「政治誌」では内裏と時の権力者との関連性を重視しながら説明を進め、最終的に五機内を支配する権力者(天下)の統治方法を具体的に記述していくとともに、戦国時代の権力者による統治は、民衆を顧みず、内裏の権力を形骸化させた暴政であると示唆している。

その具体的記述として、アマーティは「政治誌」72r～72vºにおいて、徳の無い君主に対して否定的な見解を述べている。一方で、そのような否定的見解に留まらず、日本の統治の性質をさらに詳しく述べた上で、相対比較のなかで以下のようにも述べている。

万世一系で (con continuata serie de tanti secoli per linea diretta) 承け継がれてきた内裏は、民衆に尊敬され、坊主たちに崇拝されながら、統治しつづけているのだ。日本の政治体制や公民権の上に内裏の「人格」(Per-

---

5　Amati, *Stato Religioso, op. cit.*, f. 69v.「日本の政治体制や公民権の上に内裏の「人格」(Persona)を据えるこのような絶対的政治形態は、悠久の時のなかで、ギリシア人、スパルタ人、ローマ人ら、いずれの君主国をも凌ぐまでに至った。」 "Questa forma di gouerno assoluto in Persona del Daire sopra lo stato politico e Ciuile del Giapone hà superato per continuata lunghezza di tempo tutte le Monarchie de greci, di lacedemoni, e de Romani ; "

6　内裏は皇帝の勢力や権力に対抗心を抱き、皇帝のことを「僭主」と呼んでいる。すなわち、過去何世紀にもわたって自分が合法的に支配してきた日本の君主政の「簒奪者」と呼ぶのである。それゆえ、皇帝は民から愛されず、由緒正しい領主、君主と認めてもらえない。しかも、暴力、武力、抑圧、重税を自分の臣下どもに課せば、おのれの圧制の歴然たる証左となってしまうのだから、なおさらである。日本の君主たちは元来、名誉欲・支配欲・領土的野心を何の衒いもなく抱くものだが、天下取りによる絶対的な統治権と支配力が、日本の王や領主に対して強制的に行使されると、むしろ野望がますますかきたてられ傲慢が唆されることになる。皇帝のなかには、神の称号や不朽の名声を渇望する者もいた。とりわけ羽柴は、自分の治世下に、死後もなお自分が崇拝されるよう八方手を尽くした。 "Il Daire tiene emulatione alla grandezza, e potenza dell'Imperatore, chiamandolo tiranno, et Vsurpatore della Monarchia del Giapone, della quale fè signore legitimo tanti secoli passati. Il che cause che l'Imperatore non sia amato da popoli, ne reconosciuto Per legitimo signore e Principe ; poiche la uiolenza, e la forza l'oppressione, e tributi, che pone a suoi Vassalli, danno chiara demostratione della sua Tirannia. L'Imperio assoluto del s.ʳᵉ della Tenza, et il dominio, che può essercitare per uiolenza sopra dei Rè, e s.ⁿ del Giapone, aggiunge stimoli grandissimi d'ambitione, e di superbia alla propria inclinationi de principi Giaponesi, che per naturalezza sono auidissimi di gloria, di dominio, e de Regni. Alcuni Imperatori hanno aspirato al titolo della deità et immortalità del nome. Faxiba in particolare à te'pi suoi procurò con uarie inuentioni farsi adorare doppò morte della medesema maniera,"

第1節 「日本略記」に見るバロック期キリスト教政治神学

sona）を据えるこのような絶対的政治形態は、悠久の時のなかで、ギリ
シア人、スパルタ人、ローマ人ら、いずれの君主国をも凌ぐまでに至っ
た[7]。

　北の海では、大タタールや大シナから、南では、シャム王国やペグー
朝まで、それは広大な範囲に及んでいる。それゆえ、あえて戦争を仕掛
けようとする国はなかったし、一度たりとも外国勢力によって征服され
たり、隷属させられたりすることもなかったのである。唯一タタールだ
けは大昔にシナを征服し、全力で支配しようとした。だが、タタール軍
が日本人の武力や武勇と衝突した時には、激戦の末に大敗を喫し半数が
撤退している[8]。

タタールや中国、シャム、ペグーなどの国々のように、決して外部から侵
略されることなく、日本は不安定な政治状況にありながらも広範な統一政権
が存在しており、それを驚くべきことと評価し、ほかの地域との比較のなか
で日本の政体に対する理解を深めようとする姿勢が見て取れる。
　次に、日本における統治の具体的な性質に対するアマーティの捉え方につ
いて見ていきたい。アマーティは内裏の統治の性質と対比させて、織田信長
や豊臣秀吉といった権力者の性質に言及している。その際に、暴力（violenza）
といった「負」のイメージが伴う視点から深く捉えようとする記述が各所に

---

7 Amati, *Stato Politico*, *op. cit.*, f. 69v. "che con continuata serie de tanti secoli per linea diretta,
  successiua se sia conseruato nel gouerno, uenerato da'popoli, adorato dalli Bonzi. Questa forma
  di gouerno assoluto in Persona del Daire sopra lo stato politico e Ciuile del Giapone hà su-
  perato per continuata lunghezza di tempo tutte le Monarchie de greci, di lacedemoni, e de Ro-
  mani ; "

8 Amati, *Stato Politico*, *op. cit.*, f. 78r. "recando non poca merauiglia, che tenendo il Giapone
  all'Intorno Imperij cosi uasti come è quello del gran Tartaro, e del gran Chino per il Mar del
  Norte, e per il Sus l'Imperio del Sian, e del Pegu, nessuno habbi ardito di mouerli guerra ;
  ne'mai sia stato conquistato, i soggettato dall'armi forastiere. Solo il Tartaro quando debellò il
  Chino, che sono più de mille anni, intentò di sogettarlo con tutte le forze possibili. Ma fù rin-
  contrato dall'armi, e dal ualore Giaponese con tanto impeto, che se retirò indietro mezzo dis-
  fatto, e diede essempio à gli altri della grandezza di quell'Isola, e del grand animo, e petto
  della gente militare, sendo frà tutte l'altre conosciute la maggiore, non solo per la grandezza del
  sito, ma anche per generosità, et ingegno, che sono particolari doni del Giapone."

139

第4章 アマーティの政治思想と日本情報

認められる[9]のだが、日本の不安定な時代の中にあってアマーティは、内裏という宗教権力と、秀吉などの俗世の権力者（Imperator）との係わり合いから、日本の統治を俯瞰しようと試みていることがわかる。したがって、スペインと教皇領のはざまで、微妙なかじ取りを迫られていたコロンナ家やボルゲーゼ家など有力者を取り巻く不安定な政治状況と重ね合わせて、政治的な類似点を見出そうとしたのではないかと推察することが可能である。共和制と関係が深いとする、内裏と暴力を基にした支配の秀吉等の権力者とのあいだでは、アマーティの評価が極めて対照的であるともいえる。

他方、「宗教誌」において内裏をPapa（教皇）のようなPresidente（頭領）であるとし[10]、「日本略記」全体において、秀吉などの天下を支配する権力者を皇帝（Imperator）としつつ、神聖ローマ皇帝を視野に入れながら論じている[11]。このような対置のレトリックは、日本中世史家の神田千里が指摘しているように、イタリア人イエズス会士ニコラオ・ランチロットやルイス・フロイスの書簡にも認められるものであるが、アマーティはこうしたレトリックを積極的に運用することにより、日本の政治と、内裏の起源とするところ

9　例として、以下のような記述が挙げられる。Amati, *Stato Politico, op. cit.*, f. 79r.「すなわち、国々のみごとな自治と安寧に水を差すいかなる悪影響も除去しなければ、政治的空白をもたらす事態の悪化にどのみち繋がっていくのである。通常、武力や暴力は絶望の産みの母であり、暴君じみた素行や性質とは切っても切れないものである。暴力で競い合えば、勝つのはいつも悪人である。公正な心がけをもつまだしも善良な君主たちも、暴君の貪欲や放逸な趣向を知らないわけではない。つまり、太閤がそうだったように、キリスト教信仰であれ、自然崇拝であれ、いかなる宗教とも無関係に、もっぱら政治の法則に即して統治する者は、むしろたやすく帝権簒奪を狙える。太閤は、子飼いの足軽から身を立てて、奸計をあれこれとめぐらしては、自分の暴君じみたところをひた隠しにしたまま、ついに玉座に就いたのである。」"effetti tutti contraij alla tranquillità e ben commune de'i Regni, che stanno soggetti à queste alterationi in ogni caso, che uengli l'interregno. Sono per ordinario la forza, e la uiolenza madre della desperatione et acco'pagnata sempre da costumi, e qualità tiranniche preualendo sempre i peggiori ne'casi di uiolenti concorrenze, et i principi de meglior parti, più retta intentione, restano esperti alla libidine, e disordinato gusto del Tiranno ; e chi se gouerna con più fine regole di perfetto politico, e lontano da ogni religione e pietà christiana, ò naturale, può sperare più facilmente usurpare l'Imperio, come fè il Taico,"

10　Amati, *Stato Religioso, op. cit.*, f. 58v.「内裏は身分、要職、責務を定め、かかる支配によってその困窮を補い、教皇のごとき頭領なり、公家は枢機卿とほぼ同等の権勢を誇るものとした。」"(Daire) Ordinò i gradi, le dignità, e l'officij, con il quale dominio remediò à sua necessità e si fece presidente come Papa, et ordinò ch'i Cungi rapresentassono quasi la medesma grandezza, ch'i Cardinali."

第1節 「日本略記」に見るバロック期キリスト教政治神学

の宗教とアマーティが認識している神道との関係を、ヨーロッパにおける俗世の政治とカトリックとの関係に置き換えて理解を深めようとしていた傾向が認められる。このことからも、アマーティが日本とイタリアを平行関係に置きながら、比較しようとしていたと考えられる。つまり、アマーティの記述には、日本の政治と宗教との関係を、ヨーロッパにおける俗世の政治とローマ・カトリック教会に置き換えて考えようとする傾向が認められるのである。そして次の記述からもわかるように、キリスト教を一つの道徳の規範として据えることが、政治にとって最も望ましい状態であると強く主張するようになる。

　　多くの宗派に分かれて、原理や固定観念でたがいにいがみあっていた多くの僧侶が、支配権力や福音の聖なる伝道によって、世界には神(Dio)と信仰とローマ教会しか存在しない、と信じるようになるのも、あながちありえない話ではないだろう。というもの、日本の宗派は、死後に神のように崇め奉られることを渇望している政治家や皇帝らによって煽動されているからである。それと同じように、もしも王たちがキリシタン指導者と認め合わざるをえなくなり、我らが聖なる信仰〔キリスト教〕を受け入れる決意をすれば、僧は施しや寄進を受けないまま王の意向と帝政の命令に迎合せざるをえなくなるだろう。いかなる蛮族らの王国のなかでも、正義と宗教に基づくキリスト教による統治が、その目的についていえば、最善かつもっとも完璧である、とどの国も認めている。というのも、神を天地の創造主として認識し、信仰と教会に則してあらゆる活動を統御しながら、世界を司る真なる原理と被造物が有する目的に

11　Amati, *Stato Politico, op. cit.*, f. 82v.「なぜなら、王たちが、ちょうどキリスト教徒の君主たちがつねにドイツの皇帝を部分的に承認しているのと同じように、政治的な統治の正統なる主君 (legitimo signore) として皇帝を承認しながら、それぞれ自国を統治するならば、…」"perche retenendo ciascuno il suo Regno, e reconoscendo l'Imperatore per legitimo signore nel gouerno politico, come i Principi christiani sogliono in alcune cose riconoscere l'Imperatore di Germania," これに関しては、以下の文献も参照のこと。神田千里『宗教で読む戦国時代』講談社、2010年、17-23頁。

第4章　アマーティの政治思想と日本情報

立脚した支配が行き届いているからだ[12]。

　この主張を展開するうえで、アマーティはさらにヨーロッパの歴史に引き寄せて日本の政治状況を捉えようとする傾向が強くなる。その顕著な例としては、ローマの元首政への移行と、ローマ帝国におけるキリスト教国教化とを例に挙げ、以下のようなキリスト教に基づく治世の優越性の主張を展開するのである。ここでは日本の政治について明記されていないものの、日本の暴力による統治を否定していることなど、前段の議論の文脈から総体的に判断すれば、日本の政治状況を念頭に置いての記述であることは明らかである。

　　暴力的で専制的な君主国では以下にみられるごとく、独裁体制は通常、古代ローマの暴虐にみちた三頭政治同様、元首政へと移行し、寡頭権力はアウグストゥス全盛期の君主制に一元化される。そして、コンスタンティヌス帝の改宗によりローマ人民の虚妄な宗教は崩壊した。なぜなら、公私にわたる人々の利益をめざす市民政府をまず準備し、その次に信仰と宗教（キリスト教）を確立するというのが、自然および人間理性の順序だからである。〔市民政府という〕この世の仕組みに神の摂理が宿ることは、原則として宗教を介して理解される[13]。

アマーティによるこのような宗教権力と俗世の権力にかかわる相対比較的な

12　Amati, *Stato Politico, op. cit.*, ff. 82v‒83r. "Ne sarebbe ardua cosa, che tanti Bonzi diuisi in tante sette una repugnante all'altra ne'i principij, e ne'i fixi, uenissero à credere con la potenza dell'Imperio e con la santa predicatione dell'evangelio, che nel mondo non si troua più ch'un Dio, una fede, et una Chiesa Romana ; perche come le sette del Giapone sono fomentante da Politici, e dagli Imperatori, ch'aspirano all'esser adorati doppò morto come Dei, cosi s'è Rè s'inducessero à seguir nostra santa fé per necessità di confermarsi con un capo, che fosse Christiano, i Bonzi restarebbero senza elemosine, e donatiui et entrarebbono in obligo d'unirsi co'l uolere de'Rè, e con l'ordine dell'Imperio. Non essendo natione, che non confessi, che il gouerno del Christiano, fondato nella giustitia, nella religione, sia il megliore, et il più perfetto respetto al suo fine, di tutte le Monarchie de barbari. perche stà regolato con la uerità del Principio c'hebbe il mondo, e dal fine c'aurranno le cose create, reconoscendo un Dio per creatore del Cielo, e della Terra, e dirigendo tutte l'attioni in conformità d'una fede, e d'una Chiesa."

142

記述は、以下のような比較例をさらに積み重ねていくことで、高度な文明・文化をもつ日本における、キリスト教改宗への道筋、その先のキリスト教的道徳観念、すなわちキリスト教政治神学に基づく治世を提案するに至っている。

　　偽りの宗教を刷り込まれた宗派は、創始者の神性を攻撃しないかぎり、自分の宗派の原理を捨て去ることはできない。同様に、救済を保証する実際のたしかな根拠を知らしめることによって、政治君主の命令一下、秩序と強制によって新たな信仰告白を民衆に課さないかぎり、新たな宗教は受け入れられない。イギリスの異端、ドイツの解放、共和国の瓦解、民衆に新たな宗教を導入するべく教会という母胎から離れた君主国、こうした出来事の元凶はいずれも、支配する君主たちの側にある。我らが聖なる信仰を日本に導入し、この島全体を改宗させる場合にも、これとまったく同じことがいえる。キリスト教が拡大・躍進するための活力や情熱を有力な王公から獲得するのは避けられないことだ。なぜなら、新たな宗教を取り入れようとすれば、空虚で迷信めいた偶像崇拝を根絶するだけの力をもつのが当然だからだ。暴政が正統なキリスト教君主政に移行し、王公たちの軋轢や内紛の燻る火種を消すことで、陸海の戦闘能力がある好戦的な国家は、島の外、すなわち、大シナや大タタールに軍を差し向けるはずだ。〔ちなみに、〕高麗国にはすでに税を課している。キリストの御旗を公然と掲げれば、カトリック王（スペイン王）の治めるどの国々や島々とも同盟を結べる可能性があるばかりか、シナとタタールに侵攻し破壊するべくペルシア王との連携を模索する可能性もあ

13　Amati, *Stato Politico*, *op. cit.*, f. 86r. "uedendosi per casi seguiti nelle Monarchie uiolente, e dispotiche, che lo stato tira'nico hà passato d'ordinario al Principato, come la uiolenza del tri-u'uirato de Romani, e la potenza de pochi se ridusse nel felicissmo stato Monarchio d'Augsto e che la conuersione di Constantino fù il tracollo della uana religione del popolo Romano; sendo ordine della reggione delle genti, e della natura preueder proueder prima al gouerno ciuile, che mira l'interesse publico, ò priuato de popoli, e poi instituire il culto, e la religione, per la quale se riconosce con principio, che tiene prouidenza di questa machina del mondo."

第4章　アマーティの政治思想と日本情報

るだろう。また、特筆すべきこととして、いまやヨーロッパで栄え君臨す
る一大宗教、我が聖なる信仰、すなわちキリスト教への改宗も期待でき
るだろう。というもの、どんな野蛮な国家、いかなるマホメット教徒と
いえども、日本人ほど、神のすばらしい教えを認識する能力を持ち合わ
せてないからである。日本のどの宗派も、福音の真理と背馳も離反もし
ない[14]。

　以上の議論によって、アマーティ自身が慶長遣欧使節との邂逅が契機と
なったか否かは定かではないが、聖職者の立場から日本の織豊政権期の政治
状況に対して特別な関心を寄せていたことは明らかといえる。アマーティは、
暴力と圧制、偶像崇拝に支配される日本の政治状況に対し有益となり得る規
範として、「神の教えによる統治」というキリスト教政治神学を持ち出して
いたのではないかと考えることができる。
　以上のように、「日本略記」の「政治誌」は、キリスト教的道徳基盤、す
なわちキリスト教政治神学という、当時一般的に流布していた統治論の枠組
みのなかで議論が展開されていたということが明らかなった。

14　Amati, *Stato Politico*, *op. cit.*, ff. 86v-87v. "non potendo una setta inueterata di falsa religione
lasciar'i suoi principij senza offendere la deità de fondatori, né da istessa abbracciare noua relig-
ione senza ch'il Principe politico lo comandi, e con ordine e uiolenza obligli i popoli alla noua
professione, procurando di far conoscere il fondamento reale, e certo che promette della salute.
E come l'heresie d'Inghilterra, libertà di Germania, e relassatione della Republiche, e Monarchie
separate dal grembo della Chiesa per hauer'introdotto noua religione ne'popoli, hanno preso
origine dai Principi regnanti ; cosi l'introduttione di nostra santa fede nel Giapone, e la conuer-
sione Vniuersale di quell'Isola è forza, che pigli uigor'e spirito per crecere, e moltiplicarsi dai
poderosi Rè, e Principi, che per uoler'introdurla, habbino giuntamente potenza d'estirpare le
uanità, e superstitioni dell'Idoli. Mutandosi il gouerno uiolento in Monarchia legitima, e Chrisi-
tiana e cessando quelle materie interne, che nodriscono le discordie, e le guerre ciuili trà i Rè,
e signori, è necessario che la natione bellicosa, e capace dell'Imprese di mare, e di terra, uolti
l'armi fuori Isola, ò contro il gra'Chino, ò contro il gran Tartaro, tenendo già tributario il
Regno de Corai ; e professando il stendardo de Christo, non solo si potrebbe collegare con tutti
i regni, et Isole del Rè Cattolico, ma procurar corrispondenza con il Rè di Persia à danno e
rouina del Chino, e del Tartaro, con che se potrebbe sperare una conuersione notabile alla nos-
tra santa fede, et una Christianità molto maggiore di quella, che regna, e fiorisce nell'europa
poiche niuna natione barbara, ò Maomettana tiene tanta capacità di conoscere l'eccelenza della
legge di Dio, come le genti del Giapone ; ne niuna di queste sette se sono contraposte, ò sepa-
rate dalla uerità dell'Euangelio (consento),"

144

第1節 「日本略記」に見るバロック期キリスト教政治神学

　しかしながら、アマーティの議論は凡庸に留まるものではない。つまり、キリスト教政治神学が、全く想定外とする「日本の政治状況」という他者の表象を巧みに議論に組み込むことで、その政策統治論に一層の説得力を付帯させた点が、「政治誌」の際立った特徴のひとつとも言えるであろう。次項では、以上の議論の枠組みを踏まえつつ、第3章第2節で若干取り上げたトマソ・カンパネッラとの比較を試みる。

2. 同時代日本記述との比較
　―アマーティとトマソ・カンパネッラの場合―

　バロック期の著名な思想家の一人であるドミニコ会士トマソ・カンパネッラ (Tommaso Campanella, 1568～1639) は、共産主義あるいは農本主義的なユートピア論が展開されている『太陽の都』(*La Città del Sole*, 1602) を著した人物としてよく知られている。当時のキリスト教世界は、大航海時代の進展に伴う地理的世界の拡大とともに、さまざまな宗教が併存する宗教的複数主義の世界に直面していた[15]。そのようななかで、カンパネッラは、百科全書的関心の中核をなすキリスト教的関心のもと、ただひとつの普遍的宗教のもとにおける万人の和合、ただひとつのキリスト教王国のもとにおける世界の平和を理想としており、それがカンパネッラの政治思想にも反映している[16]。したがって、カンパネッラのこのような思想も、広義のキリスト教政治神学の枠組みに組み入れられるであろう。

　カンパネッラの「スペイン王国論」(*Monarchia di Spagna*, 1598) にも上記のような思想が反映されており、著作中で新大陸を征服しているスペイン王国に普遍的秩序の樹立を託している[17]。これから取り上げる「政治警句集」(*Aforismi Politici*, 1602) も、そうした著作のひとつであり、150 の短文で構成

15　伊藤博明編『哲学の歴史 4　ルネサンス 15-16 世紀　世界と人間の再発見』中央公論社、2007年、590-591 頁。

16　同上、591 頁。

17　R. Esposito, C. Galli ed. *Enciclopedia del pensiero politico Autori, concetti, dottrine*. Roma, Editori Laterza, 2005. p. 118.

145

第4章　アマーティの政治思想と日本情報

された政治教訓集である。第3章第2節で軽く触れたように、ヴァチカン文書館には『修道士トマソ・カンパネッラの全政治学を巡る150の方法概念』という名のもと写本の形でボルゲーゼ文書第4巻3号に収蔵されている[18]。本項ではこのボルゲーゼ文書に収められている写本を用いつつ、同時代のキリスト教政治神学にもとづく日本記述という観点から、カンパネッラとアマーティの思想の差異を分析していきたい。カンパネッラは、「政治警句集」のなかで、以下の5か所において日本関連記述を残している。（下線部は筆者による）

① 言葉を用いる人々のみが、魂の帝国を早々に手に入れ、少しずつ政治的帝権を確立していく。彼らは自ら唱導した真理のために命を失っても、一方で後に後継者たちが国体を築きあげる。数々の預言者、説教師らが（キリスト教を信仰しない）不信心な人々の国々でそうしてきたように、今日の日本においてイエズス会士たちは、言葉を用いて数々の魂を手に入れている（改宗へと導いている）。ゆえに、スペイン、教皇傘下の君主国の貴人たちを従えながら、彼の地においてスペイン帝国を、容易に築くこととなるのだ[19]。

② ディオゲネス・ラエルティオスによれば、ギリシア哲学諸派は、どんな見解を取ろうとも、神を否定するエピクロス哲学を越えるものではない。ギリシア哲学諸派は自らを失い、それに終始していたのである。魂の不滅を否定するサドカイ派を有するに至ったモーゼの宗教は、魂の不滅を唱えてきたキリストの改革に苦しむこととなったとされている。

---

18 *Cento Cinquanta Concetti methodici dell'universa scienza politica di Frà Tomasso Campanella.* Fondo Borghese IV 3, Archivio Segreto Vaticano.

19 "Coloro, i, quali della lingua si servonò solamente acquistano l'Imperio dell'animi presto, et, à poco fondano imperio politico, mà perdono però la vita per la verità, che predicano, et li successori poi fondano lo stato, così facevano, i, profeti, et molti Santi Predicatori ne Regni d'Infedeli, et hoggi nel Giappone, i, Giesuiti con la lingua acquistano gl'animi, che poi sarà facile fondar l'Imperio Spagnolo in quel pace sttoponendo, i, signori alla Monarchia Spagnola, e Papale." Lxiij, ff. 159r‒159v.

第1節 「日本略記」に見るバロック期キリスト教政治神学

今日、日本人は、異邦人の宗派へと至っている。彼らは来世（あるいは
過去）、（キリスト教でいうところの）神を否定する一方、彼らの好意を以
て、イエズス会士らは日本に入り込んだのである。異邦人らは、無神論
者（サン・パオロ曰く、「神いまさざれば、汝らは過ちを犯さむ」）となり果
てた折、十二分に苦しみ抜き、そして容易にキリスト教を取り入れたの
であった[20]。

③ しかしながら一方で、どの君主も、ある宗教の下にあっては、己の
欲望を解放するのは不可能である。その宗教には武装した高位聖職者が
いるのだが、この聖職者は君主らを傘下に収めるほど幅を利かせている。
しかしながらキリストを信奉するどの王らも、唯一にして全キリスト教
徒による君主制を支えることは決してできない。というのも、教皇が王
の上に鎮座し、王らが描いた青写真を整えたり壊したりするからである。
しかしながら、ヘブライの君主制では、ただ一人の王が置かれている。
サラセンも同様である。つまり、ヘブライ式君主制では、国の上に武装
した聖職者の頭目が置かれてこなかったわけだ。中国や日本でも、同じ
ような君主制が取られている。したがって、キリスト教を基盤とした君
主制は、教皇に掌握されて、初めてその衰退が止まる[21]。

④ ある者（一家臣）を支配できぬほど肥大化してしまうと、君主国の弱

---

20 "Le Sette de, i, Filosofi Greci non passarono d'opinione in opinione oltre d'E'picuro, il quale
negando Dio si perdettero le sette loro, et ivi essi finiscono. E'x Laertio. La Religione di Mosè
arrivando ad haver saducei, che negano l'immortalità dell'anima, pati'riforma da Christo, che
l'haveva data. I Giapponesi arrivano hoggi alla setta delli gentili, che negano l'altro secolo, e
Dio, et però vi sono entrati li Gesuiti con piacer loro. Quando li Gentili vennero ad essere
Atheisti sine Deo errals, dice San Paolo, patirono quai arrai, et facilmente pigliarono il Chris-
tianismo. Lxxxvi." ff. 164r-164v.

21 "Mà però non può sfrenar le sue voglie nessun Prencipe, che vien sotto una Religione, la quale
hà il sommo sacerdote armato, che tenga maggiornanza sopra lui Però nessun Rè Christiano, hà
potuto mai sostenere la Monarchia di tutta la Christianità in se solo, perch'il Papa gli è sopra,
ete accocia, et guasta, i, suoi dissegni ; Mà la Monarchia Hebrea hà tenuto un Rè solo, et la
Saracena ancora, perche non haveva capo Sacerdotale armato sopra se, et cosi'il Rè della China,
et del Giappone è un Monarchia Dunq. la Monarchia Christiana và declinando sempre finch'ar-
rivi in mano del Papa, ut alibi melius scripsi." Lxxxix. ff. 165r-165v

第4章　アマーティの政治思想と日本情報

体化は免れない。伯爵といわれる彼らが徒党を組み、独立を欲するよう
になると、帝権を分断・統治するようになるからである。それはローマ
で起きたことだ（軍人皇帝）。対策としては、幾つかの境界線を引いて
帝権（権力）を抑え込むことが挙げられる。というのも、そうすれば、
銘々の王国から外へ出ることがない日本の数々の君主がそうであるよう
に、司令官や総督が帝権（権力）奪取するまでには及ばないからである。
中国の王国に至っては、もはや、城壁、森林、海で仕切られた境界すら
拵えようとはしない。すなわち、どの封建領主、軍司令官も、末永く息
子や妻を養い、スペインの一王国のように、誓約（姻戚）を以て彼らの
結びつきを強め、修道士を用いて彼らの状況を巡察するようになるので
ある[22]。

⑤ 権力と財力があるバローニらが勃興し、厚かましくも反旗を翻すか
らである。日本の諸侯らがそうするように。そして度々ナポリ、フラン
ス、ドイツのバローニもそうしていたように。彼らは老獪な王国を築き
上げ、各々の独立を欲しているのだから。それ故に、対策としてはトル
コがそうしているように、彼らに安定した基盤を築かせないために、体
制を相続させない、駐屯部隊は彼らから取り上げ、一種の尊敬の下に彼
らを平伏させるということが挙げられる[23]。

22　O manca la Monarchia per esser troppo grande, che non si può regger da uno onde si fà com-
pagni, che si dicono Conti, i, quali vogliono poi da se vivere, et dividono. l'Imperio, come
avvenne al Romano. Rimedio è di contener l'Imperio frà certi limiti, perche, i, Capitani, e Gov-
ernatori non s'impadronischino, come fanno, i, Monarchi del Giappone, che non escono fuori de,
i, suoi Regni. Et, quelli della China non ponno acquistare più de, i, limiti, che s'hanno fatto di
Muraglia, Selve, o Mare, ò vero tenere appresso à se, i, figli, et moglie di Baroni Governati, et
delli Capitani di Guerra, et stringerli con giuram. ti come usa Spagna, et visitarli per via di Re-
ligiosi. Cxij. f. 171v.

23　"O perche crescono, i, Baroni di passanza, et di ricchezza, et ardiscono ribellare, come fanno, i,
signori Giapponesi, et spesso facero, i, Napolitani, et li francesi, et Germani Baroni, che hanno
la lor Monarchia consumata, volendo ogn'uno da se vivere, et perciò rimedio è non farli heredi-
tare, i, stati, acciò che non si stabilischino, come fà il Turco, et le terre di presidio togler
loro, et humiliarli spesso sotto specie d'honore." Cxvi. ff. 172r–172v

148

①～⑤のカンパネラによる日本記述を検めてみると、まず、①～③の記述においては、キリスト教の道徳基盤を前提としており、前項で取り上げたアマーティのキリスト教政治神学と類似した記述といえる。一方で④、⑤の記述は、キリスト教についての言及は認められず、君主政と権力闘争について、実例を挙げながら政治的な教訓を引き出そうとしている。そして、①～⑤の記述において最も特徴的なのは、「政治警句集」という標題からもわかるように、ヨーロッパの統治術という視点から常に論じられており、日本や中国、トルコ、ヘブライの政治状況はあくまでヨーロッパにとって有益な警句を導き出す上での導線として機能していることである。その最たる例は①における記述「今日の日本においてイエズス会士たちは、言葉を用いて数々の魂を手に入れている（改宗へと導いている）。ゆえに、スペイン、教皇傘下の君主国の貴人たちを従えながら、彼の地においてスペイン帝国を、容易に築くこととなるのだ。」の箇所である。あくまでヨーロッパ側に引き寄せた主張であることはもちろんのこと、これは先述した「スペイン王国記」に見られる、キリスト教国の最右翼たるスペインに委ねられた普遍的世界秩序の樹立を象徴的にあらわしている箇所といえる。

　アマーティの「政治誌」は先に示したカンパネラの特徴と全くの好対照をなしている。それは先の繰り返しとなるが、カンパネラはあくまでヨーロッパ側から統治術をまなざし、その周縁に相対化された形で日本などの地域が据え置かれているのに対し、「政治誌」においてアマーティは、日本の政治状況をキリスト教政治神学のなかで主観的にまなざし、ローマやギリシア、ペルシア、中国といった地域はその周辺に相対化されているからである。アマーティはあくまで日本にキリスト教が導入されることにより、日本の暴力にまみれた政治状況が改善すると終始主張を展開しているのである。この差異の由縁には、アマーティ、カンパネラ双方ともに、キリスト教政治神学という軸線上に位置しながらも、アマーティはキリスト教政治神学を個別事例にあてはめていくことで次善策を練っていくのに対し、カンパネラが展開する議論においては、根底に「ひとつのキリスト教王国における世界平和」があり、一段高次に展開されているキリスト教政治神学であったためと

思われる。

このように日本関連記述という共通項から、アマーティとカンパネッラを比較してみると、アマーティがキリスト教政治神学を日本という異文化の政治状況のなかで実践的かつ積極的に解釈しようとしていた態度を見て取ることができる。

3. 「政治誌」におけるソテーロの介入

本書第2章第2節では、アマーティ著『遣欧使節記』の成立過程を考察した。当該著作はアマーティの著作とされながらも、紙面の約半数がソテーロのスペイン語手稿による報告書「奥州国記」からのイタリア語訳で構成されている一方、人文主義者であったアマーティが筆を執った献辞と「読者への辞」により、非常に整理された著作へと編集されたことを指摘した。このような、アマーティの著作とされながら、ソテーロの介入が認められるものは『遣欧使節記』に限ったことではなく、「日本略記」でも同様の傾向が見て取れる。本項では、「日本略記」中にあるソテーロの影響によるものと思われる記述を抽出し、その性質を分析していく。

第3章第2節でも指摘したように、「日本略記」は1615年末に出版された『遣欧使節記』とそう変わらない時期に編まれたものと考えられる。したがって、ソテーロからの伝聞、ソテーロの手稿「奥州国記」の影響が多分にあったものと推測される。そこで抽出にあたり、ソテーロと関係の深い「奥州」や所属していた修道会であった「フランシスコ会」といった文言を拾い上げ、下記に列挙していく。

① 教養ある君主（i Principi letterati）だからこそ、美徳、偉勲、しっとりした悦楽が開花するのだ。というのも、自然の移ろいと洗練された優雅さそのものによって、政体の隅々にまで存在感と魂を吹き込む元首との一体感が思い知らされることになるからだ。異教徒の皇帝らによって、ローマ教会は、ずっと抑圧され迫害されてきた。彼らは、自分たちの偶

像崇拝の宗派に反対したという理由でキリスト教を暴虐のかぎりを尽くして根絶やしにしようとしたのである。ところが、その直後、コンスタンティヌス大帝が王位に継ぐと、神の啓示を受けたとして、大帝は聖水の秘蹟に浴し、キリスト教は人々の記憶にも残るような大規模な寄進を受けて奨励され拡張し繁栄していったのである。日本に君臨する奥州王〔大名、藩主〕は、教皇聖下に使者を派遣して、我が聖なる信仰の宿〔教会〕を支援し、偶像崇拝を根絶しようとした、強大にして豪放磊落な王〔大名〕である。彼は、日本に暮らしながら、領国、家来、武勲に恵まれ、将軍家〔皇室?〕と二重の血縁関係にある。日本の政治家や君主によれば、老齢の皇帝〔将軍〕が死去して政治的空白が生じたら、この王（奥州王）こそが天下をとって、「正統なる領主」（legitimo signore）および「日本の君主」（Monarca del Giapone）に選出されて戴冠すると取り沙汰されている[24]。

② 一般に信じられているとおり、皇帝〔将軍〕のかかる絶対権力は教会、すなわち神に奉仕するだけではなく、皇帝〔将軍〕がキリスト教徒に祝別を与えるたびにその無限の権力が誇示されるのである。繁栄した大国を擁し、つねに 8 万の兵を戦闘に動員できる奥州王は、随時、攻防戦に 20 万の兵を招集できるのだ。かりにもしこの奥州王が神の御慈悲で皇帝〔将軍〕に即位するとしたら、すぐに〔キリスト教の〕布教が期待できるが、そうでもなければ布教はとうてい無理だろう。王たちの謀叛や帝国内の宗教対立が続発しないようにしなければならない。という

---

24 Amati, *Stato politico*, *op. cit.*, ff. 80v‒81r, "E da qui nasce ch'i Principi letterati fanno fiorire le uirtù : i bellicosi l'armi ; i molli le delitie ; poiche il corso della natura e la medesima politia ha insegnato questa conformità co'l suo capo, che dà essere, e spirto à tutto il corpo politico. E come la Chiesa Romana fè se'pre oppressa, e perseguita dall'Imperatori gentili, che con tanta uiolenza procurauano estirpare la religione de Christiani, come contrarij alla setta de loro Idoli : cosi succedendo l'Imperatore Constantino, che per diuina illuminatione prese il sacramento dell'acqua, fù fauorita, di(lotata), et arricchita della maggior donatione, che sia in memoria delle genti. Il Rè de (Voxio) regnante nel Giapone, ch'inuia Ambasciata a sua santità per fauorire le case della n'ra santa fede, et estirpare il culto dell'Idolatria, è il più poderoso e magnanimo Rè, che uiui nel Giapone ricchissimo de stati, di Vassalli, e di ualore congiunto per parentela doppia con il sangue dell'Imperio."

第4章　アマーティの政治思想と日本情報

のも、皇帝や王たちがたくらむ独裁という目的や、偶像崇拝派の仏教徒
は福音の教えとは相反するからだ。たとえ一つ以上の国々がキリスト教
に改宗したとしても、暴君にさんざん迫害されたら、有力者たちも棄教
を迫られ、長年の積み上げも一瞬にして地に墜ちてしまう[25]。

③ 奥州王の名代として教皇聖下の下へ遣わされた当使節は、大いなる
寛容と慈悲で迎えられてしかるべきである。使節が提示したきわめて公
正なる請願や、我が聖なる信仰に示した愛着と献身もさることながら、
むしろ、その決然たる意志を貫いて、聖なる洗礼を受け、全治政下をキ
リスト教国にする法令を発布し、主の聖なる教えを率先して公認した点
こそ称えられるべきだ。奥州王は、全国を手中に収め、恭順の情とキリ
スト教の敬虔をいっそう示そうと望んでいるのにくわえて、教皇庁(santa
sede Apostolica) を重視し、聖なる洗礼を受けてキリシタン王に戴冠する
だけでなく、キリスト教の信奉と奇特な勤行で、日本の他の君主たちに
範を垂れようとしたのである。阿弥陀や釈迦といった日本の君主の神を
土台とする日本の宗門は、同じような尊号を渇望する皇帝の権力によっ
て保護され、王家の血を引く幾人かの大法師に従属している。同様に、
仏教や宗派も、帝政や王の統治による政治力がなかったら、消滅せざる
をえなかっただろう[26]。

④ 生来の宗教 (la religion Materna) に浸りきった宗派ではいずれも、新
たな教理体系を導入しようとする人々に武力で抵抗しないかぎり、信徒

25　Amati, *Stato politico, op. cit.*, ff. 83v-84r. "potendosi credere, ch'à questa potenza dell'Impera-
tor'in seruizio della Chiesa Dio signore aggiungerebbe della sua ch'è infinita, e tante uolte
mostrata in beneficio del popolo Christiano. E se il Rè de Voxu, che possiede un Regno
florido, e grandissime, che tiene sempre in ca'pagna ottantamila soldati ; e uolendo può giun-
tarne due cento mila per la guerra offensiuae difensiua, fosse per sua diuina misericordia as-
sunto all'Imperio, se potrebbe sperare quel santo progresso della fede in poco tempo, che d'altra
maniera (pas') impossibile non seguendo mutatione di stato ne'i Rè e diuersità di religione
nell'Imperio ; perche all'Euangelio contraria il fine dell'Imperatori, e dei Re ch'è tirannico, et la
setta de Bonzi, che sono Idolatri ; E quando bene uno ò più regni si conuertissero alla fede,
con le persecutioni de Tiranniregnanti entrano in necessità d'apostatarsi, e l'aumento fatto in
molti anni torna à declinare in un momento."

第1節 「日本略記」に見るバロック期キリスト教政治神学

は増えなかったし、棄教することもなかったからである。これは、古代
ギリシア、古代ローマ人、ヘブライ人らの共和制で立証されている。(ち
なみに、パウロは、自分の口伝がキリストの十二使徒らによる新たな説法に
よって汚されないように、晩年まで細心の注意を払っていた)。したがって、
力と武勇の点で帝権にもっとも近くにいるこの日本奥州王と手を取り
あって結束することは良いことなのである。豊後の王ドン・フランチェ
スコ、有馬の王ドン・プロタジオ、ドン・バルトロメオ王らの忠義と覚
悟次第によっては、名誉と美辞麗句で（彩られた）君主政の君公や武士
たちをあたかも結集させることができるかのように装っておくためであ
る。上記の三君公は、自前の使節団によって、いとも幸多き教皇、グレ
ゴリオ 13 世に恭順の意を表した。彼らは、教会の新たな羊の群れ〔キ
リスト教徒〕に対して強まるどんな風当たりからも守ってくる楯であり
庇護所であった[27]。

---

26 Amati, *Stato politico, op. cit.*, ff. 85v‑86r. "Questa Ambasciata, che s'inuia a sua santità à
nome del Rè de Voxu merita d'esser riceuuta con gran benignità, e clemenza : non solo per
l'instanza giustisime, che propone, e per l'affetto, e deuotione che mostra alla nostra santa fede ;
ma per la determinata uolentà, che tiene di riceur'il santo Battesmo, e l'editto c'hà publicato,
che tutto il suo Regno se facci christiano, e la santa legge di Dio se promulgi in publico, e
senza niuna repugnanza. oltre la speranza, che se tiene, ch'occuperà l'Imperio e darà mag-
gior'demostratione di riuerente affetto e pietà christiana, che tiene alla santa sede Apostolica non
solo con riceuere il santo battesimo, e farsi coronare come Rè Christiano, ma con dare esse'pio
à tutti gl'altri Principi del Giapone à seguir'la legge di Christo, e segnalarsi nell'opre eccelenti
della fede. Le sette del Giapone stanno fondata sopra la deita di Principi del Giapone, che fu-
rono Amida, e Iaca se conseruano per la potenza dell'Imperatori, ch'aspirano al medsmo titolo
d'honore, e dalla dependenza de alcuni Bonzi principali, che sono del sangue reale ; demaniera
che la religione, e setta de Bonzi non può mancare senza il braccio dell'Imperio, e le forze
politiche del gouerno regio ; "
27 Amati, *Stato politico, op. cit.*, ff. 87v‑88r. "hà lasciuto i suoi Dei senza opporsi con l'armi e
con le forze à coloro c'hanno uoluto introdurre noua forma di leggi, uerificandosi questo nella
Republica di Greci, di Romani, e dell'hebrei, che (sin') à (sera) Paolo era geloso, che le sue
traditioni non fossero maccelate con la noua predicatione de'discepoli di Christo. Adunque è
bene à porgere la mano e confederati con questo Rè de Voxu regnante nel Giapone, e pressimo
per potenza, e ualore all'Imperio, facendo i Principi, e Caualli di quella Monarchia (pauesare)
dell'honore, e della parola, come se può raccogliere della fedeltà, e constanza di Don Francesco
Rè di Bungo, di Don Protasio Rè d'Arima, e del Rè Don Bartholomeo, che resero obedienza
nel Felicissimo Pontificato di Gregorio Xiij per mezzo di loro Ambasciatori ; e sono stati il
scudo, e l'Asilo in tutte l'impeto crescenti contro quel nouo grege della Chiesa"

153

第4章　アマーティの政治思想と日本情報

　①～④における奥州王、すなわち伊達政宗に対する評価は極めて肯定的であり、④に至っては「したがって、力と武勇の点で帝権にもっとも近くにいるこの奥州王と、手を取りあって約束を結ぶことは良いことなのである。」とすら言い切っている。アマーティが支倉常長一行と半年間行動していることから、その折に生じた日本に対する肯定的な感情が、上記のような評価に結びついていると捉えることも可能であるが、これは、東日本への司教座設置を目論みつつ、伊達政宗に慶長遣欧使節派遣を働きかけ、その牽引役としてメキシコ、スペイン、イタリアで積極的な活動を展開したフランシスコ会士ルイス・ソテーロの介入によるものと見た方が妥当であるといえる。これを裏付ける根拠として、「政治誌」末尾には以下のような文言が挿入される。

　⑤実り多き樹木が人の棲む大地全体にむかって葉を広げるように、フランシスコ会は、積極的な宗教政策にとっては、右に出るものがないほど雄弁に、神（Dio）の聖なる御言葉の種をこの島に撒き、改宗という名の果実を収穫し、教会という子宮のなかにその果実を植えたのである。というのも、フランシスコ会士らの身なりや習慣や目的はいずれも、君主を疑心暗鬼にさせるものではないからである。のみならず、むしろ、心を慰め、庶民の鑑となるものである。永遠なるものごとについて説くフランシスコ会士が、俗世と隔絶し、聖なる福音の教理の真正性をその数々の行ないで立証しているのを知っているからである。さぞや神（Dio）のお気に召すであろうこの教理は、教皇パウルス5世聖下のいとも幸多き帝権の下、世界中に流布しているのである[28]。

28　Amati, *Stato politico*, *op. cit.*, ff. 89v-90r. "la santa religione Franciscana che come fertilissima pianta s'è dilatata per tutta la terra habitata ; cosi à lei piu che à niun'altra concione per raggione di politica spirituale, e positiua seminare in quell'Isola la santa parola de Dio, raccogliere il frutto della conuersione, e porlo nel gremio della Chiesa poiche l'habito, i costumi, et il fine, che mostrano non solo non reca sospetto, e gelosia ai Regnanti, ma serue di consolatione, e d'esse'pio alla plebe. uedendo chequelli, che predicano le cose eterne sono lontani dalle terrene, e che con l'opre authenticano la dottrina del sunto euangelio, che piaccia à Dio, che si dilati per tutto il mondo : sotto il felicissimo Imperio della santità di N'ro Signore Papa paolo Quinto."

最終頁の結部において、フランシスコ会を称揚しつつ、布教地でのフランシスコ会の優秀性を明確に主張しているが、イエズス会ローマ学院に籍を置いていたことのあるアマーティが、このような記述を書く可能性は極めて低い。これらの記述から、ソテーロが「日本略記」の執筆に介入していた可能性があるといえる。一方で『遣欧使節記』のように、ソテーロの報告書を丸々イタリア語に翻訳して「日本略記」を作成したことはなかったと思われる。というのも、第2章第2節で明らかにしたように、ソテーロの「奥州国記」における記述には、当時の人文主義的な記述のスタイルは認められず、奥州の状況を綴る際にも政治と宗教とがうまく結び付けて語られていないからである。その一方でアマーティは、慶長遣欧使節邂逅以前にもタキトゥスに関する政治論文や、イタリアの平和的統一に関するラテン語政治論文を著していることから、宗教と政治について複雑な議論を展開するリテラシーがすでに備わっていたと考えるのが妥当であるといえる。したがって「日本略記」は、以下のような3点の性質に集約される。

・アマーティが学問的な関心から、自らの専門知識、文筆力を活かしつつ「日本略記」を執筆した。
・東日本司教座設置と慶長遣欧使節の外交交渉完遂という2つの目標を掲げたソテーロが、上記に示した5ヶ所を「日本略記」に組み入れるようアマーティに指示し、アマーティが自身のレトリックでソテーロの指示した内容を「日本略記」に書き入れ、ひとつの著作とした。
・第2章第1節で明らかにしたように、パウルス5世（ボルゲーゼ家出身）の側近であり、使節一行世話役でもあったボルゲーゼ枢機卿に「日本略記」が献呈されており、それを見越してソテーロがアマーティに上記のような依頼をした可能性がある。

これら3点を踏まえると、具体的史料が無いため、推測の域に留まる見解ではあるが、「日本略記」はアマーティの関心により著されたものの、一方で慶長遣欧使節の正当性を訴え、外交目標達成のため活発に活動していたソ

テーロの積極的な介入の形跡も認められる。そのため、当該著作には一種の
プロパガンダ的な性質が付与されていた可能性があるということを指摘して
おきたい。

　以上のように「日本略記」の内容を追いながらアマーティの政治思想を明
確にしてきたが、その過程において、アマーティがキリスト教の理念を俗世
の政治道徳における根幹と位置づけ、戦乱の世にあった日本の政治状況を考
察することで、同時代の混沌としたヨーロッパの政治状況に重ね合わせてい
たことが明らかとなった。アマーティは、これらのことを政治的教訓として
いい換えることによって、キリスト教の必要性を訴えたかったものと考える
ことができよう。「日本略記」の最大の特徴は、宗教と政治を密接に結び付
ける議論が当時としては一般的であったにせよ、異国の宗教、道徳、政治体
制をその議論の中に積極的に組み込むことにより、単なる報告書という記述
を超えて、キリスト教、ことにローマ・カトリック教会の俗世の政治におけ
る絶対的な優位を、再確認するとともに深く考察した点にあるといえる。

　一方で、日本の政治状況を論じた「日本略記」ではあるが、その裏にはソ
テーロによるプロパガンダ活動という、別な側面が垣間見えることも指摘し
た。次節では上記の日本記述の特徴をより明確にするために、アマーティよ
り一世代前の政治思想家で『国家理性論』を著したジョヴァンニ・ボテーロ
（Giovanni Botero, 1544〜1617）が、『世界漫遊報告』の残した幾つかの日本記
述と比較しつつ、当時の著述スタイルのひとつであるタキトゥス主義につい
ても言及していく。

第2節　アマーティの日本像
　　　―ジョヴァンニ・ボテーロとの比較を通して―

　本節では、前節での議論を引き継ぎ、国家理性、その接続概念であるタキトゥス主義といったヨーロッパの政治思想・統治術の動向をおさえつつ、アマーティが、ヨーロッパとは異なる政治風土・制度を持った日本と、「日本略記」のなかでどのように向き合おうとしていたのかを分析する。その国家理性を説いたイタリア人、ジョヴァンニ・ボテーロ（Giovanni Botero, 1544～1617）の日本記述も引き合いに出しながら、当時のヨーロッパ政治思想のなかで、アマーティの思想の位置づけを試みていきたい。

1. アマーティと国家理性
　―ボテーロの日本記述との比較―

　ボテーロは、1544年に北イタリアのベーネ・ヴァジエンナ(Bene Vagienna)で生まれた。1559年にパレルモでイエズス会に入り、同会ローマ学院で学び、1575年、1577年にインド宣教への参加も要請しているが、教会世俗権力批判が問題視され、1580年には一旦イエズス会から追放処分を受けている[29]。その後、枢機卿カルロ・ボッローメオ（Carlo Borromeo, 1538～1584）や、北イタリアのサヴォイア家に秘書として取り立てられた。そして、ボテーロは多くのヨーロッパの有力者に、政治論文から地理書に至るまであらゆる著作を献呈し、それらの出版を重ねていった。マキァヴェリにより提唱された君主統治論である国家理性を、ボテーロが概念化した『国家理性論』（*Della Ragion di Stato*, 1589）もそうした著作のひとつであり、この著作が出版されたことで、国家理性はヨーロッパ各地に広まり、君主や有力者らの思想に大

29　Donald F. Lach, *Asia in the making of Europe Volume II A Century of Wonder. Book 2.* Chicago, The University of Chicago Press, 1977. p. 236.

きな影響を及ぼしたのであった。

マキャヴェリが思考するところの国家理性は、宗教と道徳が国家を支えるために必要で、君主はこれを道具として使うべきとする反宗教的かつ世俗的なものであった。本来は、当時の複雑な政治状況のなかでマキャヴェリが生みだしたリアリズムに基づく決定論であったが、キリスト教や公共善に依拠するアリストテレスの政治思想が幅を利かせた当時のヨーロッパ世界にとって、これは全く受け入れ難いものであった。

つまり、マキャヴェリの国家理性には「人間の利害基準に則した政治と道徳の根底的な対立」が認められるのだが、一方でイエズス会のコレジオ出身のボテーロが定義するところの国家理性は、「一つの領国を定礎し、保持しまた拡張するに適した手段に関する考え」であり、トマス・アクィナスやアリストテレス哲学を基盤とする「人民の共通善」を体現する策として理論化されたのであった。君主の統治もこの理念に従属せねばならず、神の利害を基準として政治と道徳が合致した折衷主義をとっており、マキアヴェリの国家理性とは明らかに一線を画すものであった[30]。言い換えれば、ボテーロの国家理性は、ヨーロッパに連綿と受け継がれてき従来の君主鑑のような統治術を巧みに包摂した、君主に利益をもたらす思想であり、マキャヴェリほどラディカルには映らなかったことから、より実践的な決定論としてヨーロッパの為政者たちにとって受け入れられやすく、三十年戦争が終わるころには周知の思想となっていた。

また、マキャヴェリ以来の国家理性論の形成と呼応するように、16世紀から17世紀にかけてマキャヴェリを批判的に受容しつつ、絶対主義を容認するタキトゥス主義も広がりつつある様相を呈していた。国家理性の一定の効果は認められつつも、従来の道徳観が否定されては、建前上では受け入れ難くなってしまうことから、ここにタキトゥス主義とボテーロの国家理性論の受容に共通の土壌があったと見える。17世紀も半ばを過ぎると、結局の

---

30 ボテーロの国家理性論の概要については、石黒盛久による翻訳（『国家理性論』風行社、2015年）、及び石黒のルネサンス研究会における口頭発表での議論に全面的に依拠している。

ところボテーロが編み上げたところの国家理性（ragion di stato）の深淵が、マキャヴェリのそれとさほど変わりがないことに皆が気付いたため、国家理性論は批判の対象となることが多くなっていく。

アマーティが 1648 年に出版した政治論文 *Laconismo Politico* には、*sopra IL CONSIGLIO DI COSCIENZA, Che combatte la Ragione di Stato.*「知性に基づく合議について。国家理性との戦い」という副題がついている。この副題からうかがえるのは、キリスト教的道徳を規範とした政治を理想とするアマーティには、国家理性という近代政治思想は到底受け入れ難く、それと一線を画そうとしていたという態度である。アマーティ晩年の国家理性に対する態度は、こうしたヨーロッパにおける国家理性をめぐる受容の変遷と軌を一にするものであると考えられる。

さて、国家理性論を展開したボテーロは、『都市の偉大さの要因』（1588）[31] という世界各都市に視点を据えた地理書を『国家理性論』に先駆けて出版するとともに、『世界漫遊報告』（1591〜1596）[32]という著作も残している。当該著作は上述したようにサヴォイア家に献呈された著作のひとつであり、4 集から構成されているが、各集ともに全世界のことが、ヨーロッパ、アジア、アフリカ、新大陸、といった順番で記載されており、各集の内容は、第 1 集が地誌、第 2 集が政治・経済及び社会構造、第 3 集と 4 集が宗教と各地域におけるキリスト宣教の動向となっている。

31　Giovanni Botero, *DELLE CAVSE DELLA GRANDEZZA LIBRI III. DI GIOVANNI BOTERO BENESE. ALL'ILLVST.ᴹᴬ ET ECCELL.ᴹᴬ Signora, Donna Cornelia Orsina d'Altemps, Duchessa di Gallese, &c. IN ROMA, Appresso Giouanni Martinelli. M. D. L XXXVIII. CON LICENZA DE'SVPERIORI.* Roma, 1588.

32　ボテーロの『世界漫遊報告』（*RELATIONI VNIVERSALI*）は、1591 年から 1593 年にかけてローマにおいて 3 部からなる初版、1595 年に 4 部構成となる第二版、1596 年にはヴェネツィアで 4 部構成増補版が出版されている。本論文では、ヴェネツィアより出版された 1671 年版（国際日本文化研究センター蔵）を使用している。書誌は以下の通りである。*RELATIONI VNIVER-SALI DI GIOVANNI BOTERO. BENESE. Diuise in Quattro Parti. Architte di molte cose rare, e memorabilia, con l'vltima mano dell'Auttore. Accresciutoui Varie osseruationi DI GIROLAMO BRVSONI Sopra le medesime Relationi vniuersali, con le notitie de gli affari più rileuanti di Stato, e di Religione di questo secolo. ET AGGIVNTOVI LA RAGIONE DI STATO DEL MEDESIMO BOTERO. IN VENETIA, Per li Bertani. M. DC. LXXI. Con licenza de'Superiori, & priuilegio,* Venezia, 1671.

第 4 章　アマーティの政治思想と日本情報

　日本についての記述は、第 1 集第 2 巻第 1 部「現在までに発見されている島嶼部について」（Dell'Isole fino al presente scouerte, pp. 189〜191.）において、琉球（Lequio）、台湾（Heromosa）、中国島嶼部（Isole della China）の地誌とともに紹介され、第 2 集第 2 部では、「日本国王」（RE DEL GIAPONE, pp. 319-321.）というタイトルのもと日本の政治体制が、第 3 集第 2 部においては「日本人の偶像崇拝の状況」（STATO DELL'IDOLATRIE DE'GIAPPONESI, pp. 436-437.）、「日本における信仰の導入」（INTRODVTIONE DELLA FEDE Nel Giapone, pp. 459-466.）として天正遣欧使節のことなどが記され、各集にわたり、それぞれ様々な角度から日本について論じられている。

　『世界漫遊報告』の典拠については、ドナルド・ラックが、既述のマッフェイやポルトガル人の歴史家ジョアン・デ・バロス（João de Barros, 1496〜1570）が著した『アジア史』（Década da Ásia, 1552）を参照したとしている[33]。また、1588 年に出版されたボテーロの著作『カトリック信仰の足跡と証拠についての議論』[34]の日本の宗教の記述に関する末尾では、既述する際に参照したものとして、「イエズス会神父たちの書簡」（Le lettere de'Padri Giesuiti）[35]と明記していることもあり、『世界漫遊報告』執筆に際しても相応のイエズス会士書簡を参照したものと思われる。

　『世界漫遊報告』では、まず 191 頁で、都の周辺の五畿内を支配することにより、天下（Tenza）と呼ばれるようになり、それに該当する織田信長、豊臣秀吉による政治の変遷、武将同士の争い、朝鮮出兵などに触れている。319 頁から 321 頁では、「日本の統治形態は、ヨーロッパで知られているものと非常に異なる」としたうえで、アマーティほど記述量は多くはないが、191 頁より多く紙面を割いて日本の政治状況を解説し、日本の統治が秩序と民衆への愛ではなく、権力と帝権に基づく統治であり、それが少数の権力者

33　Lach, *op. cit.*, p. 244.
34　Giovanni Botero, *DISCORSO DE VESTIGII, ET ARGOMENTI DELLA FEDE CATHOLICA Ritrouati nell'India da'Portoghesi, e nel mondo nuouo da'Castigliani. DI GIOVANNI BOTERO BENESE IN ROMA, Appresso Giouanni Martinelli. M. D. L XXXVIII. CON LICENZA DE'SVPERIORI.* Roma, 1588.
35　*ibid.*, p. 23.

に握られているとしている。文末においては、ローマ皇帝とキリスト教との関係を引き合いに出しながら、統治におけるキリスト教の必要性に簡単に触れている。

　ボテーロの日本政治に関する記述における特徴のひとつは、321頁で宗教と政治との関係に若干触れてはいるものの、ほかの箇所では宗教的な議論をほとんど絡めず、俗世における極めて実践的な権力闘争の変遷、政治運営のありかたに着目している点にあるといえる。先述したアマーティの「政治誌」における内裏の記述と同様に、ボテーロも内裏の権力の形骸化に関しては詳しく言及しているが、アマーティのように内裏を教皇と対置させるような記述は認められない。その上で、ボテーロは秀吉の治世を例に取り上げながら、民衆や臣下らの利益を一切省みることなく実行される、臣下たちへの領地の再分配の方法を具体的に説明しており、権威のみの形骸化した内裏のもとで権力闘争に明け暮れ、あらゆる君主が暴君（tiranno）と化し、簒奪者を生み出し、君主政を崩壊させると断言している。

　一方でアマーティは「政治誌」において、同様に民衆や臣下たちを省みない政治が日本で行われているとした上で、その説明の際に暴力（violenza）という単語を非常に多く使用しながら、その状態を諌めるのがキリストの教えであると声高に主張し、暴君と暴力、それに対抗し得る絶対権力者としての、キリスト教的道徳基盤を持った徳のある君主を待望している。同じ教会関係者でありながら、ボテーロが実務的な面にのみ興味を示している一方で、アマーティが政治における宗教的道徳基盤の必要性を訴えている点は、両者の最大の違いであるといえるとともに、両者の比較によって、これまで述べてきたアマーティの日本に対する具体的な関心が、政治と宗教との係わり合いに向けられたことがわかる。

　ボテーロは熱烈なカトリック信者でありながらも、『国家理性論』においてギリシア・ローマからボテーロと同時代のヨーロッパの政治情勢にいたるまで数々の例を挙げて、宗教とは一定の距離を保ちつつ、極めて実践的な統治論を展開している。この姿勢は上述したように『世界漫遊報告』でも貫かれている。一方でアマーティは、ギリシア・ローマ、他の非キリスト教社会

第4章　アマーティの政治思想と日本情報

の例をいくつか提示しながら、日本の統治体制を西欧人に理解できるように
説明していくが、その統治実践においてキリスト教の重要性をことあるごと
に主張し、そこに議論が収束しており、この点がアマーティ、ボテーロの日
本記述における最大の相違点であると思われる。このような両者の差異は、
『世界漫遊報告』の著作意図が世界各地の地理、文化、歴史、政治を万遍無
く伝えることに主眼が置かれている一方で、「日本略記」が日本の政治をキ
リスト教政治神学と関連付けて、深く分析することに重点が置かれていたこ
とも一因と考えられる。

　そして先にも指摘したことであるが、アマーティの *Laconismo Politico* の
副題「国家理性との戦い」に見られるようなアマーティの国家理性との対決
姿勢は、後年になり、自らが積んだ政治経験により打ち出されたものではな
く、1615 年当時よりアマーティに認められた姿勢であったことが、上記の
比較により浮き彫りとなる。

2. 「政治誌」に見るアマーティのタキトゥス主義

　第 2 章第 2 節で詳しく論じたことではあるが、アマーティは家庭教師とし
てタキトゥスについて講義したり、マドリッドでの慶長遣欧使節邂逅直前に
はヴィットーリア・コロンナの屋敷でタキトゥスに関する政治論文の出版準
備をしている。また、1630 年代にもラテン語でタキトゥスに関する論文を
執筆していたりすることから、タキトゥスの歴史理論に精通していたものと
思われる。したがって、本項では 16〜17 世紀に流行したタキトゥス主義と
「日本略記」との関係を考察していく。

　タキトゥス主義とは、20 世紀初頭のイタリア人批評家ジュゼッペ・トッ
ファニン（Giseppe Toffanin, 1891〜1980）により『マキァヴェリとタキトゥス
主義』[36]において定義づけられた、国家理性やキリスト教政治神学と隣接した
概念である。本節冒頭でも触れたが、タキトゥスの『年代記』や『同時代史』

36　Giuseppe Toffanin, *Machiavelli e il tacitismo*, Padova, Draghi, 1921.

で見られるような、歴史の変遷を振り返るなかで政治的教訓を見出しつつ、君主政を正当化するために用いられたレトリックがタキトゥス主義であり、イエズス会の著述家らを中心に、君主政と国家理性を結び付けて論じる際に多く用いられていた。

エミリア・イラーチェ監修の『イタリア文学のアトラス　第2巻』[37]に所収されているエレーナ・ヴァレリーが著した論文「タキトゥス主義の様態（16世紀～17世紀）」[38]では、イタリアにおいてルネサンス、バロック期当時に広く読まれていたリヴィウスとタキトゥスの政治著作の出版状況が、1480年から1700年まで20年毎に区切ってひとつのグラフにまとめられている[39]。それによると、1480～1580年代ではリヴィウスの著作の出版が41編なのに対し、タキトゥスの著作出版は12編であり、どの期間を取ってもリヴィウスの著作が多く出版されていた。しかしながら、1581年以降になるとその傾向は逆転し、1581～1600年ではリヴィウスの著作は3編なのに対し、タキトゥスの著作は8編、1601～1620年ではリヴィウスが2編なのに対しタキトゥスが10編といったように、国家理性が浸透するにつれ、タキトゥスの著作出版が急増していることがわかる。タキトゥスのレトリックを用いた政治論文（Opere tacitiste）のイタリアにおける出版状況についても同様のことがいえ、ヴァレリーが示すグラフによると、1580年以前には1冊のみ出版されていたものが、1581～1600年には8冊、1601～1620年には15冊、1621～1640年には16冊[40]といったように、いかにタキトゥスの歴史観がバロック期イタリアにおいて急激に受容されていったかがわかる。

タキトゥスには共和政への思慕があったことから、共和政から専制政治への移行の背景につきまとう暴力、軍事的圧制、道徳の堕落に批判的でありつつも、現実的な専制政治、絶対権力を容認する態度をとっていた。これは、熱烈な共和政支持者で共和政期フィレンツェにおいて第二書記局に職を得て

37　Emilia Irace（eds.）, *Atlante della letteratura italiana. vol. 2*. Torino, Einaudi, 2011.

38　Elena Valeri, "La moda del tacitismo（xvi-xvii secolo）" *Atlante della letteratura italiana. vol. 2*. Torino, Einaudi, 2011. pp. 256-260.

39　Valeri, *op. cit.*, p. 256.

40　Valeri, *op. cit.*, p. 257.

第4章　アマーティの政治思想と日本情報

いたマキャヴァリにも通底することである。なお、アマーティ自身も慶長遣
欧使節邂逅直前と思われる1613年に著したラテン語の論文（手稿）「イタリ
アの和合のために」（*Pro Italico Arumorum Motu*）において陶片追放を取り上
げつつ共和政を支持していることから紛れもない共和主義者である。

　以上のようなアマーティとタキトゥスとの関係を念頭に置きつつ、「政治
誌」を読み解いてみたらどうであろうか。以下、いくつか「政治誌」から該
当箇所を抜粋し、検証していきたい。

　　太古の日本の政権は、市民民主主義よりも自然に近い政治であった。
　なぜなら、平等に組織された集合体を統治していたからだ。この平等こ
　そ、あらゆる共和政に生命を吹き込む魂であり精神なのである。東方（近
　辺）の国々のなかでも、日本は、有能で賢い国家として、ありのままの
　自然状態から徳行まで高められ、ひとえに理性のおかげで不道徳に染ま
　らなかったのである。日本ではこのように何不自由ない生活が営まれ、
　悪魔の野心とはほど遠い、人々の平和と協調から生まれた平穏が享受さ
　れていた。そのような平和のなかで、小さな入江の多い、気候も申し分
　のない、ひとつもしくは複数の離ればなれの島々に散らばって日本人は
　棲んできたのである。ところが、時代が下ると、平等と愛が喪失し、野
　心と暴力の衝動が魂に入り込み、私利私欲が増長すると、損得などのご
　くささいな原因によって干戈を交える事態が生じ、凄惨な戦乱や暴動が
　かの島で勃発した。理性よりも暴力のほうがまさり、共同統治の平穏よ
　りも自己の利益のほうが優先されるのである。人々の公益をめざしたす
　ぐれた法律で統治しようとしても、共和政体が元首に服さなかったら、
　共和政体が長続きしないのは、きわめて自明なことである。それと同じ
　く、慎慮と知能を称讃された国家が、この〔共和政体を長続きさせる〕秘
　訣を知れば、権力者が非力な弱者に対してふるう乱暴狼藉を糾弾するこ
　とだろう。なぜなら、〔共同政体の〕構成員を一斉に導き、統率し、糾合
　してくれるような元首が君臨しないかぎり、弱者のための共同体などあ
　りえないし、〔元首を欠いたままの〕劣化した理性では、前述のような〔弱

164

第2節　アマーティの日本像

者を守る〕目的のための行動を推進できないからである[41]。

　この抜粋では、日本の共和政は昔のことであることを前提として過去、す
なわち歴史を振り返る体裁となっており、そこから人々の堕落、徳を持つ君
主による君主政への移行が綴られている。日本の発端についての記述は「宗
教誌」冒頭で書かれているためか、「政治誌」冒頭では日本の歴史上の事象
が具体的に語られることはない。しかしながら、日本史の具体例に依らず、
アマーティ自らの解釈で日本の政治を解釈し、タキトゥスの著述スタイルに
落とし込んでいる点は特筆に価するといえる。このように、アマーティの解
釈が前面に出ながら、以降の議論も展開され、君主政が洗練されていくなか
で、内裏という制度が受け入れられるも、武士の時代になると暴力と圧制に
より統治へとかわり、現状にあっては豊臣秀吉という暴君の治世となり、そ
の状況を打開するにあたっては、キリスト教が日本に浸透すれば、キリスト
教の道徳基盤のもと徳のある王により善政が敷かれるとして、その際の具体
例をいくつも提示している。

　このように見ていくと、歴史の変遷から自らの時代に即した政治的教訓を
得ているという意味で、タキトゥス主義そのものであるといえる。

41　Amati, *Stato Politico, op. cit.*, ff. 68r–68v. "Il gouerno antichissimo del Giapone fù più politico
naturale, che democratico ciuile : poi che regolaua un corpo organizato dall'equalità, ch'è
l'anima et il spirito, che uiuifica la uita d'ogni Republica. E come natione capace, e d'ingegno
frà quante (uicino) nell'oriente era condotta all'opre uirtuosedal proprio naturale, e retirata dal dis-
honesto dalla sola raggione Mentre uisse in questo perfettissimo stato lontana dal'ambitione del
demonio gode quella tranquillità, che nasce dalla pace e concordia de popoli, ridotti à molti-
plicarsi in una, ò più Isola del Giapone diuise con piccioli bracci di mare, e poste in un clima
perfettissimo. Ma mancando poi l'equalità, e l'amore, entrò ne gli animi il stimolo dell'ambi-
tione, e della forza e crebbe l'interesse priuato demaniera, che per cause leggieri di commodo, ò
danno si prendeuano l'armi e destauano in quell'Isole rumori, guerre crudelissime preualendo le
forze alla raggione, et il proprio utile alla tranquillità del gouerno commune. Ne potendosi con-
seruare molto tempo una forma di Republica che non sia soggetta a un capo, che la gouerni
con le leggi di superiorità, dirette al benificio publico delle genti, fù facil cosa, ch'una natione
commenda di prudenza, e d'intelletto arriuasse alla cognitione di questo secreto, e conde'nasse
la uiolenza, e la forza, che il maggiore usaua contro l'impotenza, dell'Inferiore ; poiche niuna
co'munanza per picciola, che sia può dirigere l'attioni à un fiso prescritto dalla raggione alterata
se non terrà un capo, che miri, ordini, e tenghi in unità, e corrispondenza i membri, sendo non
solo cosa necessaria,"

第4章 アマーティの政治思想と日本情報

また、著述スタイルのタキトゥス主義というわけでないが、アマーティの
共和制への憧憬や戸惑いとも見て取れる記述が「政治誌」にはいくつか散見
される。

　帝政がまるでキリスト教共同体のように統治されるならば、キリシタ
ン皇帝によって連綿と世襲されることで、教会の土台は盤石となり、爾
後、根こそぎに破壊しつくされるようなことはまったくなくなるだろう。
ローマ皇帝の選出のときに、ローマ皇帝はつねに弱者を打ち負かすこと
で、帝権を詐取し支配者の地位に就いた。そのせいで、ありとあらゆる
種類の悪徳や罪が犯され、共和政時代に得られた偉大で輝かしい名声は
消え去ってしまった[42]。

日本の政治にキリスト教が浸透するとどうなるのかを論じた箇所であり、
「キリスト教共同体のように」(come Rebublica Christiana) といった西欧中世
政治思想の中心観念を比喩として持ち出すことにより、決して肯定的には用
いられていない日本の帝権 (Imperio) の傘下で、日本においてキリスト教を
受け入れた皇帝の登場とキリスト教信仰に根差した社会的紐帯形成の可能性
を強調している。その一方で、ローマ皇帝を否定的に評価しつつ、「共和政
時代に得られた偉大で輝かしい名声は消え去ってしまった」という一文を加
えることで、共和制が皇帝による支配よりも優れていることを暗に示唆して
いるといえる。しかしながら、その反面、若干まわりくどい言い回しで、日
本におけるキリシタン王 (Rè Christiano) の共和政に対する優位性に言及す
る箇所も認められる。

42　Amati, *Stato Politico, op. cit.*, ff. 85r-85v. "et una uolta, che l'Imperio fosse gouernato, come
　　Republica christiana se farrebbe tanto solido il fondamento della Chiesa con la continuata succe-
　　sione da Imperatori Christiani, che in niun tempo si potrebbe poi dispiantare ; essendosi uisto
　　nell'elettione dell'Imperatori Romani, che preualsero se'pre i peggiori, et occuparono per inganno
　　l'Imperio e gouernarono per estinguere la grandezza, e lo splendore del nome acquistato in
　　tempo di Republica con ogni genere de uitij, e de peccati."

かりに神が国内で拡大するキリスト教を奨励し、すすんで宗教儀式を
おこなうキリシタン王（Rè Christiano）に天下を絶対支配させた、と記
録されたとすれば、世襲の皇帝が没落し、その皇帝の意のままになるす
べての王が屈服することも期待できよう。なぜなら、共和国を構成する
人民がその元首の宣言に同意しかねたり、元首が人民を統轄できず、そ
の統率力でまとめあげられなかったりするならば、さぞかし共和政（una
republica）にとって不都合で無様に見えるからだ。君主の習慣と生活は、
人民がそこに倣うべき明澄な模範を見る鏡である。教養ある君主（i Prin-
cipi letterati）だからこそ、美徳、偉勲、しっとりした悦楽が開花するの
だ[43]。

　この記述では、共和政であろうとも、統治力を著しく欠いているのであれ
ば無様であると、厳しい批判が加えられている。そして、君主政を取り入れ
るにしても、君主に徳と教養がなければいけないとする。その徳の基盤にキ
リスト教も含まれていることは、これまでも何度か述べている通りである。
このことから、共和制でも堕落してしまうのであれば、一定の要件を満たせ
ば、君主政が次善策であるような記述にも捉えることができる。つまり、こ
れら直近2つの抜粋からは、アマーティの理想の統治形態が、共和制である
ものの、機能不全の共和政に戸惑いを滲ませつつ、現実的側面に鑑みて、キ
リスト教を基盤とした徳を備えた君主による善政が次善の統治形態であると
考えていたことが見て取れるのである。

43　Amati, *Stato Politico*, *op. cit.*, f. 80r−80v. "E quando Dio se scriuesse fauorire la Christianità
crescente in quell'Imperio, e collocare un Rè Christiano, ò disposto alle cose della fede nel
gouerno assoluto della Tenza, se potrebbe sperare la redottione dell'Imperatore à successione, e
la concessione de tutti i Rè sottoposti al suo arbitrio ; perche parrebbe disconuenienza, e defor-
mità in una Rep.ᶜᵃ ch'i membri non corrispondessero alla professione del Capo ; ò ch'il capo
non sapesse moderarli, e necessitarli all'uniformità del suo essere ; essendo i costumi, e uita del
Principe uno specchio, nel quale i popoli ueggono l'esse'pio Chiaro d'imitatione. E da qui nasce
ch'i Principi letterati fanno fiorire le uirtù : i bellicosi l'armi ; i molli le delitie ; "

167

第4章　アマーティの政治思想と日本情報

まとめ

　以上のように見ていくと、アマーティが「政治誌」で求めようとしていたのは、当時受け入れられつつあった国家理性とは一線を画し、人文主義の積み重ねの結果であるキリスト教政治神学を基盤とした君主像であった。そして、その君主像を炙り出していくために、タキトゥス主義的レトリックが用いられたということになるであろう。しかしながら、その君主像とはアマーティの理想とするところのキリスト教的な共和政とは異なる、あくまで次善の政体であった。これは国家理性を語るために用いられたタキトゥス主義というレトリックを、アマーティが自分の思想に引き寄せて運用した形跡であるといえる。いい換えれば、このような「思想」と「レトリック」の乖離は、アマーティの思想におけるひとつの揺らぎと解釈することもできるのではないだろうか。

　日欧交流史上に「日本略記」を位置づけた際に、最も意義深く強調されるべきは、単なる歴史記述に留まらず、アマーティの解釈が全面に押し出されて日本の政治状況が語られている点にある。キリシタン時代に西欧人により日本の政治を論じた著作は枚挙に暇がないが、これほどまでに日本の政治の分析に紙面を割き、当時の西欧の政治思想から積極的に日本を眼差し、解釈した著作は、管見ながら「日本略記」のみであるといえる。

168

結　　論

　以上 4 章にわたり、慶長遣欧使節通訳兼折衝役であったシピオーネ・ア
マーティとコロンナ家をめぐる日本との関係を論じてきた。

　第 1 章では、コロンナ文書館所に収蔵されている学界未使用・未紹介史料
の書簡群、及び様々な種類の贖宥状を用いることで、中世から近世にかけて
ローマ近郊において絶大な権力を誇ったコロンナ家の異文化情報接触の過程
を 2 つの視点から考察した。

　第 1 節で明確にしたのは以下の 3 点である。

1. 天正遣欧使節とアルカラで会見したアスカニオ・コロンナが、イタリア
   各地のアスカニオ関係者たちを利用して継続的に使節一行の情報を入手し
   ていたことをアスカニオ宛書簡の分析により明らかにした。
2. 慶長遣欧使節には直接会ったことのないコロンナ家当主フィリッポ 1 世
   が絶えず使節一行の動向を注視していたことを、フィリッポ 1 世宛書簡を
   通して明らかにした。
3. 慶長遣欧使節の牽引役であったルイス・ソテーロがコロンナ家に送った
   書簡を分析することで、コロンナ家が慶長遣欧使節と直接的な関係があり、
   援助も行っていたことを明らかにした。

　以上、3 点を明らかにしたことにより、コロンナ家が両使節の情報を得て
いたことに加え、ソテーロ書簡のように直接的な関係を示唆する史料も、こ
れまでに確認されておらず、本節において解明した点は、天正・慶長遣欧使
節研究において、極めて重要な発見となった。

　第 2 節では、前節で俄に明らかにした天正・慶長両使節とコロンナ家との
密接な関係性を前提にしつつ、同様にコロンナ文書館収蔵の新出史料である

169

天正遣欧使節贖宥状を中心に分析し、ほかの同時代の贖宥状と比較した上で、当該贖宥状発行にアスカニオ・コロンナが関与した可能性があることを指摘した。そして、慶長遣欧使節贖宥状関連書簡も分析の対象として、ある種の特殊性をもった贖宥状が、コロンナ家とその親類、知人間で好意的に授受されつつ伝達していった過程の一端を明らかにした。日欧交流史においては、直接的な交流ばかりが取り上げられるが、贖宥状に「祈願の対象」というひとつの記号として両遣欧使節あるいは日本が贖宥状に組み込まれていった過程を解明したのは、本研究が初めてといってよいであろう。17世紀イタリアの異文化交流を考察した研究はこれまでに無く、本節での分析は東西交流史に新たな視点を提供することとなった。

　これまでの先行研究では、ヴァチカン文書館、イエズス会文書館、インディアス文書館などに収蔵されている既出の史料を再解釈することがほとんどであった。しかし、天正・慶長遣欧使節研究において、コロンナ家文書のような一有力者の文書群に着目し、日欧接触を多角的に考察したという点で、本書第1章における研究は、日欧交流史に新しい視点を提供できたのではないかと思われる。

　第2章第1節では、「事由書」を中心とした新出のコロンナ家史料を分析することで、アマーティの背景及び慶長遣欧使節における彼の役割を考察した。その結果、アマーティが法学博士の学位を取得し、ラテン語で政治論文を発表するなど典型的な人文主義者であることが判明した。アマーティは、コロンナ家の家庭教師や領内の紛争解決、公正証書等の書類作成にも長け、コロンナ家の支援者として活躍した一方、そうした経歴が認められていくなかで、慶長遣欧使節通訳兼折衝役に就き、教皇、コロンナ家、スペイン宮廷とのあいだで情報仲介者として当時の外交舞台で活躍していたことも指摘した。その使節折衝役兼通訳というキャリアは、「事由書」内で取り立てて詳述するほどに際立つものであり、それがアマーティの後年のキャリアアップにも、アマーティの交渉役の有能さを示す上で、有効に機能していたことを明らかにした。

　これまで、慶長遣欧使節研究においてアマーティの経歴は不詳とされ、慶

結　論

長遣欧使節にどのように関わったかは、『遣欧使節記』で窺い知るのみで、それ以上のことは明らかにされてこなかった。しかし、本節でのコロンナ文書館収蔵の新出史料と既存の史料を比較し実証的に分析したことにより、上記にまとめたように使節随行員として活動してことに加え、インテリジェンスとして活躍していたことを指摘した。また、使節随行員というキャリアがコロンナ家内でも一目置かれるものであることが明らかとなった。これら2点を解明したことは、既存史料を用いることによる再解釈が中心となっていた慶長遣欧使節研究に一石を投じるものであると考えている。

　第2節では、アマーティの最も有名な著作『遣欧使節記』を取り上げた。当該著作は従来の研究において、ルイス・ソテーロの伝聞に依拠するところが多いとされていたものの、平田隆一の論考以外、考察が加えられることはなかった。そこで本節では、改めてソテーロが著したスペイン語の日本報告等と比較検証しながら、ソテーロの伝聞記述について分析を加え、当該著作の成立史を再検討した。その結果、『遣欧使節記』の奥州と伊達政宗の説明がなされている章においては、その具体性からソテーロの伝聞の可能性が高く、それ以外の章は教養豊かな人文主義者として歴史や政治の知識に長けたアマーティの記述に依るところが大きいことを明らかにした。その上で、『遣欧使節記』がソテーロにより企図された慶長使節のプロパガンダの一部として機能しながらも、アマーティがソテーロから聞いたことをそのまま書き写したのではなく、アマーティ自らの日本に対する興味とレトリックによって、ソテーロの伝聞を咀嚼し構成された、アマーティの独自性の強い著作であることを指摘した。

　以上の2節を通して、アマーティの人物像と『遣欧使節記』成立史の具体的な検討を試みた。それにより，従来の慶長遣欧使節研究では見出されることのなかった、アマーティの慶長遣欧使節における重要性、『遣欧使節記』の特徴を見出せたことは、本研究の成果のひとつといえる。

　第3章第1節では、「日本略記」の3項目「自然誌」、「宗教誌」、「政治誌」の概要を詳らかにし、テキストの性質をおさえた上で、イエズス会によって作成された複数の日本報告の系譜を整理し、「日本略記」の典拠同定を試み

た。

　イエズス会では、各布教先から送られてくる膨大な書簡を整理して、布教に赴いた世界各地の布教の展開をひとつの歴史書にまとめることが繰り返された。そのなかにマッフェイの『東インド史』や、グスマンの『東方伝道史』が含まれている。日本報告はそのような著作の一部として所収されていることが多く、日本の地誌、文化、布教状況をイエズス会総長に報告するために作成されたヴァリニャーノの「日本諸事要録」は例外といえる。

　これらの日本報告作成をひとつの系譜にまとめるならば、まず、日本に滞在していたヴァリニャーノが、自身で得た情報と日本で活動するイエズス会士らの情報をもとにイエズス会総長のために『日本諸事要録』を作成し、ヴァリニャーノやフロイスと交流のあったマッフェイが、同様のプロセスで『東インド史』を執筆・出版、グスマンがそれらの集大成のようなかたちで『東方伝道史』を出版したということになる。こうした情報の収斂過程の末部に「日本略記」が位置付けられるのであり、アマーティは「日本略記」執筆の際に、ひとつのまとめられた情報群として、『東方伝道史』を重用し、当該著作から抜粋に近い形で引用することとなり、その補完として、マッフェイやヴァリニャーノの著作、イエズス会士らの書簡を参考にした点を明らかにした。

　第2節では、「日本略記」内で大規模に引用されているグスマンの『東方伝道史』を取り上げ、アマーティが「日本略記」を執筆する際に、どのように『東方伝道史』を参照したか考察した。その結果、「宗教誌」内で特に顕著に認められるグスマンからの抜粋箇所では、仏教を説明するくだりにおいて、「儲け」や「利益」といった、キリスト教の教義に相いれない文言のみが削除されていることが判明した。このような削除の形態は、アマーティ自身が日本の宗教を単なる異教として捉えるのではなく、キリスト教に準じた宗教が異文化世界においても存在していることを容認していた態度の表れであった。日本から送られてくるイエズス会士書簡では、仏教を否定しつつも日本人の気質を肯定的に解釈する記述が多く認められる。こうした背景もあり、アマーティの削除の形態には、そうした異文化を受容する態度が、逆説

結　論

的に組み込まれていたことが明らかとなった。これらを踏まえて、グスマンやアマーティなど日本人とヨーロッパで接触しつつも来日経験のない人間による編集を経て得られた間接的な情報が、その伝達の過程において、複数の執筆者によって幾重にも改編が重ねられ、各々の意図が複合的に組み込まれていったと結論付けるに至った。フレデリック・クレインスは『17世紀のオランダ人が見た日本』[1]において、アルノルドゥス・モンターヌス（Arnoldus Montanus, 1625～1683）の『東インド会社遣日使節紀行』(1669)[2]を取り上げ、モンターヌスが来日経験こそ無いものの、筆致に富んだ文体と実見に基づいた典拠により、オランダ人読者に正確な日本情報を伝達したことを明らかにしている。一方で第2節におけるグスマンとアマーティの記述の比較では、アマーティが「日本略記」を編む際に『東方伝道史』を抜粋するものの、特定の意図を持って削除・改編を施した点を本節で指摘することで、日本情報伝達の具体例をより踏み込んだ形で提示できたと考えている。

　第3章での考察は、「日本略記」を典拠同定することにより、アマーティの著作意図を明らかにし、情報の改編・伝播の過程の一端を解明した。情報の伝達過程の研究は、近年関心が高まりつつある分野であるが、「日本略記」を考察することで、慶長遣欧使節研究をこうした研究のなかに位置づけられた点の意義は大きいといえる。

　第4章では、「日本略記」の中核部分といえる「政治誌」について考察した。第1節では、16世紀～17世紀に幅を利かせていたキリスト教政治神学の文脈から「政治誌」を分析し、同時代人トマソ・カンパネッラの「政治警句集」に見られる日本記述と比較しつつ、アマーティが「政治誌」において、キリスト教の道徳観念が日本に広まれば、暴力が蔓延した君主政治から解放

1　フレデリック・クレインス『17世紀のオランダ人が見た日本』臨川書店、2010年。

2　Arnoldus Montanus, *Gedenkwaerdige gesantschappen der Oost-Indische maetschappy in 't Vereenigde Nederland, aen de kaisaren van Japan : vervaetende wonderlijke voorvallen op de togt der Nederlandsche gesanten : beschryving van de dorpen, sterkten, steden, landschappen, tempels, gods-diensten, dragten, gebouwen, dieren, gewasschen, bergen, fonteinen, vereeuwde en nieuwe oorlogs-daeden der Japanders : verçiert met een groot getal afbeeldsels in Japan geteikent : getrokken uit de geschriften en reis-aenteikeningen der zelve gesanten / door Arnoldus Montanus.* Amsterdam, Jacob Meurs, 1669.

され、秩序建てられた国になると主張を展開していること明らかとした。また、「日本略記」執筆におけるソテーロの介入についても検討し、奥州やフランシスコ会に関する記述がいくつか認められることに加え、当該著作がボルゲーゼ家に献呈されていたことに鑑み、アマーティがボルゲーゼ家の依頼を受けて、自らの政治的関心のもとに書きあげた「日本略記」には、東日本司教座設置を目論んでいたソテーロの主張が巧みに組み込まれていた可能性があることを指摘した。

第2節では、16〜17世紀に西欧で広く浸透した国家理性とタキトゥス主義という文脈から「政治誌」を分析した。国家理性を提唱したジョヴァンニ・ボテーロの日本記述との比較により、後年のアマーティは国家理性に対し否定的な態度を取っているものの、「政治誌」を執筆したころから既に貫かれていた態度であったことを明らかとした。また、タキトゥスに関する政治論文を数編著しているアマーティの思想には、タキトゥスに対する憧憬が認められるが、共和制主義者でありつつも、現実的に君主政を受け入れざるを得ないとする態度も「政治誌」の至る所で見受けられ、タキトゥスのレトリックや思想を引き継いだ、そのような揺らぎの態度こそが、アマーティの日本観であることを明らかにした。

以上のように分析をすることで、「日本略記」が単なる日本報告に留まらず、国家理性やタキトゥス主義、キリスト教政治神学といった、当時の思想潮流の枠組みのなかで語られていたことが明かとなった。従来のキリシタン史や日欧交流史研究では、牧健二が『西洋人の見た日本』において「キリスト教的神国思想の日本進出」[3]と題してアウグスティヌスの神国論と絡めて西欧人の日本報告を論じているが、16〜17世紀当時の政治思想の潮流についてはほとんど議論してない。第4章ではこの点を具体的に論じ、タキトゥスのレトリックや思想を取り入れ、国家理性とは距離を置いていた「日本略記」の特徴を具体的に指摘した。

3　牧健二『西洋人の見た日本』弘文堂、1949年、118-128頁。

結　論

　なお、4章にわたってシピオーネ・アマーティとコロンナ家、慶長遣欧使節の関係を考察することにより、対外交渉史において新たな視点を提供することを試み、コロンナ家と日本との関係も明らかにした。第1章を踏まえて第2章では、コロンナ家と所縁の深かったアマーティの人物像と慶長遣欧使節との関係性を解明するとともに、第3章、第4章では「日本略記」のテキストを深く読み込み、当時の西欧の思想潮流の中に「日本略記」を位置づけた。その結果、当時の西欧、とりわけイタリアにおける日本像というものが、当時の思想の潮流の中で重層的に編み込まれ、形成されていったことが明らかとなった。また、アマーティのような人物が、日本に滞在するイエズス会士や商人から送られてくる一次情報に再解釈を加えることで、当時のイタリアにおいて、日本が決して極東の手の届かない存在ではなく、制度や政治の枠組みに限られたことであっても、自らの立場により近い存在として捉えようとしていたことが明らかとなった。

主要参考資料

シピオーネ・アマーティ関連資料
〔刊本〕

Scipione Amati, *Historia del regno di voxu del Giappone: dell'antichita, nobilta, e valore del suo re Idate Masmune, delli favori, c'ha fatti alla Christianita, e desidero che tiene d'esser Cristiano, e dell'aumento di nostora santa Fede in quelle parti. E dell'ambasciata che hà inviata alla S. ta. di N. S. Papa Paolo V. e dellli suoi successi, con alter varie cose edificazione, e gusto spirituale de i lettori. Dedicata alla S. ta di N. S. Papa PAOLO V. Fatta per il Dottor Scipione Amati Romano, Interprete, & Historico dell'Ambasciata. In Roma, Appresso Giacomo Mascardi. MDCXV.* Con licenza de'Superiori.

Scipione Amati, *Considerationi di stato sopra le cose d'Italia*, Roma, 1640, manoscritto

Scipione Amati, *Laconismo politico sopra il consiglio di coscienza, che combatte la ragione di stato*, Roma, L. Grignani, 1648.

〔手稿〕

Scipione Amati, *BREVE RISTRETTO Delli tre'stati Naturale', Religioso, e Politico del Giapone, fatto, et ordinato dal Dottor Scipione'Amati Romo interprete', e'Relatore dell'Ambasciata del Re'Idate'Masamune'Re'de Voxu regnâte'nel Giapone, Fondo Borghese Serie I*, 208-209, 51r-90r, Conservato presso il Archivio Segreto Vaticano.

コロンナ文書館収蔵資料
〔アマーティ関連資料〕

Jesus maria, "Considerationi civili sopra della promotione del Dottor Scipione Amati al Vescovato de Veroli." 原文ラテン語、イタリア語、全 12 葉、洋紙、トリヴィリャーノ書簡集、コロンナ文書館蔵。

Scipione Amati, "Pro Italico Arumorum Motu, Ad Hispaniarum Regem, Ad Sabaudia'Ducem, Ad Italia'Principes, Paranetica Sententia, Propositiones disputativa', ex ed collecta' XXXVI. V. D. Illmi. D'ni Don Petri Celestris Santae Crucis Marchiones E'questris Ord Sa'cti Jacobi Bellici Reg'Maiestatis Cathca. Consiliariy : Magni Sicilia'Questoris : ac eiusd. Regni ad Sane Hispaniaru'Regia'Oratoris Ab Epistolis." 「手稿集」、コロンナ文書館蔵。

マドリッド発信、フィリッポ・コロンナ1世宛書簡2通（1614 年 2 月 13 日付、1615 年 2 月 13 日付、フィリッポ　コロンナ1世宛書簡集、原文スペイン語、コロンナ文書館蔵。

パリアーノ発信、1623 年 4 月 28 日、原文イタリア語、全 4 葉、洋紙、コロンナ文書館蔵。フィリッポ・コロンナ1世書簡集。

トリヴィリャーノ発信、1625 年 6 月 7 日、フィリッポ 1 世宛、トリヴィリャーノ発信書簡集、全 2 葉、洋紙、原文イタリア語、コロンナ文書館蔵。

トリヴィリャーノ発信、1630 年 7 月 14 日、フィリッポ 1 世宛、トリヴィリャーノ発信書簡集、全 2 葉、洋紙、原文イタリア語、コロンナ文書館蔵。

パリアーノ要塞発信、1634 年 8 月 14 日、フィリッポ・コロンナ 1 世宛書簡集、原文イタリア語、全 8 葉、洋紙、コロンナ文書館蔵。

パリアーノ発信、1642 年 8 月 10 日、マルカントニオ・コロンナ・ジョーエニ 5 世宛書簡集、全 4 葉、洋紙、原文イタリア語、コロンナ文書館蔵。

〔贖宥状〕

IIIBB 3-42, 原文ラテン語手稿、羊皮紙、コロンナ文書館蔵。

IIIBB 72-1, 原文ラテン語手稿、羊皮紙、コロンナ文書館蔵。

IIIBB 49-61, 洋紙、コロンナ文書館蔵。

天正遣欧使節贖宥状（Indulgentie delli Giapponi.）IIIBB 74-17、1585 年 6 月 2 日、イタリア語手稿、全 2 葉、洋紙複写？　コロンナ文書館蔵。

IIIBB 10-26, イタリア語手稿、全 2 通、各 2 葉、洋紙、複写？　コロンナ文書館蔵。

III BB 10-28, 4 月 23 日、イタリア語手稿、全 2 葉、洋紙、複写（Copia）との記載あり、コロンナ文書館蔵。

IIIBB 8, イタリア語手稿、全 2 葉、コロンナ文書館蔵。

〔贖宥状関連書簡〕

1616 年 1 月 15 日付、ローマ発、修道士ドメニコ・デ・モンテレローネ（Frate Domenico de Monteleone）書簡、原文イタリア語、全 1 葉、洋紙、ルクレツィア・トマチェッリ・コロンナ宛書簡集、コロンナ文書館蔵。

1616 年 1 月 11 日付、ローマ発、フランチェスコ・マンノ・ヴィーコ（Francesco Manno VIco）書簡、原文イタリア語、全 1 葉、洋紙、ルクレツィア・トマチェッリ・コロンナ宛書簡集、コロンナ文書館蔵。

1616 年 1 月 28 日付、ナポリ、サン・ジョゼッフ修道院発　修道女イッポリタ　マリア・コロンナ書簡、原文イタリア語、全 2 葉、洋紙、ルクレツィア・トマチェッリ・コロンナ宛書簡集、コロンナ文書館蔵。

1616 年 2 月 5 日付、ナポリ、サン・ジュゼッフ修道院発、イッポリタ・マリア・コロンナ書簡、原文イタリア語、全 1 葉、洋紙、ルクレツィア・トマチェッリ・コロンナ宛書簡集、コロンナ文書館蔵。

1617 年 12 月 1 日付、ナポリ、サン・ジョゼッフ修道院発　修道女イッポリタ　マリア・コロンナ書簡、原文イタリア語、全 2 葉、洋紙、ルクレツィア・トマチェッリ・コロンナ宛書簡集、コロンナ文書館蔵。

1618 年 5 月 18 日付、ナポリ、サン・ジョゼッフ修道院発　修道女イッポリタ・マリア・コロンナ書簡、原文イタリア語、全 2 葉、洋紙、ルクレツィア・トマチェッリ・コロンナ宛書簡集、コロンナ文書館蔵。

〔天正遣欧使節関連書簡〕

1585 年 3 月 25 日付、ローマ発、ジョヴァンニ・ドメニコ・フィオレンティーノ書簡、原文ラテン語、全 1 葉、洋紙、アスカニオ・コロンナ宛書簡集、コロンナ文書館蔵。

1585 年 4 月 21 日（22 日）付、ローマ発、ジョヴァンニ・ドメニコ・フィオレンティーノ書簡、全 1 葉、洋紙、アスカニオ・コロンナ宛書簡集、原文ラテン語、コロンナ文書館蔵。

1585 年 4 月 24 日付、ローマ発信、主席書記官ザッパ書簡、原文イタリア語、全 2 葉、洋紙、アスカニオ・コロンナ宛書簡集、コロンナ文書館蔵。

1585 年 4 月 14 日付、ジェノヴァ発信、グリマルディ書簡、原文イタリア語、全 4 葉、

洋紙、アスカニオ・コロンナ宛書簡集、コロンナ文書館蔵。

〔慶長遣欧使節関連資料〕

1615年2月23日付、マドリード発信、ニコロ・ダネオ書簡、原文スペイン語、全20葉、洋紙、フィリッポ・コロンナ1世宛書簡集、コロンナ文書館蔵。

1615年10月20日付、ローマ発信、修道院長ブファリーニ書簡、原文イタリア語、全2葉、洋紙、フィリッポ・コロンナ1世宛書簡集、コロンナ文書館蔵。

1616年3月3日、ジェノヴァ発信、ルイス・ソテーロ書簡、フィリッポ・コロンナ1世宛書簡集、原文スペイン語、全2葉、洋紙、コロンナ文書館蔵。

バルトロメオ・トゥールコ筆、ローマ発信、1615年11月2日付、12月25日付、1616年1月10日付、4月9日付、フィリッポ・コロンナ1世宛書簡集、原文イタリア語、コロンナ文書館蔵。

〔その他〕

"Hermandad Entre los padres Descalzos Fran. cos y Carmelitas para la Conversion de la Gentilidad y predicacion del Sancto Evangelio. En las Partes de la China Islas Philippinas, Reynos de Congo y Angola y otras partes de las Indias : y Etiopia," 「手稿集」vol. XXI, p. 675. 原文スペイン語、コロンナ文書館蔵。

引用参考文献

〔一次資料〕

Alexandro Valignano, critica, introd. *e note di Giuseppe Fr. Schütte, Il cerimoniale per i missionari del Giappone : Advertimentos e avisos acerca dos costumes e catangues de Jappão : importante documento circa i metodi di adattamento nella missione giapponese del secolo XVI: testo portoghese del manoscritto originale, versione letterale italiana di Alexandro Valignano.* Roma, Edizioni di Storia e letterature, 1946.

Alessandro Valignano, Joseph Wicki (ed.), *Historia del principio y Progreso de la Compañía de Jesús en las Indias Orientales (1542-1564)*, Roma, Institutum Historicum Societatis Iesu, 1944.

Alejandro Valignano, editados por Josè Luis Alvarez-Taldariz, *Sumario dekas cisas de Japon (1583) Adiciones del Sumario de Japon (1593)*, Monumenta Nipponica Monographs *No. 9*, Tokyo, Sophia Univarsity, 1594.

Antonio Coppi, *Memorie Colonnesi*, Roma, Salviucci, 1855.

António Galvão, *TRATADO. Que compôs o nobre & notauel capitão Antonio Galuão, dos diuerdos & desuayrados caminhos, por onde nos tempos passados a pimenta & espesearia veyo da Indias ás nossas partes & assi de todos os descobrimentos antigos & modernos, que são feitos ato a era de mil & quinhentos & cinçoenta. : Com os nomes particulares das pessoas que os fizeram: & em que tempos & as suas alturas, obra certo muy notauel & copiosa Foy vista & examinada pela santa Inquisição. Impressa em casa de Ioam da Barreira impressor del rey nosso senhor na Rua de sã Mademe*, Lisboa, 1563.

Breve Raggvaglio, Dell'Isola Giapone Havvto Con la Venvta à Roma delli Legati di quel Regno, Ove In Compendio Si Tratta delli costumi di quei popoli, della religione, essercitij, habiti, vitto, qualità dell'aere, & molte altre cose, Con Vn Presente Fatto

Da detti Legati al Serenissimo Gran Duca di Toscana. Con Licenza De Svperiori. Roma, Appresso Bartholomeo Bonfadino & Tito Diani, al Pelegrino, 1585.

Cartas que os padres e irmaos da Companhia de Iesus, que andao nos reynos de Iapao escreuerao aos da mesma Companhia da India, e Europa, des do anno de. 1549. ate o de. 66. : Nellas se conta o principio, socesso, e bodade da Christadade daquellas partes, e varios costumes, e idolatrias da gentilidade, Coimbra, 1570.

CARTAS QUE OS PADRES E IRMÃOS da Companhia de Iesus, que andão nos reynos de Iapão, escreverão aos da mesma Companhia da India & Europa des do anno de 1549 atè o de 1580. PRIMEIRO TOMO. Nellas se conta o principio, socesso, & bondade da Christandade daquellas as partes, & varios costumes, & falsos ritos da gentilidade. Impressas por mandado do Reuerendissimo em Christo Padre dom Theotonio de Bragança Arcebispo d'Evora. Impressas com licença & approuação dos SS. Inquisidores & do Oridinario. Em Evora por Manoel de Lyra. Anno de M. D. XCVIII, Evora, 1598.

Cento Cinquanta Concetti methodici dell'universa scienza politica di Frà Tomasso Campanella, Fondo Borghese IV 3, Archivio Segreto Vaticano.

P. Fr. Cherubino *STORIA DELLA VITA DELLA MADRE SUOR IPPOLITA MARIA TERESA DI GESU'NEL SECOLO D. IPPOLITA COLONNA Reglisiosa Carmelitana Scalza nel Venerab. Monistero del Monte Carmelo in S. EGIDIO di Roma. All'Emo, e Rmo Principe il Sig. Cardinale FRANCESCO BARBERINI DCANO DEL SAGRO COLLEGIO & c. Dal P. Fr. CHERUBINO DELLA Concezzione Carmelitano Scalzo. IN PALESTRINA MDCCXXXVIII. Nella Stamperia Barberina, per Masci. Con Licenza de'Superiori.*

Daniello Bartoli, *Delle opere del padre Da niello Bartoli della Compania di Gesù volume X. del Giappone libro primo,* Torino, Torino della tipografia di Giacinto Marietti, 1825.

Diuersi auisi particolari dall'Indie di Portogallo riceuuti, dall'anno 1551. sino al 1558. dalli reuerendi padri della Compagnia di Giesu. : Doue s'intende delli paesi, delle genti, & costumi loro, & la grande conuersione di molti popoli, che hanno riceuuto il lume della santa fede, & religione christiana. Tradotti nuouamente dalla lingua spagnuola nella italiana. Col Priuilegio del Sommo Pontefice, & dell'Illustrissimo Senato Veneto per anni XV, Venezia, 1559.

Giovanni Botero, *RELATIONI VNIVERSALI DI GIOVANNI BOTERO. BENESE. Diuise in Quattro Parti. Architte di molte cose rare, e memorabilia, con l'vltima mano dell'Auttore. Accresciutoui Varie osseruationi DI GIROLAMO BRVSONI Sopra le medesime Relationi vniuersali, con le notitie de gli affari più rileuanti di Stato, e di Religione di questo secolo. ET AGGIVNTOVI LA RAGIONE DI STATO DEL MEDESIMO BOTERO. IN VENETIA, Per li Bertani. M. DC. LXXI. Con licenza de'Superiori, & priuilegio,* Venezia, 1671.

Giovanni Botero, *DELLE CAVSE DELLA GRANDEZZA LIBRI III. DI GIOVANNI BOTERO BENESE. ALL'ILLVST.^{MA} ET ECCELL.^{MA} Signora, Donna Cornelia Orsina d'Altemps, Duchessa di Gallese, &c. IN ROMA, Appresso Giouanni Martinelli. M. D.*

主要参考資料

L. XXXVIII. CON LICENZA DE'SVPERIORI, Roma, 1588.

Giovanni Botero, *DISCORSO DE VESTIGII, ET ARGOMENTI DELLA FEDE CATHOLICA Ritrouati nell'India da'Portoghesi, e nel mondo nuouo da'Castigliani. DI GIOVANNI BOTERO BENESE IN ROMA, Appresso Giouanni Martinelli. M. D. L XXXVIII. CON LICENZA DE'SVPERIORI*, Roma, 1588.

Giovanni Botero, *DELLA RAGION DI STATO LIBRI DIECI, Con Tre libri delle Cause della Grandezza, e Magnificenza della Città DI GIOVANNI BOTERO BENESE. ALL'ILLVSTRIS. E REVERENDIS. SIG. IL SIG. VOLFANGO TEODORICO. Arciuescouo, e Prencipe di Salezburg &c. CON PRIVILEGI. IN VENETIA APPRESSO I GIOLITI. M. D. LXXXIX.*, Venezia, 1589.

Giovanni Pietro Maffei, *LE ISTORIE DELLE INDIE ORIENTALI DEL REV. P. GIOVAN PIETRO MAFFEI DELLA COMPAGNIA DI GIESV'. TRADOTTE DI LATINO IN LINGVA TOSCANA da M. Francesco Serdonati Fiorentino. Con vna schelta di lettere scritte dell'Indie, fra le quali ve ne sono molte non più stampate, tradotte dal medesimo. CON INDICI COPIOSI. IN FIORENZA, PER FILIPPO GIVNTI. M. D. LXXXIX.*, Firenze, Con Licenza de'Superiori, e Priuilegio, 1589.

Gucci Giacinto, *Il PRINCIPE CHRISTIANO POLITICO. Di Don Giacinto Gucci Fiorentino, Abate Vallombrosano. IN FIRENZE. Nella Stamperia di Gio : Batista Landini. Con Licenza de'Superiori. 1630*, Firenze, Stamperia di Gio : Batista Landini, 1630.

Ioanne Petro Maffei, *DE VITA ET MORIBUS IGNATII LOIOLAE, QUI SOCIETATEM IESV FVNDAVIT, LIBRI III, Auctore Ioanne Petro Maffeio, Presbytero Societatiseiusdem. EX AVCTORITATE SVPERIORVM. ROMAE, apud Franciscum Zannettum. M. D. LXXXV.*, Roma, 1585.

John Hay (ed.), *DE REBVS IAPONICIS, INDICIS, ET PERVANIS EPISTOLAE RECENTIORES. A Ioanne Hayo Dalgattiensi Scoto Societatis IESV in librum vnum coaceruatae. ANTVERPIAE, Ex Officina Martini Nutij, ad insigne duarum Ciconiarum, Anno M. DC. V.*, Antwerpen, 1605.

Juan de Santa María, *REPUBLICA, Y POLICIA CHRISTIANA. PARA REYES Y PRINCIPES: y para los que en el gouierno tienen sus vezes. Compuesto por fray Iuan de Santa Maria, Religioso Descalço, de la Prouincia de San Ioseph, de la Ordende nuestro glorioso Padre San Francisco 35. EN BARCELONA, por Geronymo Margarit y a su costa, Año. M. DC. XVII.*, Barcelona, Geronymo Margarit y a su costa, 1617.

Luis de Guzman, *Historia de las misiones ue han hecho los religiosos de la Compañia de Iesus : para predicar el sancto Evangelio en la India oriental, y en los reynos de la China y Iapon. ESCRITTA POR EL PADRE LVIS de Guzman, Religioso de la misma Compañia. PRIMERA (SECONDA) PARTE EN LA QVAL SE CONTIENEN SERS LIBROS tres de la India Oriental, vno de la China, y dos de Iapon. DIRIGIDA A DOÑA ANA FELIX DE GVZMAN, Marquesa de Camarasa, Condesa de Ricla, Señora del Adelantamiento de Caçorla. Año 1601 CON PRIVILEGIO. EN ALCALA, por la Biudade Iuan Gracian*, Alcala, 1601.

Marco Battaglini, *ANNALI DEL SACERDOZIO, E DELL'IMPERIO INTORNO All'intero Secolo Decimosettimo di Nostra Salute TOMO PRIMO Che contiene gl'Avvenimenti*

181

dall'Undecimo al Duodecimo Giubileo DI MONSIGNOR MARCO BATTAGLINI Vescovo di Nocera e di Sentino, &c. IN VENEZIA, M. DCCI. Presso Andrea Poletti. Con licenza de'Superiori, e Privilegio, Venezia, 1701.

Relatione Del Viaggio, Et Arrivo In Evropa, Et Roma, De'Prencipi Giapponesi venuti à dare obedienza à sua Santità l'anno M. D. LXXXV. All'Eccelentiss. Sig. Girolamo Mercuriale. In Reggio. Appresso Hercoliano Bortoli. Con licenza de'Superiori Venezia, 1585.

RERUM A SOCIETATE JESU IN ORIENTE GESTARUM AD ANNVM VSQVE à Deipara Virgine M. D. LXVIII, commentarius Emanuelis Acostae Lusitani. recognitus, & latinitare donatus. ACCESERE DE IAPONICIS REBUS EPISTOlarum libri IIII, item recogniti, & in latinum ex Hispanico sermone conuersi. DILINGAE Apud Sebaldum Mayer. Anno M. D. LXXI. Cum priuilegio Caesareo & Superiorum facultate, Dillingen, 1571.

〔二次資料〕

Adriana Boscaro, *SIXTEENTH CENTURY EUROPEAN PRINTED WORKS ON THE FIRST JAPANESE MISSION TO EUROPA.* Leiden, E. J Brill, 1973.

Alberto M. Ghisalberti, Dizionario biografi degli Italiani *vol. 27*, Roma, Istituto della Enciclopedia italiana, 1960.

Charles Ralph Boxer, *The Christian Century In Japan 1549‑1650*, California, University of California Press, 1967.

Claudio Rendina, *Le grandi famiglie di Roma*, Roma, Newton & Compton, 2010.

Donald F. Lach, *Asia in the making of Europe,* Chicago, University of Chicago Press, 1965.

Elena Valeri, "La moda del tacitismo〔xvi‑xvii secolo〕" *Atlante della letteratura italiana vol. 2*, Torino, Einaudi, 2011.

Elisabetta Corsi, *Editoria, lingue orientali e politica papale a Roma tra Cinquecento e Seicento,* Maria Antonietta Visceglia eds., *Papato e politica internazionale nella prima età moderna*, Roma, Viella, 2013.

Giuseppe Toffanin, *Machiavelli e il tacitismo*, Padova, Draghi, 1921.

Francisco G. Cunha Leão, *Jesuitas na Asia Catalogo e guia, volume I*, Macao. Instituto cultural de Macau, Instituto Português do património arquitectónico, Biblioteca da Ajuda, 1998.

Harro Höpfl, *Jesuit Political Thought The Society of Jesus and the State, c. 1540‑1630*, Cambridge, Cambridge University Press, 2004.

Lorenzo Peresz, *Apostolado y martirio del beato Luis Sotelo en el Japón, hispánica,* Madrid, Imp. Hispánica, 1924.

Maria Antonietta Visceglia, *Papato e politica internazionale nella prima età moderna*, Roma, Viella, 2013.

Maurizio Viroli, *DALLA POLITICA ALLA RAGION DI STATO La scienza del governo tra XIII e XVII secolo*, Roma, Donzelli editore, 2009.

Paolo Broggio, *La teologia e la politica Controversie dottrinali, Curia romana e Monarchia spagnola tra Cinque e Seicento*, Firenze, leo S. Olschki Editore, 2009.

主要参考資料

Paolo Prodi, *Il sovrano pontefice*, Urbino, il Mulino, 2006.

Richard Joseph Ferraro, *The Nobility of Rome, 1560-1700 : A Study of Its Composition, Wealth and Investments*, Madison, University of Wisconsin, 1994.

R. Esposito, C. Galli ed. *Encicropedia del pensiero politico Autori, concetti, dottrine*, Roma, Editori Laterza, 2005.

Tommaso Bozza, *Scrittori politici italiani dal 1550 al 1650*, Roma, Edizioni di storia e letteratura, 1949.

石鍋真澄、石鍋真理子、平田隆一（共訳）「伊達政宗遣欧使節記」『仙台市史　特別編八　慶長遣欧使節』宮城県教科書供給所、2010 年。

伊藤博明編、『哲学の歴史 4　ルネサンス 15-16 世紀　世界と人間の再発見』、中央公論社、2007 年

岩井大慧、岡本良知『元和年間　伊達政宗遣欧使節の史料に就いて』国会図書館支部東洋文庫、1956 年。

ヴァリニャーノ、アレッサンドロ『日本巡察記』松田毅一訳、平凡社、1973 年。

ヴァリニャーノ、アレッサンドロ『日本イエズス会士礼法指針』（キリシタン文化研究シリーズ 5）矢沢利彦、筒井砂共訳、キリシタン文化研究会、1970 年。

ヴァリニャーノ、アレッサンドロ『日本諸事要録』松田毅一他訳、平凡社、1973 年。

大泉光一『支倉六右衛門常長―慶長遣欧使節を巡る学際的研究―』文眞堂、1998 年。

大泉光一『支倉常長　慶長遣欧使節の悲劇』中央公論新社、1999 年。

大泉光一『支倉六右衛門常長「慶長遣欧使節」研究史料集成〈第 1 巻〉「S. アマーティ・伊達政宗遣欧使節記」「アンジェリス書簡」その他の史料』雄山閣、2010 年。

大類伸「本院所蔵キリシタン史料について（その二）」『日本學士院紀要』第 28 巻、第 2 号、日本学士院、1970 年。

小川仁「コロンナ家と天正・慶長遣欧使節―コロンナ家の日本関連情報収集の視点から―」『スペイン史研究』第 28 号、スペイン史学会、2014 年。

岡美穂子「贖宥への祈り―」マリア十五玄義と「オラショの功力」『文学』第 13 巻第 5 号、岩波書店、2012 年。

小倉博「支倉六右衛門のローマ派遣から見た日伊両国の関係」『仙台郷土研究』第 7 巻第 12 号、仙台郷土研究会、1937 年。

神田千里『宗教で読む戦国時代』講談社、2010 年。

デ・グスマン、ルイス『東方傳道史』新井トシ訳、天理時報社、1944 年。

クレインス、フレデリック『17 世紀のオランダ人が見た日本』臨川書店、2010 年。

五野井隆史『徳川初期キリシタン研究』吉川弘文館、1992 年。

五野井隆史『支倉常長（人物叢書）』吉川弘文館、2003 年。

五野井隆史「慶長遣欧使節とソテロ」『キリスト教文化研究所紀要』第 26 号、聖トマス大学キリスト教文化研究所、2011 年。

五野井隆史「1618 年，ジェロニモ・ロドリゲス作成の「組ないしコンフラリアに関する覚書」について―解説と翻訳」『サピエンチア』第 40 号、聖トマス大学論叢編集委員会、2006 年。

佐々木和博『慶長遣欧使節の考古学的研究』六一書房、2013 年。

支倉常長顕彰会編『支倉常長伝』宝文堂、1974 年。

上智大学編『カトリック大辞典 I』冨山書房、1940 年。

ボテーロ、ジョヴァンニ『国家理性論』石黒盛久訳、風行社、2015 年。

グリーンブラット、スティーヴン『驚異と占有』荒木正純訳、みすず書房、1994 年。

仙台市博物館編『図録　ローマの支倉常長と南蛮文化』仙台市博物館、1989 年。

高瀬弘一郎『キリシタン時代の文化と諸相』八木書店、2001 年。

チースリク、フーベルト監修、太田淑子編『日本史小百科　キリシタン』東京堂出版、2001 年。

東京大学史料編纂所編『大日本史料　第十一編別巻ノ一・二　天正少年使節関係史料』東京大学史料編纂所、初版 1959・1961 年。

東京大学史料編纂所編『大日本史料　第十二編之十二慶長 18 年 9 月［支倉常長訪欧関係史料］後水尾天皇』東京大学史料編纂所編、初版 1909 年。

平田隆一「アマーティ著『伊達政宗遣欧使節記』の成立と展開」『仙台市史　特別編八　慶長遣欧使節』宮城県教科書供給所、2010 年。

ヒル、ファン『イダルゴとサムライ―16・17 世紀のイスパニアと日本―』平山篤子訳、法政大学出版局、2000 年。

牧健二『西洋人の見た日本』弘文堂、1949 年。

松田毅一『慶長遣欧使節　徳川家康と南蛮人』朝文社、1992 年。

松田毅一『十六・十七世紀イエズス会日本報告集　第 III 期第一巻』同朋社、1997 年。

リンスホーテン『東方案内記』『大航海時代叢書 VIII』、岩波書店、1968 年、250 頁。

付　　録

「日本略記」翻刻・翻訳

翻刻の〔　　　〕は不鮮明箇所。

翻訳の〔　　　〕は筆者による補足。

BREVE RISTRETTO

Delli tre'stati Naturale', Religioso, e Politico del Giapone, fatto, et ordinato dal Dottor Scipione'Amati Romano Interprete', e'Relatore dell'Ambasciata del Re'Idate'Masamune'Re'de Voxu regnãte'nel Giapone

STATO NATVARIE

51r

Il nome del Giapone comprende tutto di se molte Isole diuise trà loro con piccioli bracci di mare con l'entrata, et uscita dell'Oceano, Isole di buona grandezza, ben habitate,

e le più celebri di quel mare per la conuersione notabile alla nostra santa fede, posto nella parte occidentale. godono la zona temperata, l'altrezza del Polo da 34. gradi corre sin'à 41, hanno il minor giorno di dieci hore e sotto d'un clima sano, sentono gli effetti naturali delle quattro staggioni. Questa diuisione d'Isole se riduce à trè membri principali. Il primo s'estende da Leuante à Ponente, dividendosi in 53 Regni ò principali trà quali è la insegne Città del Meaco, capo di tutto il Giapone e d'ordinario chi s'insegnoreggia della Tenza[1] è tenuto per Imp.[re] di tutto il sito, ch'abbraccia il Giapone.

---

1 天下

186

付　録

日本に君臨する奥州国主伊達政宗公の使節たるローマ人通訳兼報告官
シピオーネ・アマーティ博士により執筆・編纂された
日本の自然・宗教・政治の三つの状況を伝える**略記**〔通称『日本略記』〕

自然環境〔博物誌〕

51r

　日本という呼称によって、かくも多くの分島のすべてが網羅される。これ
らの島々には小さな入江が数々あって、そこから大洋へ出入りできる。ほど
よい面積で住みやすく、特筆すべきことに我々の聖なる信仰に改宗したおか
げで、西側の大海中、最も名の知れた島々となっている。この列島は温（暖
な地）帯に恵まれ、北緯 34 度から 41 度にわたっている。冬至の昼でも 10
時間はあり、気候も快適そのもので、四季ごとの自然の変化をうつしだす。
列島は以下のように 3 つの主要部分に区分される。第一の地域は、東西に広
がり、53 もの国や国々に分かれ、そのなかに日本全体の中枢となるメアコ
〔ミヤコ〕という首都がある。また、天下を掌握する者が通常は、日本全土
を統べる皇帝とみなされる。

51v

Il 2° giace dal settentrione al mezzo giorno chiamato Cimo e contiene 9
Regni, trà quali stà quel di Bungo e la gran Città di Nangato, Vosco, e Fu-
nai. Il 3° stà situato al leuante detto Xicoco , che segnoreggia Quattro Regni
con la nobilissima Città della Tossa .Il restante della Terra ancora giace in-
certo, perche alcuni dicono che tiene 400. legue, altri che meno. L'Isole del
Meaco non stà ancora enteramente[2] conosciuta nè se sà il termine, che tiene
per la parte orientale, e settentrionale, habitandosi solo il mezzo giorno. Per la
parte del sur[3] è conuicina al Regno di Corai, et al gran Chino. Il Giapone stà
lontano dalla noua Spagna 150. legue. La distantia che tiene dalla China è
uaria ; perche da liampo all'Isola di Gota , ch'è la più prossima di tutte
l'Isole del Giapone sono 60. legue di spatio ; e da Amacan alla medesma .
Gota si misurano 292.

---

2 イタリア語では interamente、enteramente はスペイン語。
3 イタリア語では Sud、Sus はスペイン語。

付　　録

51v

　第二の地域は南北にわたり、シモ〔Cimo 下〕と呼ばれ、9 つの国がある。そのなかに豊後国があり、長門、臼杵〔Vosco〕、府内といった有力な都市がある。シココ〔Xicoco 四国〕と呼ばれる東方に位置する第三の地域は 4 つの国を治め、そこには高潔このうえない土佐〔Tossa〕という都市がある。上記三地域以外の国土はいまだ定かではない。少なくとも 400 レグアに及ぶというものもいれば、それ以下だというものもいるからである。メアコ〔Meaco ミヤコ〕のある島には未知の地が残っていて、東北側にあるとおぼしき最果ても知られていない。人が居住するのは南部に限られる。高麗国〔Regno di Corai〕や大シナ〔gran Chino〕とは南方で隣り合っている。日本はヌエバ・エスパーニャ〔通常はメキシコを指すだろうが、この場合はフィリピン？〕から 150 レグア離れている。中国との距離についてはまちまちだ。というのも、日本全島中でも最短距離にあたる五島〔Gota〕が寧波〔Iampo〕から 60 レグアである一方で、澳門〔Amacan〕から同じ五島までは 292 レグアと算定されているからである。

189

52r

Il camino[4] diretto al Giapone è per Malaca al Lequio[5] ò al gran Porto di Macao per la commodità dell'Imbarcatione e comercio, che tiene dall'una all'altra parte. Da Mecao[6], sin'al Giapone, secondo la nauigatione de Portoghesi, che fanno più frequente all'Isole di Gota[7], Tirando[8], Iramusuma[9], Meaygima[10], Saxuma[11] Cogui[12], Oranto[13], settefratelli[14], e Teniamia[15]. Tutta Questa Terra è montuosa, e frà i molti monti che inalza due sono i singolari. Il primo chiamato Figenoiama[16] è d'incredibile altezza, perche trascende le nuuole alcune legue. Il 2° è prodigissimo per la continuatione di fàmma, e fuoco, che uomita, e per comparire in esso il Demonio nel mezzo d'un nembo risplendente à coloro, che per uoto ò titolo di religione haurranno mortificato il corpo con rigorose penitenze. È terra molto fredda, perche in alcune parti suole cader tanta copia di neve, che per alcuni

---

4　cammino
5　琉球
6　Macao の誤植か。
7　五島列島
8　平戸
9　屋久島？
10　女島
11　薩摩
12　甑島
13　地名特定できず
14　七島を指す。トカラ列島の別称。
15　種子島
16　比叡山

190

52r

　日本への直通航路には、マラッカから琉球〔Lequio〕経由のルート、もし
くは大港マカオを経由するルートがあり、さまざまな地域間をつなぐ渡航や
交易に便利である。マカオから日本までの海路はポルトガル人の水先案内に
したがって運営されている。彼らポルトガル人は、五島列島〔Isole di Gota〕、
平戸〔Tirando〕、屋久島〔Iramusuma〕、女島〔Meaygima〕、薩摩〔Saxuma〕、甑
島〔Cogui〕、Oranto、トカラ列島〔settefratelli〕、種子島〔Teniamia〕を頻繁に
訪れているのだ。日本の国土はおしなべて山がちで、また、屹立する数ある
山でも、抜きんでた山が２つある。まず一つは富士の山〔Figenoiama〕と呼
ばれている山で、信じられない標高である。なにしろその頂上が雲から数レ
グアも顔を覗かせているからだ。もう一つの山は驚異そのものである。山か
ら溶岩の火炎が絶え間なく噴出しているうえに、祈願や得度のために苛酷な
贖罪〔浄め〕の苦行でわが身を痛めつけていると、その苦行者の面前に、黒
光りする噴煙のただなかから鬼〔悪魔〕がぬっと姿を現わすというのだから。
国土〔Terra〕は酷寒である。一部の地域はふだんから大量の積雪があり、幾
日も外出できないほどだからである。

52v

giorni non si può uscire. È più sterile, che abondante non solo per la proprietà naturale, ma per le continue guerre, che pongono in necissità gli Agricltori à lasciar l'aratro e pigliar la spada in seruitio della guerra. L'Agricoltura consiste in riso, che si raccoglie il Settembre, et in grano, che si taglia il mese di Maggio, hauendo anche abondanza d'orzo, e di miglio, come alimento ordinario del Giapone Tiene quei medesimi frutti, che l'Europa, e della medesma bontà. I medesmi animali domestici e del ca'po, benche loro non magnino se nò i seluestri e montosi[17], che cacciano per il poco gusto, che sentono nelle carni, e per il molto, che mostrano né pesci, de quali il Mare, il fiumi sono fertilissimi. Del riso sogliono far uino, benche il loro maggior regalo consiste in certa acqua mescolata con certa poluere pretiosa, chiamata Chia, beuendo caldo tanto d'inuerno, come d'estate. Non conoscono butiro ne oglio

---

17   montuosi

192

付　　録

52v

　国土は豊穣というよりも不毛である。これはかならずしも自然の属性によ
るだけでなく、絶え間ない戦乱のせいだといえる。農民どもは戦乱で困窮し、
戦役のために犁を捨てて刀を握るのである。農業は米と麦で成り立っている。
米は9月に収穫され、麦は5月に刈り取られる。日本の常食である大麦や粟
も豊富に実る。ヨーロッパと同じような美味しい果物がある。ヨーロッパの
ように農耕用家畜はいるが、日本人は、森や山で狩られた動物以外には口に
しない。ただ、獣肉はとんと好まれず、いかにも魚が好物であるらしい。海
水魚も川魚も豊漁なのである。米で酒を造るのがふだんの習いだが、日本人
の最大限のもてなし〔regalo〕は、適量の水に茶と呼ばれる高価な粉末を適
量混ぜたものである。彼らは冬でも夏でもこれを温めて飲んでいる。彼らは
バターも油も知らず、

53r

se non quello, che cauano dalle Balene, che da'no[18] nelle rivere. La terra è copiosa di Minerali d'oro, e d'argento, nelli quali consiste il thesoro, e ricchiezza del Giapone. È sottoposta à terremoti per la cauernosità, e per questo sogliono far suntuosi edificij di

legno, et alzare case superbissime, et alcuni Rè fondar fabriche[19] e Palazzi di pietra sopra pietra senza calce. Sono curiotissimi i repartim[ti] dell'habitantioni, perche La gente principale i compone di cipresso, ò cedro, de Quali abonda la terra. Coprono i pauimenti delle sale, e Camere con stele finissime, e delle med[e] fanno i matarazzi[20], ne'quail dormono. I costumi di Giaponi sono differenti da tutte l'altre nationi. Vsano nel salutare un'amico in luogo del Cappello, cauarsi una scarpa e quando riceuono uisite, no'si lasciano trouare in piedi perche stimano discortesia. È gran gentilezza portar pelata la testa, e passando i quattordeci anni si lasciano cauare i capelli con molto dolore, ristando

---

18   davano
19   fabbriche
20   materassi

付　　録

53r

　海岸に打ち上げられた鯨から採取した油しか知らない。国土は金銀鉱石に
恵まれており、まさにこれが日本の財宝と富の源になっている。国土は洞穴
が多いために地震に見舞われる。だからこそ、豪奢な木造建築をつくり、絢
爛華麗なる邸宅を構えるのが普通である。また、国主のなかには、建屋や屋
敷の土台に石灰質を含まない石材で石垣を築く者たちもいる。住居の仕切り
方は非常に興味深い。というのも、領主一族は、国内に豊富にあるイトスギ
やヒマラヤスギで間仕切りを設えているからである。広間や部屋の床はきわ
めて上質な織物で覆われ、眠るための敷布団も同じ材質でつくられている。
日本の習慣は、他のどの国々とも異なっている。友人に挨拶する際には、帽
子の代わりに履物を脱ぐのが通例である。訪問客を迎える際には、無作法な
ふるまいとみなされてしまうため、相手を立ちっぱなしにさせたりしない。
剃髪にすることは高潔このうえないことである。苦痛に耐えつつ自分の髪を
抜き、後頭部に髷〔una nappa? 飾り房〕を結ったまま 14 年を過ごすのである[21]。

21　リンスホーテンでは「かれらは頭髪のないのを一つの美としており、ひじょうな綿密さをもっ
　てそれを抜き取り、てっぺんに一房だけ残して結えている」

53v

una mappa dietro la testa. Vanno con testa cruda alle piagge, et alli uenti, ai caldi, e freddi, d'estate, e d'inuerno, cosi gl'huomini, come le donne. Secondo che mutano l'età, mutano i uestiti ; et in due giorni designati dell'anno si uestono tutti d'estate, e d'inuerno. Il uestito d'huomini, e di donne è molto honesto. La nobiltà ueste di seta di diuersi colori seminata con molte pintura[22], che la fanno uistosa. Il toccato delle donne è portar i capelli raccolti nella testa senza altro ornamento. Le Matrone di sangue nobile i portano sciolti ; nelle uisite i coprono con un [lenzo], nella Chiesa con saia pendente sopra del uestito. Tengono per gran thesoro una spada d'un Mastro antico, è famoso, e per una di queste danno due, e trè mila ducati : disprezzando di comprare un diamante per poco prezzo per non poter seruire à cosa nessuna. Volendo magnare se pongono à sedere nel pauimento sopra di stole finissime

---

22 イタリア語では pittura、pintura はスペイン語

付　録

53v

　雨が降ろうが風が吹こうが、夏の酷暑に灼かれようが冬の厳寒に震えよう
が、外出時は頭に何の覆いもしない。男も女も同様だ。季節の移り変わりご
とに服装も変わる。すなわち、年2回夏と冬、決まった日にみんなで衣替え
するのである。男も女も身なりはたいへんきちんとしている。身分の高い人々
が着る絹織物には、極彩色の図柄が所狭しと染め付けられ、派手で人目を惹
きつける。さきほど軽く触れたように、女性は頭上で髪を結いあげて髪飾り
はいっさいつけない。高貴な血筋を引く奥方連は髪を結っていない。彼女た
ちは訪問に際しては亜麻布で、教会〔あるいは寺社？〕では着物の上に垂れ
かかるほどの綾織布[23]で髪を覆っている。昔の名匠の刀は貴重な宝物とみな
されており、一振りあたり2000～3000ドゥカートの値がつく。かたや、ダ
イヤモンドは、鐚一文の値打ちもなく何の役にも立たないので、買おうもの
なら嘲笑される。食事をしようとするときには、床にたいそう上等な籐莚を
敷いて腰を下ろす。

23　被衣のことか

54r

di palma, e ciascuno tiene una tauoletta quadrata e per qualsiuoglia piatto, portano tauoletta differente non curandosi di touaglie, ne seruigliotte[24]. Sono politissimi, perche pigliano le uiuande con due paletti di legno, ò d'esso poco più longhi d'un palmo senza che le cadi una mollica. Aborriscono il latte, et il coscio, credendo, ch'il latte sia sangue, mutato in colore rosso de bianco, e causa in loro tanta nausea il beuerlo, come causarebbe il sorbire sangue crudo Il med° aborrimento tengano nel magnare carne di uacca ò di castrato, come di forse carne di cavallo. Il principale essercito loro è quello dell'armi, cominciando a cinger spada, e pugnale ne'dodici armi. Le loro armi sono scopette[25], fleccie[26], scimitarre, pugnali, e tutte sorte d'armi in hasta, che per esser leggieri e lunghe sono megliori delle nostre. I popoli sono di color bruno, d'ingegno, e di memoria felicissima, e di patienza incredibile nell'auuersità

---

24 seruigiotto
25 火縄銃
26 freccie

198

付　　録

54r

　四角い小卓〔お膳？〕がめいめいに一膳あてがわれ、どの料理皿にも別の小卓が運び込まれるので、テーブルクロスや食器類に頓着しなくてもいい。食事の仕方はきわめて洗練されている。食べ物を摑むときには、長さ１パルモ〔25cm〕強の木製の棒を２本用いながら、しかも、パン屑一粒落とさないからである。乳と腿肉は毛嫌いされている。乳は血であり、白と赤という色の違いにすぎないと信じられており、乳を飲むことはあたかも生き血を啜るかのごとく、吐き気をひどく催させるのである。このような嫌悪感は、雌牛や去勢牛、そしてたぶん馬肉を食べるときにも同じように生じるとされている[27]。日本人の主な武士団の装備は、十二武具のうち、まず太刀と匕首を佩用するところから始まる。装備には、采配〔火縄銃？〕、矢、半月刀[28]、匕首、そして長く軽量な点でヨーロッパの武器にまさる各種の長柄がある。庶民〔Popoli〕は肌が浅黒く、如才ないうえに記憶力に富み、苦渋に満ちた逆境に対しても信じられないような忍耐力を具えている。

27　リンスホーテンの記述では「われわれ〔ヨーロッパ人〕が馬肉を忌み嫌うように嫌う」となっている
28　湾曲した刀

199

54v

trauagli. I denti negri sono i più stimati trà nobili. Il color negro trà loro è segno d'allegrezza, il rosso di malinconia. Il più regalato, e pretioso[29] mobile delle loro case consiste in quelli instrumenti, co'i quali ordinano il magnare. La pouertà uive di riso, herbe, pesci ; et i ricchi trà loro si banchettano un suntuosità[30] di cibi. All'infermi danno da magnare cose salate, agre, e crude. Anzi in luogo di galline, li fanno magnar pesci, et ostreche senza sanguinare nessuno per niuno accidente. Non hanno hospitale per refugio, cura dell'infermi. È natione, che fà professione particolare dell'honore, uergognandosi di robbare, giurare, e giocare ; Il minore obedisce al maggiore con mo.[ta] riuerenza. Nelle promesse sono fedeli, usando trà loro grandissime ceremonie, e cortesia : perche se uogliono salutare, inuitare, donare, ò ringratiare alcuno tengono libri à parte per studiare i complimenti, e

---

29 preteso
30 sontuosità

付　　録

54v

　高位の人々には黒い歯がことのほか重んじられている。彼らの間では黒色は歓喜の証であり、赤は憂鬱の証なのだ。もっとも尊ばれ、もっともよく贈り物に供される調度品は、食事を整えるための道具類である。貧民は米、野菜、魚を食べて生きている。なかでも富裕な者たちは、酒池肉林の宴を催す。病人には火を通してない塩味と酸味をつけた食材を食べさせる。彼らには牝鶏ではなくむしろ魚や牡蠣のほうを食べさせるのだ。しかも、その際には一滴たりとも血を流さないのである[31]。病人を治療する頼みの綱となる施療院はない。日本人は、ことさらに体面を重んじ、窃盗、詐欺、賭博を恥とする民族である。年少者は年長者に最大の敬意を払って従う。約束は守る。約束した者どうし、たいそう改まって礼儀を尽くす。なにがしか挨拶なり、招待なり、寄贈なり、感謝なりをしようとする場合に、社交辞令を練習する手引書が別途あるのだ。

31　瀉血を用いずに病気を治療することを指している

201

55r

e tutti concludono, ch'in questo leuano uantaggio alli spagnoli. Sono moderati nella gola, e colera[32] per non dar segno di bassezza d'anime. Riprendono con grauità, e modestia gli errori, e da piccoli si trattano con termini de grandi. I signori se corteggiano[33] con gran termine, et i medesmi cortegiani non obediranno se non seranno ben trattati, guardandosi grand.ᵗᵉ di gridare in pablico ò dir'parole discomposte. La pouertà trà loro non è uergogna, e chi è stato nobile, e cade in stato mediocre è rispettato, come se fosse nel primo suo grado di fortuna. Vna Persona nobile non se maritarà con donna, che non sia tale per niuno interesse, che le[34] dia. Repudiano le donne con facilità, e cause leggiori, e le donne non se possono remaritar se prima non se retirano in Casa d'un signore della Terra. Sogliono occidere[35], e soffogare[36] i figli, quando

---

32 collera
33 Adulare（媚びへつらう）の意味に近い
34 persone を指す
35 uccidere
36 soffocare

付　　録

55r

　この手のことではスペイン人よりも日本人のほうが長けていることはだれもが認めるところである。声を荒げたりせずに怒りを抑えるのは、内心の卑しさを悟らせまいとするからだ。過ちを諭すときには、威厳を保った謙虚な態度で接し、幼い頃から大人びた言葉遣いで遇される。殿様は大仰な言葉でちやほやされながら仕えられ、その臣下連も厚遇されなければ服従しないだろう。というわけで、公然の場でわめいたり、支離滅裂な文句を口走ったりしないように細心の注意を払っている。日本人にとって貧困は恥ではない。かつて高貴な身分にあった人は、たとえ零落しようとも、以前と変わらず羽振りの良い境遇にあるかのように尊敬を受けている。高貴な人は、自分に何の益にもならない女性とは結婚しない。ごくささいな理由であっさり女性と離縁する。女性はまず地元領主の屋敷に戻らないと復縁できない。養育する苦労を逃れんがために、出産してもすぐに、赤ん坊の首を絞めて殺めてしまうことがよくある。

55v

nascono per sfuggire il trauaglio di nutrirli. Non gustano d'odori di muschio, ambra, e zibetto ne delle cocine[37], uiuande d'Europa. Solo si delettano de balli, festiui, e danze, e la nobilità consuma la maggior parte della notte in musiche e, representationi, sendo costume del Giapone spedir'negotij di notte, e dormir molto poco. Sono doppij di cuore, simulati , recoprendo il naturale con la fintione. Sono superbi, ambitiosi d'honore, e di gloria, senza saper soffrire una minima ingiuria del mondo. Nella nobilità, e capacità

d'ingegno, Sono superiori à tutte le nationi scoperte nell'oriente per confermarsi in tutte le cose alla raggione. Sono auari, et inclinati al senso disprezzando l'eminenza dell'altre Nationi. Imparano con facilità la nostra lengua[38], sendo la loro molto grave. È copiosa de maniera, che

56r

uantaggia la greca, e la latina tanto nella abondanza[39], che tiene de uocaboli, come nella proprietà, et eleganza. Con la lingua s'impara Rettorica, e parlar polito, perche raggionamento di una cosa medesma, non se può accommandare à diuisità di Persone, trauandosi uocaboli per trattare con la nobilità, e uocaboli con la gente commune ; Con i uecchi discorrono sopra un'istesso negotio differentemente, che con i giouani ; e quando ai uecchi si attribuissero i uocabli, che son proprij della gioventù, causarebbe gran riso. Seben[40] tutti parlano d'una medesma lingua, si vede, che differiscono nell'uso : poi che le donne parlano con uocaboli diuisi da gli huomini. Tengano[41] due Abecedarij ; uno de sole lettere, l'altro di figure à modo della china. Sono breuissimi nel scriuere

---

37 cucine
38 lingua???
39 abbondanza
40 Sebbene
41 Tengono???

付　録

55v

　ヨーロッパの料理で用いられる麝香、龍涎香、四味臭といった香料は好まれない。唯一興じるのは、演舞、祭礼、舞踊だ。そして、貴族は夜の大半を音楽や芝居で費やす。夜間に用事を済ませ、睡眠を削るのが日本の慣習だ。日本人には表裏（doppij di cuore）があり、うわべを取り繕って本音を隠しているので、猫をかぶっているのだ。彼らは気位が高く名誉欲や栄達欲があるので、世間からほんのちょっとでも侮辱を受けようものならもう我慢がならない。日本人は、気高く聡明である点で、東方で発見されているどの国の民よりも秀でているので、なにごとにつけ正当な確信を抱いている。彼らは倹約家で、他の国々の長所をとかく見下しがちである。我々の言語をすらすら習得するのに対して、彼らの言語のほうはめっぽう厄介である。日本語には豊かな表現力があるため、

56r

　的確で洗練されているのもさることながら、含蓄に富む語感の点からみても、ギリシア語やラテン語を凌駕している。言語とともに修辞や丁寧な言葉遣いも習得する。貴族と交わす言葉と庶民と交わす言葉とがあって、同じことを話すにしても、人が違えば話が通じないからである。つまり、老人相手に話すのと若者相手に話すのとでは、同じ話題のやり取りでも違うのであって、万が一、若者ならではの言葉を〔まちがって〕老人相手に使ってしまうと、さぞかし大笑いされることだろう。みんな同じ言語で話してはいるものの、その使用法が違うことはわかる。女性が、男性とは別の言葉で話すからである。2種類の文字〔Abecedarij〕があるようだ。一つは簡素な字[42]、もう一方はシナ風の象形文字だ。文字で書くときわめて短くなるわけは、多くの意味をもたせないように言葉を並べているからではない。

42　ひらがな

56v

perche non pongono parola, che non significhi molto anzi molte cose s'esprimono per caratteri che non si poteberro esprimere in uoce. Il scriuere è differente dal parlare. Lo scriuere lettere è diuiso dal comporre libri. Compongono assai politamente poesia, et oratione per esser'i loro caratteri di tal natura, che con una sola lettera si raccoglie la significatione di due, ò tre sillabe, e parole. Il med.^{mo} carattere scrive la China il Giapone, et il Coria, e ness.° di questi s'intende per la lingua sendo ciascuno differentemente dall'altra, e tutti s'intendono per quelli caratteri se ciascuno i legge in sua lingua. Nei delitti criminali s'usa per minima pena il disterro[43], ò essilio[44], confiscatione de beni. Nelle Ciuili non se serva ord.ᵉ, perche ogni cosa depende dalla uiolenza, e forza de ISignori.

57r

STATO RELIGIOSO

Nel quale se discorre del Daire, origine, e diuersità de sette del Giapone

Lo stato Religioso non è minore del secolare, perche leuata la militia, et alcune genti necessarie, e subordinate alla seruitù di maggiori, tutto il resto professa religione diuisa in molte sette generali e particolari ; e per dar chiara intelligenza di questo stato, stimo conueniente ordinare il discorso con l'origine del Daire, come fe'eletto per Rè, e signore assoluto del gouerno politico, e come spogliato della Monarchia temporale, se dechiarò capo, e Monarca dello stato spirituale. I primi ch'entrarono à caso nell'Isola del Giapone Furono Isangui, et Isanami moglie e marito naturale della China, da quali hebbe origine la propagatione e la popolatione del Giapone. E nel tempo, ch'i

---

43   disterrato=esiliato, bandito
44   esilio

付　　録

56v

　そうではなくてむしろ、多くのことが〔漢字の〕文字として表現されてい
て、それはおそらく音声では表現しきれないのである。つまり、書くことと
話すことは違うのである。また字を書くことと書物を著わすことは別物であ
る。日本人が和歌や祈禱文をひときわ丹念に詠みこむのは、2、3の音節や
語の意味がたった一字に集約されるその文字の性格による。シナ、日本、朝
鮮はいずれも同じような文字を用いているが、それぞれ相互に異なるので、
どの言語も通じない。それらの文字をそれぞれ自国語で読むことで、みんな
理解しあっているのだ。犯罪の処罰にあたっては、最低でも放逐、流刑、財
産没収に処せられる。一般市民にあって規律は守られない。なぜなら殿様の
強制力や権限しだいで、万事どうにでもなるからだ。

57r

宗教〔宗教誌〕
　内裏、日本の宗派の起源と相違について論じられる

　宗教をめぐる状況は、俗世のありさまよりも重要でないというわけではな
い。武士団——有力武士の従者として配下につく欠くべからざる郎党たち
——を除いて、ほぼすべての人たちが宗教を信奉し、数多くの大小の宗派に
分かれているからだ。この状況をはっきりわかってもらえるように、まずは
内裏〔天皇のこと〕の起源から話を整理するのが都合が良いと思う。王とし
て、すなわち、政権の絶対君主として内裏に選ばれた者が、世俗の君主政体
を奪取されると、われこそは宗教界の頭目にして帝王なりと宣言したのであ
る。たまたま日本という島にはじめて足を踏み入れたのは、シナのイザナギ
とイザナミという生まれながらの夫婦である。子孫をここまで殖やしてきた
日本人は、このイザナギとイザナミを始祖とする。

207

57v

figli d'Israel uscirono d'egitto caminando uerso la terra di promissione, ò poco doppò, sé si mira bene il calculo dell'età decorse. Costoro giunsero ad habitare nel Giapone, doue per la fertilità della terra crebbe il numero delle genti, e si dilatò per tutta l'Isola dimaniera[45], che succedendo continue discordie trà popoli, che si gouernauano à modo di Rep.[ca], determinarono de constituisse[46] un Principe, chiamato il Daire, al quale diedero tutte le grandezze, et eminenze reali, che teneua il gran Chino. Il Daire, che uol dire Rè naturale, et Imperatore fe'creato, e posto nell'Imperio, nel tempo, che regnaua il Rè salomone il sauio ; e da tanti secoli decorsi fin'à te'pi presenti la Casa del Daire sempre hà tenuti successori legitimi per retta linea di discendenza,

58r

senza, che niuno di loro sia stato priuato della dignità, ò fatto morire per uiolenza, ne haver riceuto nell'Imperio sangue forastico. Antichità certo grandissima per esser stata se'pre uenerata, et adorata da tutta la natione con rispetto, et osseruanza incredibile. Questo medesmo diede leggi, et ordinò il gouerno, e nell'Imperio di Tabanofouo[47] successe, che due Viceré Rè ò gouernatori de'66. Regni del Giapone, uno gouernando i 33. d'oriente, e l'altro i 33. di ponente uennero à co'petenza di maggioranza ; e restando uno di loro priuato della uita, l'altro se rebellò con tutti i Regni della sua giurisd.[ne], senza uoler reconoscere il Daire per suo legitimo s.[re]. Il che inteso dal ristante de Regni contraij, alcune famiglie principali à imitatione se fecero constituire per capo con titolo di Rè ; e di questa maniera l'oriente, et il ponente se rebellò al Daire, occupato

---

45 di maniera
46 costituisse?
47 鳥羽法皇

付　　録

57v

　イスラエルの子らが、エジプトを脱出して約束の地をめざして行脚していたのは、このイザナギ・イザナミの時代なのである。経過年数の正確な計算を試みれば、あるいは少し後代のことかもしれない。〔いずれにせよ〕二人は日本に住み着くようになり、その肥沃な大地のおかげで氏族の数が増え、島の津々浦々に散らばった。その島では、人民が共和制で統治されていたので軋轢が絶え間なく続いていた。そこで、内裏と呼ばれる君主を擁立することが決せられた。内裏には、大シナが握ってきたありとあらゆる偉容と実権とが授けられたのである。生まれながらの王にして皇帝を意味する内裏が任じられ帝国内に設置されたのは、賢者ソロモン王の統治時代にあたる。現在に至るまで長い歳月、内裏の家系はつねに万世一系に正当な後継者を擁してきたのである。

58r

　もちろん、そうした後継者たちに権威を奪われたり弑逆されたりする者がいなかったわけではないが、帝権に夷狄の血統が入ることはけっしてなかったのである。たしかに、いとも偉大なる古代なのであり、これは、信じられないほどの尊崇と遵奉によって万民がたえず崇め奉ってきたおかげであった。この内裏こそが法を授け統治したのだが、鳥羽法皇の御世に次のようなことが起こった。二人の副王、すなわち、東方33ヶ国と西方33ヶ国をそれぞれ統治した日本の66国の両総督が、絶大な権勢を恣にするに至ったのである。副王のうちの一方は命を奪われ、もう一方の副王は、内裏を正当な君主として承認しようとせずに、配下の国々すべてとともに謀叛を起こした。これと対立する残りの国々の合意事項にならって、いくつかの中心家系が、王の称号で頭目に任ぜられたのである。かくして、東方の権力者が内裏に叛旗を翻した。

209

58v

nelle delitie de palazzi, e giardini, nelli lussi, e pompe esteriori ; e per hauer uoluto imitare il gouerno de Rè della China, che comanda à gente pacifica et humana, doue, che i Giaponesi sono bellicosi, e superbi. Priuato dunque'della grandezza, et obedienza, non poteua sostentarsi con il decoro, e pompa de prima, e udendo di non poter ricoperare il possesso de'i Regni occupati dai proprij suoi Vassalli, si diede per forza di necessità al gouerno religioso, honorando i Bonzi, e sacerdoti gentili, dando le dignità, e gli honori fauorendo le lettere, et I letterati, diuidndo trà loro l'entrate, la terra, e tutto il resto dedicato al culto delle sette. Ordinò i gradi, le dignità, e l'officij, con il quale dominio remediò à sua necessità e si fece presidente come Papa, et ordinò ch'i Cungi rapresentassono quasi la med.ª grandezza, ch'i Cardinali. Questo Daire non si lascia mai uedere dalle genti, fuorche dai Cungi, che sono

付　　録

58v

　内裏は、人間らしい平和な人々を治めていたシナの王の統治を模倣しよう
として、邸や庭でのさまざまな歓楽、虚飾に充ちた絢爛華美にひたすら心を
砕いていたが、かたや、日本人は好戦的で傲慢なのである。それゆえ、権勢
と臣従を奪われた内裏は、かつてのような威風堂々たる品格を失わざるを得
なかった。自分の臣下らが牛耳る国々の所有権を奪回できないことを悟った
内裏は、やむを得ず宗教的統治に専念することになり、高僧や高位聖職者を
称え、威厳や名誉を与え、文芸や学士を優遇し、収益や土地、その他、宗派
信仰に捧げられたありとあらゆるものをそれぞれ分け与えたのであった。内
裏は、身分、要職、責務を定め、かかる支配によって、その困窮を補い、教
皇のごとき頭領となり、公家は枢機卿とほぼ同等の権勢を誇るものとした。
かくのごとき内裏は、宮廷人である公家以外の人々にはけっして姿を見せず、

59r

dalla Camera, ne camina per terra. Tiene i capelli longhissimi, e nel primo giorno dell'Anno posto in un trono Reale adora il sole. Resiede nella gran Città di Meaco, tenendo per suo gusto dodici moglie, una sola legitima, senza le molte concubine, e trattandosi un gran maestà, pompa, e grandezza. Confirma l'Imperatore nel gouerno politico, e gli dà l'inuestitura, conferisce i titoli de Rè, essendo solo come un ritratto della antica grandezza, e Monarchia. Spedisce Bolle, e giubilei, concede perdoni, et Indulgenza ai vivi, et ai morti. dà titolo di deità all'huomini Eroici, come furono I dei del Giapone chiamati Amida[48] Iaca[49], che trà loro sono come santi Canonizati. Fà eriger Chiese, far uoti, e ministrar sacrificij ; hauendo il Demonio seminato tanti inganni con hauer procurato d'introdurre un'ombra della s.[ta] legge de Christiani. L'Adoratione del Daire, de'principali Dei del Giapone chiamati Camis[50], e Fotoques[51], Amida, e Iaca sono 900

anni,

48　阿弥陀
49　釈迦
50　神
51　仏

59r

　巷を出歩くこともなかった。内裏は髪をことさら長く伸ばし、元旦に王座
に坐して太陽を拝む。メアコという大都に住み、側室は 12 人いるが、正妻
は一人きりで、愛妾は多くない。内裏はきわめて堂々とふるまい、権勢を誇っ
て豪奢に暮らしていた。いまや内裏は、いにしえの栄光に耀く君主政の生き
写しの存在でしかないので、政治的統治にあたる皇帝を承認し、叙任し、王
の称号を授ける。勅書を発布し大赦の詔を下し、生者にも死者にも恩赦や贖
宥を授ける。英雄には神聖な称号を与えた。英雄は、まるで阿弥陀や釈迦と
いった名で呼ばれた日本の神々のごとき存在で、日本人にとっては、聖人に
列聖されたも同然なのである。内裏は、寺院を建立させて、誓願を立て、供
犠を捧げる。つまり、キリストの聖なる律法に対して疑念の影を忍びこませ
ようとして、悪魔が欺瞞の種を蒔いておいたというわけです。内裏に対する
崇拝、また、神〔Camis〕、仏、阿弥陀、釈迦と呼ばれる日本の主な神々への
崇拝は、

59v

anni, che s'introdusse nel Giapone, giuntam.[te] con essa si diede principio, alle lettere per mezzo dell'opera d'un Naturale del Giapone, ch'andò à studiare alla China e tornando poi con la nouità delle lettere, e de caratteri, fù riceuuto, e uisto con tanta ammiratione, e stima de degnatione de[52] is.[ri] e cau.[ri] che cominciò à eriger Chiese, e Catrede, e riceuer'discipoli, tenendo gran conto il Daire di questo huomo singolare, et in consequenza tutto il Giapone lo teneua per oracolo. Crebbe demaniera la sua superdia, che uoleua, ch'i suoi scritti fossero adorati. Il Maestro, che l'hauea insegnato nella China informato dell'opinione, e stima, che teneua il suo discepolo, passò al Giapone, e uenuto à disputa seco inanzi del Daire, restò superato. Con tutto questo [53]il Daire uolse che restasse nel Giaponè e ch'insegnasse, e predicasse la setta d'Amida,

---

52 ここの de は、前置詞 da と同義
53 この Con tutto questo は nonostante と同義

付　録

59v

　日本に伝来してから 900 年が経過している。文字の起源もこれと軌を一に
している。これは、ある一人の生粋の日本人のおかげであり、彼は、シナへ
学びに行き、文字や字体といった新しい知識を吸収して後に帰国したのであ
る。この人物はたいそう驚愕をもって迎えられ、殿様や貴族らに重用された。
かくして彼は、寺院や仏壇が建立しはじめ門徒を受け入れるようになったの
である。このような比類のない人間は、内裏から大いに引き立てられ、結果
として日本全体がこの人物を神託とみなしたのである。自分の書き残した文
書が崇められることを望むほど、彼はますます尊大になっていった。シナで
彼に教えを施してくれた師は、判断や評価に長け、自らも弟子を抱えていた
が、日本に渡来した。内裏の面前で彼と問答することになった師は、すでに
かつての弟子に追い抜かれてしまっていた。しかし、それにもかかわらず、
内裏は、その師が日本にとどまって、阿弥陀や釈迦の宗派を教導し説教して
くれるように願ったのである。

60r

e di Iaca, et il discepolo insegnò noua legge disestesso, persuadendo al popolo, che non solo insegnaua la legge per saluarsi, ma che dasestesso poteua saluare coloro, che l'adorassero, e retirato[54] in un monte, si fece erigere tempij, e serrato in un pozzo, dicendo, che tornarebbe al Mondo à suo tempo ; e che intanto nelle cose dubie[55], e di momento, ricorressero da lui, che darrebbe le risposte. Questi due furono i primi settarij, che come membri del demonio cominciarono à ingannare l'humano intendimento ; e con una falsa, e numerosa posterità de Bonzi piantarono la religione superstitiosa, e procurarono auttorizarla con tanto eccesiuo numero de sacerdoti, e religiosi che pareua impossibile, che in quella terra si potesse riceuere la legge de Dio, et infondere nella cecita delle genti il lume della fede, e la uerità dell'eua'gelio. Qusti Bonzi nell'esteriore paiono un ritratto de'i ueri sacerdoti, e religiosi, che stanno dedicati nella

---

54   ritirato
55   dubbie

付　　録

60r

　他方、その弟子[56]のほうは、新しい自分自身の教えを説法していた。すなわち、自らの救済のために法を説くだけでなく、この教えを信奉する人々も自力で救うことができるのだと民衆を説き伏せてまわっていたのである。そして、しかるべき時になったら生まれ変わるだろう、と伝えおいて、山に籠って寺院を建立させて洞窟に閉じこもったのだが、そのくせ、疑問のある事柄については、ちょっと自分に問い合わせてくれれば返答するだろうとも言い残していた。師とその弟子というこの2人は[57]、宗派の開祖であり、悪魔とグルになって人間の知性を唆しはじめたのである。そして、後世の凡百の生臭坊主どもによって、迷信じみた宗教を根づかせ、あまりにもおびただしい僧侶や信徒どもによって、この宗教を正当化しようとしたのだった。およそ、神の律法がかの地で受け入れられ、信仰の光と福音の真理が盲目の民に吹き込まれることはありえないように思えたのである。こうした坊主は、見た目には、ローマ教会で神の崇拝に身を捧げる真の聖職者や修道士と瓜二つに見える。

56　中国に渡って神の崇拝と文字を学んだ日本人のことをさす
57　中国に渡って神の崇拝と文字を学んだ日本人と、その師匠

217

60v

Chiesa Romana al culto diuino, procurando imitar nelle loro Idolatrie tutte le cerimonie con le quali s'adora, e reuerentia Dio dalli sacerdoti Christiani. Perche della Maniera, che noi reconoscemo[58] il Vicario di Christo, ch'è il Papa per sommo sacerdote, Pastor Vuniuersale, et il primo Prelato della Chiesa, e nel Secondo luogo i Patriarchi, Arciuescouo, Vescoui, cosi loro ancora tengono un supremo Bonzo, chiamato Iaco[59], capo di tutti gli altri, al quale spetta confirmare le sette, che s'inuentano di nouo, dispensare nelle cose graui, e determinare le difficoltà come arbitro assoluto, che nascono intorno alla noua religione. E questo, che decide il Iaco s'osserua inuiolabilmente dal resto delli Bonzi. Questo medesmo Iaco elige[60] i Tondi[61], che sono i secondi Bonzi come Arciuescoui, e Vescoui, i quali tengono auttorità

---

58 riconoscemmo
59 寂
60 elegge
61 東堂

218

付　　録

60v

　だが、キリスト教の聖職者らが神を恭しく崇拝するあらゆる儀式を、坊主たちは自分たちの偶像崇拝のもとで模倣しようと腐心しているのである。なぜなら、我々がキリストの代理たる教皇を、大祭司、全き司牧者、教会最高位の聖職者とみなし、総大司教、大司教、司教は二の次であるのとまったく同じように、日本の僧侶たちにも最上位の坊主がいる。この位は座主と呼ばれており、すべての僧の頂点にあたる。あらたに結成される諸宗派を承認し、さまざまな重い煩悩を解き、新宗門をめぐってもちあがる諸問題に絶対的な調停者として決断を下すことが、座主の権限に委ねられるのである。座主によるこの決定は、他の坊主たちには不可侵のものとして厳守される。まさしくこの座主が大司教や司教にあたる次席の僧侶である東堂〔導師〕らを選ぶ。

61r

di dispensare nelle cose più leggieri. Il Iaco confirma l'elettione del superiore, c'hà da gouernare i Monasterij più famosi, e principali ; lasciando alla facoltà de Tondi approuare i più communi et ordinarij. Tengono questi bonzi insigni Vniuersità, doue studiano le lor sette, trà quali cinque sono le famose, Coya[62], Nengura[63], Ieyzan[64], Taninominee[65], Vandore[66], concurrendo[67] allo studio trè, e quattro mila studenti per ciascuna. Come le sette sono differenti, cosi i Bonzi uestono diuersi habiti, fanno diuerse cerimonie. L'officio ordinario loro è di far l'essequie à morti, di trouarsi alli te'pij à sue hore determinate di giorno, e di notte, contar sue hore , et altri essercitij ; assistere nel Choro, e leggere ne'libri, come fà il Clero Christiano. Predicano spesso, e con gran apparato : perche salendo un bonzo nel Pulpito, uà uestito di seta, e con un uentaglio

---

62　高野
63　根来
64　比叡山
65　多武峰
66　板東
67　concorrendo

付　　録

61r

　東堂〔導師〕には軽微な煩悩を解く権限がある。もっとも名だたる主な僧
院を運営せねばならない大僧正の選出を承認するのは座主であり、日常のご
く一般的な承認は、東堂〔導師〕の裁量に委ねている。これら高僧たちは大
学寮を構え、そこで、自分たちの宗派のことを学ぶ。なかでも有名なものに
高野、根来、比叡山、多武峰、板東の5宗派があり、各宗派の学寮では、各々
3000～4000人の学僧が勉学に切磋琢磨している。宗派はそれぞれ異なって
いるから、坊主たちはそれぞれ僧衣が違い、別々の儀式を挙げる。彼らの通
常の聖務には、死者のために弔い、日夜決められた時間に寺院に居て、時禱
を唱える以外に、キリスト教の聖職者がしているのと同じような、内陣に列
席して経典を読みあげるお勤めもある。坊主たちはしばしばひどく派手な演
出を交えて説法を行う。坊主が説教壇に上がるときには絹衣を身にまとい、

61v

d'oro nella mano, tenendo auanti una ricca tauola nella quale stà posto un libro per leggere, e dechiarare[68] le superstitiose cerimonie delle sette, et alcuna uolta dottrina morale con tanta eloquenza, et efficacia che fannno spesso piangere l'auditorio, ch'eccede il numero di due, ò tre mila persone. Il fine del sermone è di persuadere all'aud.ᵃ, che solo se può un'huomo saluare per mezzo di qualla setta, che professa. Parche se sia trasfuso in questi Bonzi tutta d'Hipocrisia delli farisei, perche mirando all'habito esteriore, alla modestia, e dolcezza di parlare, paiono huomini di gran santità, uirtù, doue che sono i più uitiosi, e pieni di peccati. Perche s'astengono di carne, de pesci, magnando solo riso, et herbe sono tenuti in tanta ueneratione, che poco resta che non siano adorati. Nasce questa reputatione dalla nobiltà, che si troua trà loro de'i secondi geniti de'Rè, altri Personaggi ,i

---

68 dichiarera

付　　録

61v

　金扇子を片手に贅を凝らした小机を正面に置いて、そこに載っている一冊の経典を読み上げながら、宗派の迷信深い儀式、またある時には道徳的な教義を雄弁かつ効果的に解き明かし、2000〜3000 人を超える聴衆の感涙を幾度も誘うことになる。説教の目的は、信奉する宗派を通してのみ人は救われる、と聴衆に説得することにある。これらの坊主どもには、ファリサイ派の偽善という偽善が注入されているので、謙虚そうに見える物腰や柔和な話しぶりに見入っていると、彼らがいかにも聖人君子であるかのように見えるが、実際には、もっとも邪悪かつ罪深い人間なのである。連中は米だけを食べて肉や魚を断っているので、野菜がたいそう珍重され、大好物でない人はほとんどいない。坊主連のこうした評判は貴族的な気品に由来する。というのも、坊主のなかには、戦乱を好まず、宗教を崇拝することに身を捧げる王家や有力家系の非嫡男が混じっているからである。

62r

i quali non gustando della guerra, si dedicando al culto della religione, e da lor Padri se fanno edificar gran Monasterij, e dotarli di buone entrate, come se fossero Iuspatronati. Viuono con reforma, e termine di gran composteza[69]. Digiunano molte quaresime facendo penitenza publica, e rigorosa. Sono puntuali nel sonare le campani all'hore prescritto, et nell'assistere all'officij con m.^{ta} hipocrisia. Tutta la politia, costumi, e buoni termini si trouano trà loro come mezzi per farsi uenerare, amare, da tutti i gran P.^{ri} del Giapone haver la precedenza, et il primo luogo. Disciplinano i figli de Principi, e de caudilli. Vsano della fornicatione con le donne con m.^{ta} libertà e chi se dà più sfrenatamente à questo peccato è stimato trà loro più religioso, seben[70] un te'po adietro[71] furono continenti. Tengono Corone, Imagini, e stampe, facendo corti uestiti di carta per darli ai parochiani in

---

69 compostezza
70 sebbene
71 a dietro

付　　録

62r

　僧正は彼らに大僧院を建立してもらい、あたかも教会庇護者のように、多
額のお布施を投じてもらうのだ。坊主は生活を改善しながらも、きわめて節
度のある暮らしをしている。公に過酷な懺悔をしながら断食修行をする。一
切の遅延なく、定時の時鐘を打ち、偽善だらけのお勤めに出る。坊主連にとっ
ては、清潔や品行、丁寧な言葉遣いはいずれも、尊敬され愛されるための手
段であり、日本全国の高僧らを追い抜いて最高の地位に就くための手段なの
である。君主や貴族の子弟を教育する一方で、女と好き放題に姦通するのは
日常茶飯事。この罪に耽って羽目を外しすぎると、内輪ではかえって敬虔な
人物と評価される。もっとも、そんな坊主たちもすこし前は禁欲的だったの
だ。数珠、仏画、仏籍を所持しながらも、救済を信じて疑わない各教区民に
配るために、紙製の法被〔装束〕をつくっている。

225

62v

sicurezza della saluatione. Tengono Corone, Imagini e sta'pe, publicano indulgenze, e giubilei, e dispensano altre gratie, fanno processioni solenni con lumi, et habiti, tutto per cauar denari, et inganare gente ta'to te'po inganata ; usano anche nell'entrar de te'pij tenuto acqua benedetta, far feste molte solenni parando le Chiese, le strade, fanno danze, e comedie con carri trio'falo honorando di questa maniera i loro Camis, che sono come santi, e protettori delle Città registrati negli Annali. Cauano l'anno per uia della luna come i giudei, il Cale'nario con l'oppositione, e congiuntione dell'istessa, sapendo [anche] l'eclissi, e mutationi di te'po. Tengono alcuna cognitione de'moti delle stelle, e de pianeti per uso dell'Astrologia. Inuentano varij caratteri per le significationi, e chi sà leggere, scriuere saprà uisione tutto quel che se discorre. Tengono scritto

付　　録

62v

　数珠、仏画、仏籍を所持していながら、贖宥令や特別贖宥令を発布してい
る。また、あらたに別の恩恵を施し、僧衣に身をつつんで灯りを点し、荘厳
な行列をなして練り歩き、ひたすら金をせしめて、これまでさんざん騙され
ている人々を騙すのだ。寺に入るときも浄めの水をお供えする〔※ココ原文
要チェック〕のが習慣となっており、寺や路傍を飾りつけて盛大な祭を催し、
山車を曳きながら舞や芝居を演じる。このようなかたちで神、すなわち史書
に記されている各地の聖や守り神を讃えるのである。日本人はユダヤ人と同
じく月を通じて暦〔太陰暦〕を得ている。つまり、月蝕や季節ごとの月の変
化を（も）理解しつつ、月の衝〔oppositione〕や合〔congiuntione〕を目安に暦
を獲得しているのだ。星辰や惑星の軌道に関しては、占星術を駆使すること
で、ある程度認識されている。さまざまな意味を示すために多種多様な文字
が考案され、読み書きができれば、〔声で〕話されていることをすべて〔文字
に起こして〕目で見ることができる。

63r

il Bubo[72], ch'è come una Bibia, nella quale si danno i precetti della saluati-
one, se riferiscono l'età i Dairq Dairi l'Imperatori, si discrivono[73] le guerre, le
leggi del Regno, le bulle[74], et altri priuilegij, e chi di loro tiene maggior cog-
nitione, e prattica delle cose sudette è tenuto in gran conto dal Daire, benche
sia secolare. E come gli honori, e dignità del Giapone s'acquistano solo per
mezzo delle lettere, dell'armi : cosi tutta la gente nobile s'applica all'una ò
all'altra professione. Tutte le sette del Giapone, che sono molte si possono
ridurre ai due principij. Il primo è di coloro, che negano, che se trovi altra
uita , ò altri beni spirituali fuori di questi, che si gustano dai sensi. Dicono
che non si troua premio, ne castigo per le buone, ò male operationi. Quelli
che professano questa setta son chiamati Xenxus[75], communemente la seguono
i Rè, e sig.[ri]

---

72 仏法
73 descrivono
74 bolla
75 禅宗

228

付　　　録

63r

　仏法という聖書のごとき著作がある。その書のなかには、救済の教えが記
されていたり、年号や内裏や皇帝についての言及があったり、さまざまな合
戦が描写され、分国法、勅書、その他の特免証について説明されていたりす
る。なかでも上述の各項目についてもっとも精通し、これを実践できれば、
たとえ在家信徒でも、内裏の御贔屓にあずかれる。日本の名誉や品格は文武
でしか得られない。だからこそ、高貴な人々は皆、文武のどちらかの道に精
進するのである。日本には宗派があまた存在するが、全宗派は畢竟、2つの
原則に集約されよう。まず一つ目は、五感で享受しているもの以外の、来世
や宗教的な善の存在を否定する派。この否定派の言い分によれば、善行や悪
業に見合うような賞罰は存在しない。この宗派を信奉する人々は、禅宗派と
呼ばれている。一般的にいって、日本の王や殿様が禅宗を信仰している。

63v

del Giapone per uiuere con maggior licenza, e peccar con più libertà. I Bonzi, che l'insegnano tengano per fine di tog[lier uia, e non far sentire il scrupolo della conscientia, acciò che non se conoschi il peccato costoro son chiamati Muzaraquis[76] e tengono m.ᵗⁱ studeti perche trouino alcune raggioni, e motiui cauillosi per insegnarla, e far che la conscienza diuenti morta, perche non senti il remorso[77]. I seguaci, e settarij adorano certi idoli chiamati Camis, che furono segnori del Giapone, molto segnalati nella guerra. Stanno dedicati à questi Camis tempij suntuosi, e ricchi, e quando se fanno giuramenti solenni se giura per i Camis. Alli detti Idoli chiedono salute e uittoria nelle guerre, offerendo doni d'oro, e d'argentato e d'altre cose, i quali de natiui risultano à beneficio de'Bonzi. Di quelli che confessano l'altra uita sono di due sette Principali. La prima se chiama delli Xodoxius[78], che

---

76 紫
77 rimorso
78 曹洞宗

付　　録

63v

　生きたいように生き、思うさま罪を犯かさんがためである。禅宗を説く坊
主たちは、良心の呵責を取り除き、感じさせないにようにするため、ひいて
は罪に気づかないようにと、紫と呼ばれる連中や大勢の学僧をかこっている。
その目的は、禅を説き、呵責に苛まれないように良心を滅却させる、なにが
しかの理由や動機を見つけるためなのだ。弟子や宗徒は神々〔Camis〕と呼
ばれる偶像の数々、すなわち合戦で功名を立てた日本の殿様たちを崇めてい
る。こうした神々には豪華絢爛な寺院が捧げられており、厳粛な誓願が立て
られるときには、この神々の名にかけて誓約されるのである。前述の偶像に
対して健勝や戦勝が祈願され、金や銀などの供物が捧げられる。地元民の供
物はとどのつまりは坊主らの儲けになるのだ。来世を認める立場には、中心
となる二宗派が存在する。まず一つは浄土宗と呼ばれている。

64r

vol dire huomini del Paradiso. Adorano un Idolo che si chiama Amida, che dicono fosse figlio d'un Rè di Leuante c'hebbe due figli, e morta sua moglie fece per lei penitenze di maniera, che publicò, che per saluarsi, non si teneua altra necessità, che repetere queste parole. Namu, Amida, Buth[79]. Che uogliono dire santo Amida saluaci. E per questo i settarij le dicono con gran deuotione passando i Paternostri della Corona, che portano sempre nelle mani. Questa setta d'Amida è la più grande , dilatata, e fauorita del Giapone, perche come gente di buono intendimento tiene alcun lume dell'altra uita, e dell'immortalità dell'anima, e uedendo, ch'il mezzo della saluatione è cosi facile, è seguito dalla meglior parte dell'Isola. I Bonzi, che uiuono ne'tempij d'Amida sogliono andar per le strade sonando un Campanello, e canta'do quelle trè parole , Namu, Amida, Buth. E sogliono raccogliere gran limosna[80] e donare alli

---

79　南無阿弥陀仏

80　limosina

232

付　　録

64r

　浄土宗とは天上の人々という意味である。阿弥陀と呼ばれている偶像を崇拝している。曰く、阿弥陀は、東方のさる王の子息で二子の親だったそうである。妻が亡くなると阿弥陀は妻のために悔い改めて、救われるには南無・阿弥陀・仏という念仏をくりかえし唱える以外に何も必要はない、と説いた。南無阿弥陀仏は、救い主・阿弥陀聖人を意味する。このために宗徒は、いつも手にしている数珠を爪繰りながら練り歩き、敬虔にもひたすら念仏を唱えているのだ。この阿弥陀派は、日本全国に流布している人気の最大宗派である。なぜなら、聡明な人々にあっても来世や魂の輪廻がいくばくかの灯明なので、救済の手段がかようにも容易である点が島の大部分で支持されるのも頷けるからである。阿弥陀の寺院に住まう坊主たちは、鐘を鳴らしながら路地をめぐり、三語の念仏、南無・阿弥陀・仏を日夜唱えている。また、施しをひとしきり集めたら、

64v

deuoti alcuni uestiti di carta con l'imagini dell'Idolo (assigurandoli[81]), che se portano quella figura, si saluano. La 2a[82] setta è delli Foquexus[83], pigliando il Nome da un libro chiamato foque[84], per il quale si gouernano tanto i Bonzi , come tutti gl'altri, che seguono la setta che comanda, che si adori un Idolo detto Iaca, del quale dicono gran bugie , come dell'Idolo d'Amida. et una tra l'altre che lasciò fù, che dicendosi cinque parole con deuotione, si poteua meritare la salute. Namu, Mio, Ieren, qui, quio[85]. La dechiaratione di queste cinque parole dicono i Bonzi, ch'è tanto difficile et oscura, che non se pùo trouar la uera interpretatione dandolo à credere, perche non si possino conuincere dell'inganno, e falsità ; poiche il medesmo Iaca dice nel libro foque, che doppò hauer scritto 44 anni, non hauea ancora dechiarato uerità. E per questo i due mila libri non son ueri. Questi Bonzi

---

81   assegnare?
82   seconda
83   法華宗
84   法華
85   南無妙法蓮華経

付　　録

64v

　偶像の図柄が描かれた何着かの紙製の装束を熱心な信者に贈呈し、このなりをしていれば救われる、とお墨付きを与えるのがならいである。2番目の宗派は法華宗である。法華と呼ばれる経典にその名称は由来する。法華宗の多くの僧はこの経典に準拠している。釈迦といわれる偶像を崇拝するように命じる宗派を信奉する坊主たちもこれもまったく同じである。阿弥陀の偶像についても、釈迦の偶像についても真っ赤な嘘が吹聴されている。なかでも法華経に残る嘘のひとつは、南無・妙・法蓮・華・経と5語の念仏を一心に唱えれば、健康に御利益があるというものだ。ただし、坊主たちが説くこの5語の念仏は、曖昧で難解なので、嘘偽りに説き伏せられないだけの信ずるに足る本義は見当たらない。ほかでもない釈迦ご自身が法華経で「44年間書き続けてもなお真理は明らかにしなかった」と述べているのだから〔無理もない〕。それゆえ2000冊もの経典など真実ではないのだ。

65r

Foquexus sono i più ostinati, che siano nel Giapone, perche solo si fon-
dano nell'opinione, e eredito, che tengano al libro foque per il quale si
gouernano, come i Turchi e Mori per l'Alcorano, senza uoler dispatare[86], ne
sentir raggione per non esser conuinti di falso. I Bonzi son tenuti in gran
reputatione, perche facilitano il Camino della salute, e del paradiso, dando
anche loro uestiti di carta con la figura di Iaca per certezza. Da queste trè
sette principali sono uscite alcune altre particolari c'hanno posto in confusione
tutto il Giapone per la diuersità de principij, che danno e fine, che promet-
tono. Alcuni uariando le Cerimonie e dando particolari precetti d'idolatrare, si
fecero auttori, e fondatori di noue sette. Vn Bonzo diede principio alla setta
delli Icoxus[87], che uol dire huomini d'un sol cuore, e faccia. Arriuò il fonda-
tore in tanta reputatione nel Giapone, che co'l uederlo solamente, piangeua la
gente, e chiedeua instantemente

l'assolutione

---

86   dispettare
87   一向宗

236

付　　録

65r

　この法華宗徒が日本にいる仏教徒のなかでもっとも強情なのは、彼らが法華経に込められ継承されてきた考えにもっぱら依拠しているからだ。トルコ人やムーア人がコーランを遵守して、これに対する異論を受けつけようとせず、その言い分にもついぞ耳を傾けず、自分の誤謬も認めないのと同じように、彼らは法華経に操られているのだ。僧侶がたいそう敬われるのは、彼らが釈迦の図柄の描かれた紙衣ですら本物として提供することによって、救済と極楽浄土への道に便宜を与えるからだ。上記の三大宗派〔禅宗、浄土宗、法華宗〕から、提起した原理と約束した目的の違いごとに、いくつかの小宗派があらたに派生し、日本全土を混乱に陥れることになった。一部では祭礼を変更したり、偶像崇拝の細則を定めたりして、新興宗派を創始する開祖になった。身も心も一つにする衆の謂いである一向宗があるひとりの僧によって創始されるや、この開祖は日本中で大評判になり、その僧を一目見ただけで、門徒は涙を流して罪の赦しを切に求めたほどである。

65v

de'peccati, ancorche lui ne tenesse più bisogno per esser molto uitioso. Ogn'anno le faceuano una gra'folla un tanto concorso, che non si capeua[88] nel tempio, et alcuni per deuotione si lasciauano calpestare dal detto Bonzo per guadagnar perdono de peccati, e morire di questa Maniera. L'Altro Bonzo chiamato Combadagi[89] lasciò prescritto à suoi settarij c'hauessero d'adorare il demonio, insegnando le certe parole con le quali fanno, ch'il demonio entri nel corpo di coloro, che uogliono, che risponde alle loro domande Stando uicino à morte, se fece porre dentro d'una grotta, dicendo, che se uoleua riposare, e che da quell'hora à tanti mila anni, uerrebbe nel Giapone un gran lettrato[90], et all'hora se destarebbe per disputar seco, e conuincerlo, ordinando, ch'in tanto niuno ardisse molestarlo, ne aprire la grotta Per q.o gli edificarono alcuni suntuosi edificij

et

---

88 entrava
89 弘法大師
90 lettorato

付　　録

65v

　もっとも、この開祖はきわめて悪辣である分だけ、赦される必要はあった
のだが。毎年、日本人たちはその罪の赦しを求めて寺に収まりきれないほど
押しかけてきて人垣をつくっていた。そのなかには、信仰心から先の僧侶に
踏みつけてもらうことで罪の赦しを得て、そのまま往生を迎える人もいた。
また、弘法大師と呼ばれる別の僧は、悪魔を崇拝すべきだという戒律を自分
の門徒たちに残し、いくつかの教義を伝えた。その教義によれば、死期が近
いのに自分の願望をかなえてほしいと望めば、その人々の肉体に悪魔が入り
込むようになるのだという。休息したいといって洞窟に籠った弘法大師は「い
まから何千年も経ったあとで、偉大なる説法師が日本にやってきたら、その
とき目を醒まして、この説法師を議論で説き伏せることだろう」といって、
「そのときまではだれも私を邪魔立てしてはならぬ、また、岩戸も開けては
ならぬ」と命じた。宗徒たちは、この開祖のために豪奢な建物や寺を建立し
た。

66r

e te'pij, et il principale è chiamato Coya doue stà la grotta, e sepultura[91], auanti della queste stanno se'pre accese lampadi, sostentate dai principali del Giapone. Questo Bonzo hebbe un discepolo chiamato Cacubao[92], ch'introdusse la setta delli Negoros famosi nel Giapone, de quali alcuni attendono al culto dell'Idoli, altri alla guerra. Sono bellicosissimi e riceuono soldo da qualsiuoglia Padre. adorano il fondatore Cacubao, e tengono per essercitio di far'ogni giorno cinque fleccie. Sono ricchi e poderosi, perche hanno due Regni conquistati da loro et alcuni bonzi tengono 50 e 60 mila ducati. Viuono à modo di Republica eligendo[93] due Persone chiamate Otonas[94], le quali tengono il gouerno publico, e sono da tutti obediti. Non se maritano mai, ne entra donna nella Città, doue loro habitano ; e quello, che se conuince d'hauer peccato con donna non può

---

91 sepoltura
92 覚鑁
93 eleggendo
94 乙人

240

付　　録

66r

　その中心が高野である。高野には洞窟や霊廟があり、その入口には、日本中のお歴々による支援のおかげで常夜灯が設置されている。この開祖には覚鑁という名の弟子がいた。覚鑁は、有名な根来衆の宗派[95]を日本に伝えたとされる。この宗派の一部には偶像崇拝や争いごとにうつつを抜かす者たちがいた[96]。彼らは荒くれ者どもで、出所に頓着せずお金を受け取る。彼らは始祖の覚鑁を崇拝し、毎日矢を 5 本作る〔射る〕日課を勤行とみなしている。2 つの国を治めているので、宗徒は裕福で権力があり、そのなかには 5〜6 万ドゥカートもの財を蓄えた坊主もいる。彼らの暮らしは共和制に似ており、公的な統治権を有するオトナと呼ばれる 2 人の人間を選出して、これに全員が服従する。宗徒は結婚せず、彼らが暮らす町は女人禁制である。女との過ちを認めたら、

95　真義真言宗。
96　根来衆と呼ばれる僧兵集団。

66v

esser creato Otonas, o Gouernatore, ne tener altro off.° della Rep.ᶜᵃ. Le case di questi Negoros sono tutte di Cipresso, e Cedro con molte sale, e ricche Camere con pinture antiche, giardini, fonti horti, e peschiere. La terra doue uiuono è tanto popolata, ch'à suon di ca'pana dentro di trè, ò quatro hore segiuntano trenta mila Negoros. Trouasi un'altra setta, che uol dire soldati di serra perche uiuono in Montagne asprissune, et alcuni di loro per patto contratto co'l demonio discuoprono[97] forti, e dicono per le linee della mano la buona ò mala fortuna, come Zincari[98]. Prima, che venghino al piede della serra toccano una Cornetta a far disporre coloro, che uanno per esser pronosticati. Questi fondatori lasciarono ordinato una perigrinatione[99] che se fà due uolte l'anno in una Casa d'adoratione con concorso di due mila persone nella Città di Nara[100] otto, ò dieci legue lontano dal Meaco.

---

97 discoprono
98 Zingare
99 peregrinazione
100 奈良

付　録

66v

　オトナ、すなわち総督には選ばれないし、共和国の別の仕事に就くことも
できないのだ。この根来衆の家はすべて糸杉やヒマラヤ杉の建材でできてい
て、数多くの広間や、古い絵で飾られた豪華な部屋、庭、泉、畑、池がある。
彼らが暮らす土地はどこにいっても人だらけで、3–4時間ごとに鳴らされる
時鐘に合わせて3万人もの根来衆が生活している。山岳の兵[101]という別の宗
派もある。嶮岨な山岳地帯で生活していることがその名の由来だが、悪魔と
契約を交わしたおかげで〔霊〕力を発揮し、ジプシーのように手相〔le linee
della mano〕を読んで幸・不幸を占う者たちもいた[102]。山麓に着く前には、角
笛[103]を吹き鳴らして先遣隊を準備させる。この始祖たちは年二回の礼拝殿へ
の巡礼を定めておいたので、ミヤコから8–10レグアも離れた奈良の都市に
ある、この礼拝殿に2千人もの門徒が集結するのである。

101　山伏
102　山伏が顔の前で手を組んで呪文（のようなもの）を唱える姿勢をさしている。
103　ほら貝

243

67r

e tardano à coplirla trenta sei giorni, nel magnando altro per l'asprezza della montagna, che un pugno di riso per la mattina, et un'altro per sera. Procurando di portar sopra delle spalle il uitto del detto te'po determinato, e giunti à due, o trè Case, che torouano nell'altezza della terra, son riceuuti dai Bonzi, e confessati, rese le debite cerimonie, e gratie a'quei demonij in forma Humana, tornano alle lor case, benche per l'Asprezza, e castigo del demonio molti restano morti nel uiaggio. Taycosama[104] scriuendo à Don Francesco Tello Gouernatore delle Flippione confesso, che doppò, che la terra et il Cielo si diuise, e prese principio questo mondo et il Regno del Giapone uenerò per Dio, e s.re il Xin[105], ch'è il principio, donde procedono tutte le cose, e per uirtù sua fanno il corso loro il sole,

---

104　太閤様
105　神

244

付　　録

67r

　そこに辿りつくまでには 36 日間かかる。山が険しいために、昼に一握り
の米を食べて夜にはもう一握り食べるなんてわけにはいかない。前述の 36
日間という一定期間分の食糧を背負って運搬することに気を配りながら、よ
うやく山頂の 2、3 の仏殿へとたどり着くと、僧侶たちが歓迎に出て懺悔を
きいてくださって、しかるべき儀式でもてなされる。そののち、人間の姿を
した例の悪魔のおかげで家路につくのではあるが、山の険しさと悪魔の懲罰
のせいで多くの巡礼者が旅の途中で行倒れてしまう。太閤様はフィリピン総
督のドン・フランチェスコ・テーリョ宛の手紙のなかでこう明言している。
「天地が分かれ、この世が始まった。創造神（Dio）や主（Signore）にあたる
ものとして日本国で崇拝されていたのは、シンである。シン（神）とは万物
発祥の起源である。このシンのおかげで、太陽と月は運行し、

67v

e la luna, e da questo modo procede la uarietà della quatro staggiorni, i uenti, le nube, le piogge, e la raggiera dell'cielo, il uolo degli augelli, la crescente dell'alberi, e piante, e finalm.ᵗᵉ tutte le cose nascono da questo primo principio, il qualcosa, ch'gli huomini participando[106] più, o meno di lui, si trouino seruitori ò s.ʳⁱ, uecchi, ò giouani ordine di Marito, e Moglie. Qesto gran Tiranno di Taigosama fece tagliare à pezzi gl'anni passati tutti i Christiani, e religiosi del Galeone di san Felipe, ordinando una persecutione crudelissima alla Christianità noua di quel Regno. Resiedono i Bonzi più uenerandi, e più nobili uicino al Meaco, nelle tredici Valli della montagna in case superbissime, fondate, e dotate di due cento mila scudi d'entrata ogn'anni dal Daire occupati nell'adorat.ᶜ dell'Idoli, e lontani da ogni pensiero del Mondo ;

---

106   partecipando

付　　録

67v

　その運行から四季の多様性が生じる。風、雲、雨、空の輝き、鳥の飛翔、草木の発育、とどのつまり、森羅万象は、この太古の起源から生じているのだ。人々は、多かれ少なかれ、シンを分かち合っているので、老いも若きも、主人にも下僕にも、この起源のごときもの、すなわち、夫婦の秩序〔婚姻〕が見いだされるのである。」かつて、太閤様というこの大暴君は、キリスト教信者全員、そしてガレオン船サン・フェリペ号の修道士たちを粉々に切り刻ませ、かの国の新たなキリスト教信仰に対して残虐きわまる迫害を命じたのであった。もっとも尊敬されるべき身分の高い僧侶たちは、都の近く、13の山峡に築かれた壮麗な御殿に住んで、内裏から毎年20万スクードの寄進を受けながら、そこで、俗世のことをいっさい思い煩うことなく、ひたすら偶像崇拝に励んでいる。

247

STATO POLITICO

Nel quale'se discorre dell'Imperator origine e diuersità di Regni, e stati del Giapone.

Il gouerno antichissimo del Giapone fù più politico naturale, che democratico ciuile : poi che regolaua un corpo organizato dall'equalità, ch'è l'anima et il spirito, che uiuifica la uita d'ogni Republica. E come natione capace, e d'ingegno frà quante (uicino) nell'oriente era condotta all'opre uirtuose dal proprio naturale, e retirata dal dishonesto dalla sola raggione Mentre uisse in questo perfettissimo stato lontana dal'ambitione del demonio godè quella tranquillità, che nasce dalla pace e concordia de popoli, ridotti à moltiplicarsi in una, ò più Isola del Giapone diuise con piccioli bracci di mare, e poste in un clima perfettissimo. Ma mancando poi l'equalità, e l'amore, entrò

付　　録

68r

政治状況〔政治誌〕
ここでは皇帝、日本の国々の起源と相違について論じられる

　　太古の日本の政権は、市民民主主義よりも自然に近い政治であった。なぜなら、平等に組織された集合体を統治していたからだ。この平等こそ、あらゆる共和政に生命を吹き込む魂であり精神なのである。東方（近辺）の国々のなかでも、日本は、有能で賢い国家として、ありのままの自然状態から徳行まで高められ、ひとえに理性のおかげで不道徳に染まらなかったのである。日本ではこのように何不自由ない生活が営まれ、悪魔の野心とはほど遠い、人々の平和と協調から生まれた平穏が享受されていた。そのような平和のなかで、小さな入江の多い、気候も申し分のない、一つもしくは複数の離ればなれの島々に散らばって日本人は棲んできたのである。ところが、時代が下ると、平等と愛が喪失し、

68v

ne gli animi il stimolo dell'ambitione, e della forza e crebbe l'interesse pri-
uato demaniera, che per cause leggieri di commodo, ò danno si prendeuano
l'armi e destauano in quell'Isole rumori, guerre crudelissime preualendo le
forze alla raggione, et il proprio utile alla tranquillità del gouerno commune.
Ne potendosi conseruare molto tempo una forma di Republica che non sia
soggetta a un capo, che la gouerni con le leggi di superiorità, dirette al beni-
ficio[107] publico delle genti, fì facil cosa, ch'una natione commendata di pru-
denza, e d'intelletto arriuasse alla cognitione di questo secreto, e conde'nasse[108]
la uiolenza, e la forza, che il maggiore usaua contro l'impotenza, dell'Inferi-
ore ; poiche niuna co'munanza per picciola, che sia può dirigere l'attioni à
un fine prescritto dalla raggione alterata se non terrà un capo, che mini, or-
dini,e tenghi in unità, e corrispondenza i membri, sendo non solo cosa neces-
saria, ma giuntamente d'utile alla natura

---

107 beneficio
108 condannare

付　　録

68v

　野心と暴力の衝動が魂に入り込み、私利私欲が増長すると、損得などのご
くささいな原因によって干戈を交える事態が生じ、凄惨な戦乱や暴動がかの
島で勃発した。理性よりも暴力のほうがまさり、共同統治の平穏よりも自己
の利益のほうが優先されるのである。人々の公益をめざしたすぐれた法律で
統治しようとしても、共和政体が元首に服さなかったら、共和政体が長続き
しないのは、きわめて自明なことである。それと同じく、慎慮と知能を称讃
された国家が、この〔共和政体を長続きさせる〕秘訣を知れば、権力者が非力
な弱者に対してふるう乱暴狼藉を糾弾することだろう。なぜなら、〔共同政
体の〕構成員を一斉に導き、統率し、糾合してくれるような元首が君臨しな
いかぎり、弱者のための共同体などありえないし、〔元首を欠いたままの〕劣
化した理性では、前述のような〔弱者を守る〕目的のための行動を推進でき
ないからである。

251

69r

hauer ordinato la propagatione, e conseruatione delle genti co'l mezzo del signore, e del vassallo ; conoscendosi per larga demostratione de tante forme di gouerni passati, che gioua altretanto il comandare al Principe ben'intentionato, come al suddito ben disposto reca gloria d'obedire ; Vedendosi anche negli animali, e uolatili l'imperio del leone, e dell'Aquila, et il medesmo titolo di maggioranza potersi accommodare trà tutte le cose insensate. E si come[109] frà tutte le forme di gouerni, precede la Monarchia per la sua eccellenza secondo l'opinione de tutti i Politici, che seminarono anticamente i precetti delle Republiche ; cosi lasciando à parte l'Aristocratia, e democratia elesse la più nobile, e più retta forma della trè spetie, sotto le quali ordinariamente se sono regolate l'attione, et i costumi delle genti. Acclamato dunque il Rè, ch'in lingua del Giapone se dice il Daire, posto nell'Imperio giurato come Principe et obedito come natural signore, si diede forma à regolar l'ambitione, e sfrenato desiderio de popoli, à uiuere con le più riceuute regole del Principato, et à disporre

---

109   siccome

付　録

69r

　君主や封臣が人民を保護し人口を増加させるように命じたことは、当然の
ことであるばかりでなく、まさしく有益なことなのである。従来の多くの統
治形態から広く裏づけられて知られているのは、善意の君主にとっても、善
良な臣民にとっても、支配〔comandare〕は有益であり、服従の栄誉をもたら
す、ということである。換言すれば、獣類や鳥類にも、獅子や鷲の至上権が
みとめられるように、優位にあるというこれと同じ称号は理性を欠いたあり
とあらゆるもの〔有象無象〕にもあてはまるものなのである。かつて共和政
の指針を流布させた政治家たちの満場一致の見解によれば、あらゆる統治形
態のうち、群を抜いてすぐれているのが君主政である。したがって、人々の
通常の行動や慣習を規制する3種の政体のうち、貴族政と民主政が除外され
て、〔君主政という〕もっとも高貴で公正な統治形態が選ばれたのである。か
くして、日本語で「内裏」と呼ばれる王が万雷の拍手のなか無投票で選出さ
れ、君主として宣誓して帝位に就き、生まれながらの領主として君臨するこ
とになった。内裏が擡頭したのは、民衆の歯止めの利かない欲望や野心を抑
制し、もっとも受け入れやすい勅令を守りながら生活し、

253

69v

le cose publiche, e priuate in una consonanza de leggi e di costumi ; ne paia incredibile, che quella natione priua della scienza filosofiche, e speculatione, con il solo dono della raggione, e capacità, se constituisse un capo nel medesmo tempo, ch'il Rè salamone con tanta fame di sapienza, e di ricchezze regnaua sopra le tribu dell'Hebrei, e c'hoggi uiui il nome, la Maestà, e la gloria del medesmo Daire, che con continuata serie de tanti secoli per linea diretta, successiua se sia conseruato nel gouerno, uenerato da'popoli, adorato dalli Bonzi. Questa forma di gouerno assoluto in Persona del Daire sopra lo stato politico e Ciuile del Giapone hà superato per continuata lunghezza di tempo tutte le Monarchie de greci, di lacedemoni, e de Romani ; poi che il Daire per spatio seguito de mille, e settecento anni, senza che niuno di loro sia stato disposto dell'Imperio, ò priuato per forza della uita, hà essercitato naturalmente con mora, e libera giurisd.ᵉ la giustitia, e ragolato le

付　　録

69v

　公私にわたるさまざまなことがらを法や慣習に合致させるためなのである。信じられないと思えるだろうが、哲学や思弁といったものが存在しないこの国で、理性能力という恩恵だけをたよりに、一人の指導者が擁立されたのは、叡智と富で名高いソロモン王がヘブライ諸部族を支配していたのとまったく同時代なのだ。内裏の名声、威厳、栄光は、今でも息づいている。万世一系で（con continuata serie de tanti secoli per linea diretta）承け継がれてきた内裏は、民衆に尊敬され、坊主たちに崇拝されながら、統治しつづけているのだ。日本の政治体制や公民権の上に内裏の「人格」（Persona）を据えるこのような絶対的政治形態は、悠久の時のなかで、ギリシア人、スパルタ人、ローマ人ら、いずれの君主国をも凌ぐまでに至った。しかも、殺戮をせざるをえなかったこうした君主国のいずれも帝権の座を維持できなかった1700年もの長きにわたって、内裏は、習慣や自由な裁量でおのずと正義を行使し、

70r

le buone, ò male attioni[110] de'popoli con le due bilancie del premio, e della pena ; sendo la natione propensa al culto del principe, e molto aliena da quelle mutationi di gouerno, che possono disturbare la quiete del commune et incorrere nel delitto di lesa Maestà. E q.ª sola può esser la raggione, c'habbi conseruato tanto tempo un'Imperio, che nouamente conosciuuto, reca all'Europa grand.ᵐᵒ stupore, non solo per la grandezza dell'Isola, e del numero de'i Regni, ma per l'antichità, e nobiltà della casa del Daire. Questo Daire imitando il gouerno del gran Chino per poter godere con più libertà i regali, e delitie che porta seco la grandezza dell'Imperio, e per non sentire il peso grauissimo, che tiene, determinò repartire i sesanta[111] sei Regni in due parti d'oriente, e ponente sotto il gouerno di due Ministri principali, ch'erano come Viceré, i quali non solo essercitassero giustitia ai popoli, ma tenessero soggette l'armi, et infernati i Regni à rendere l'obedienza al natural sig.ʳᵉ ch'era o ; Daire. Ma se l'emu—

---

110 azioni
111 sessanta

付　　録

70r

　賞罰を両天秤にかけながら、民衆の行動の善悪を規制した。つまり、この国家は、君主崇拝に傾いているのに対して、共同体の平穏を紊し大逆罪の憂き目を見るおそれのある政変とは無縁なのである。陛下〔Maestà〕だけが正当でありうるのであり、帝権を長らく維持してきたので、たんに島の面積や国の数だけでなく、むしろ内裏の古く高貴な家系のために、あらためてその存在が知られると、偉大なるヨーロッパを驚倒させることになる。この内裏は大シナの支配に倣っている。なぜなら、大シナの帝権の威信がもたらす恩恵や歓喜を自由に享受できる一方で、大シナの絶大なる重圧を感じなくても済むからである。内裏が決めたのは、六十六の領国を東西で二分し、主大臣2名に統治させたことだ。彼ら主大臣は副王のようなもので、民衆を裁くばかりでなく、軍隊を統率し、領国を荒廃させ、生まれながらの主君、すなわち内裏に服従させるのである。

70v

latione trà Ministri congiunta con l'interesse di stato è causa, ch'il gouerno non s'incamini all'utile de Vassalli et alla gloria del Principe ; anzi che da lei naschino alterationi, disordini grauissimi, non serà[112] contro la regola, che questi due Ministri emuli, e contrarij uenissero trà loro à contendere di maggioranza, e precedenza, e restando morto uno, l'altro se facesse Monarca dei trenta trè Regni, senza uoler riconoscere il Daire come Principe Naturali dell'Imperio. Seranno[113] dunque cinquecento anni, ch'il Daire uedendosi priuato dell stati con l'unione di tutte le forze, et armi di suoi più fideli Vassalli, fece crudilissime guerre a quel tiranno, chi s'era alzato con il gouerno della Tenza ; ma preualendo ribelle, ciascuna della fameglie principale prese il dominio sopra delli stati, e regni restanti con titolo di Iacata, che uol dire Rè, e di questa Mamiera il Regno del Giapone ch'era prima d'un solo, se diuise in sesanta sei Regni et altretanti Rè, che sono come potentati d'Italia compresi sotto la Corona dell'Imperio del Giapone ;

---

112   sarà
113   saranno

258

付　　録

70v

　しかしながら、国益を担った大臣同士の争いの原因は、政権運営が、臣下らにとって利益にならず、君主にとって栄誉にもならなかったためである。それどころかむしろ、争いによってとんでもない変転や混乱が生じかねない。すると、これら好敵手として対立しあう二人の大臣が、優位・優勢をめぐってたがいに争うことになったとしても何ら不思議ではないだろう。一方が命を落としても、他方は、三十三の領国の君主の座に収まるが、内裏を生まれながらの帝王〔Principe〕とは認めようとしないのだ。それゆえ内裏は、500年前に、あらゆる武力を結集した国々〔stati〕や、忠臣からなる軍事力がないと自覚しながらも、天下（Tenza）を統治するべく擡頭してきた僭主と、血で血を洗う戦をすることになったのだ。だが叛逆者を打ち破った各有力家系は、王（Rè）を意味する屋形（Iacata）という称号のもとで、残った国々、領国を掌握することとなった。このようにして、かつて単一であった日本国は、六十六の領国と同数の王に分割されたのである。この王たちは、イタリアの有力君主と同じように、日本の〔内裏の〕帝権下に置かれている。

259

71r

restando il Daire senza Regni, e solo come un ritratto della sua antica grandezza, e Monarchia. Questi sesanta sei Regni stanno repartiti in trè parti principali di tutta la terra, che comprende in nome del Giapone. La prima chiamata Ximo[114] contiene noue Regni. Figen[115], Bungo, Fiuga[116], Bonzumi[117], Sucuma[118], Figo[119], Chicugen[120], Chicugo[121], e Buygen[122]. La 2.ª detta Xicoco, che uol dire quattro Regni contiene. Tossa, Alba[123], Sanoqui[124], Iyo[125]. La 3.ª ch'è grandissima abraccia 53 Regni detti. Nagato

Inami[126], Suno[127], Iuxumi[128], Aqui[129], Foqui[130], Bingo[131], Inaba[132], Bichu[133], Mima, Zaca[134], Farina[135], Tanquima[136], Bigen[137], Tamba[138], Tango[139] Bacasa[140], Xamax-iro[141], Xamato[142], Inxumo[143], Quiy[144], Iechigen[145], Bomi[146], Inga[147], Xima[148], Ixe[149], Mino[150], Caga[151], Noto[152], Ietchu[153], Fitachi[154], Ximano[155], Boari[156], Micaua[157], Cay[158], Ienchigo[159], Deua[160], Cancuque[161], Toutomi[162], Furanga[163], Izu[164], Mucaxi[165], Ximonojuque[166], Sagami[167], Ximoueza[168], Findeaqui[169], Bonzu[170], Bandou[171], Sado[172], Voqui[173], Ceuxima[174], Iqua[175], Abangi[176], Injunoxima[177]. In questa Isola stanno i cinque Regni del Coquinai[178], ò la Tenza, ne'quali consiste la Monarchia del Giapone ; e chi s'insegno

114	下 九州など列島南部をさす	131	備後
115	肥前	132	因幡
116	日向	133	備中
117	大隅	134	美作
118	薩摩	135	播磨
119	肥後	136	但馬
120	筑前	137	備前
121	筑後	138	丹波
122	豊前	139	丹後
123	阿波	140	若狭
124	讃岐	141	山城
125	伊予	142	大和
126	石見	143	和泉
127	周防	144	紀伊
128	出雲	145	越前
129	安芸	146	近江
130	伯耆	147	伊賀

付　　録

71r

　ところが、あいかわらず内裏に領国はなく、かつての威光と君主政の反映にすぎなくなってしまった。六十六の領国は、日本という名が通る土地全体からなる3つの主たる部分に分かれている。まず一番目はシモと呼ばれており、9つの国がある。肥前、豊後、日向、大隈、薩摩、肥後、筑前、筑後、豊前である。二番目は上述した「4つの国を意味する」四国であり、ここにある国は、土佐、阿波、讃岐、伊予である。もっとも面積の大きい三番目は、次の53国が含まれている。長門、石見、周防、出雲、安芸、伯耆、備後、因幡、備中、美作、播磨、但馬、備前、丹波、丹後、若狭、山城、大和、和泉、紀伊、越前、近江、伊賀、志摩、伊勢、美濃、加賀、能登、越中、常陸、信濃、尾張、三河、甲斐、越後、出羽、上野、遠江、駿河、伊豆、武蔵、下野、相模、下総、飛騨、奥州、坂東、佐渡、隠岐、対馬、壱岐、淡路、因島。この島には五畿内、すなわち天下の5つの国がある。日本の君主政、つまり、天下を支配する者は、

148	志摩	165	武蔵
149	伊勢	166	下野
150	美濃	167	相模
151	加賀	168	下総
152	能登	169	飛騨
153	越中	170	奥州
154	常陸	171	坂東
155	信濃	172	佐渡
156	尾張	173	隠岐
157	三河	174	対馬
158	甲斐	175	壱岐
159	越後	176	淡路
160	出羽	177	因島
161	上野	178	五畿内
162	遠江		
163	駿河		
164	伊豆		

71v

reggia della Tenza, nella quale stà la gran Città del Meaco residenza ordinaua dell'Imperatore, e del Daire ; uiene obedito da tutti gl'altri Rè del Giapone come superiore e Principe dell'Isola ; perche il primo, che tiranni lò la terra, s'fè signore di questi cinque Regni, et i successori se conseruarono se'pre con questo titolo, e preminenza. L'Imperio del Giapone come fondato nella uiolenza, e forza d'armi, partecipa del gouerno dispotico ; poiche succendo l'interregno dell'Imperio, il Rè più potente, ch'occupa per ualer d'essercito, e d'armi la Tenza, e soggetta i concorrenti, resta acclamato con titolo d'Imperatore, e dal gran Daire riceua l'inuestitura, la confirma in questa Maniera. Prostrandosi in terra l'Imperatore inanzi del Trono del Daire, che non se lascia uedere da niuno, l'inuia ambasciata per mezzo de'Cungi, che sono della Camera di sua Grandezza, dicendolo, che già hà seggettato Tutti I Capitani d'esserciti, e soggettato la militia insieme per gouernare in pace l'imperio, e dar luogo à sua Grandeza,

付　録

71v

　ここに存立するのだ。そして、そこには皇帝と内裏が常に住まうところと
して、偉大なる都市、メアコ〔ミヤコ〕が存在する。日本の諸王〔Re〕たち
はみな、島の最高君主である内裏に臣従している。というのも、最初にこの
地を制した僭主が前記の5つの国の主君となり、その後継者たちがこの称号
と卓越性をずっと受け継いできたからである。武力と軍事力に立脚する日本
の帝権は、独裁的統治に近い。帝権が空位になると、もっと強大な王が、侍
や武士団によって天下を奪い、競争相手を服従させる。すると、王は、皇帝
〔征夷大将軍〕の称号を与えられて選出される。つまりは、偉大なる内裏から
政治的実権〔inuestitura 叙任権〕を授与され、皇帝というかたちで承認される
のであった。誰からも見られないようになっている内裏の高御座の前で、皇
帝は地に平伏しながら、御座所に詰める公家を通して内裏に伝奏の者を送り、
帝国を平和に支配し、陛下〔内裏〕に道を譲るために、全将軍と武士団をす
でに掌握した旨を奏上する。

263

72r

che con più tranquillità d'animo, se possi regalare, offerendoli giuntamente gran somma d'oro, e d'argento per riceuere l'inuestitura. I Cungi data l'Ambascita, tornano all'Imperatore con la risposta di sua grandezza in q.ª maniera. Che gradisce il seruitio, e le dà il possesso dell'Imperio, essortandolo, che lo gouerni con uigilanza, e giustitia ; sopra di che l'inuia una Bolla dell'inuestitura, la quale se riceue con gran sommisione, cerimonie, senza ch'il Daire se lasci uedere, ne parlare dalli Imperatore, tanto è la grandeza, e superbia, che tiene ; et uscendo poi dal palazzo se pone sopra un Carro trionfale, e seguito da tutti i Rè e grandi uestiti superbamente, e con gran num.º di seuitori e guardia de soldati, passeggia il Meaco con un silentio e rispetto indecibile del popolo. Il Daire tiene emulatione alla grandezza, e potenza dell'Imperatore, chiamandolo Tiranno, et Vsurpatore della Monarchia del Giapone, della quale fè signore legitimo tanti secoli passati. Il che causa che l'Imperatore non sia amato da popoli, ne reconosciuto

付　　録

72r

　　内裏はいたって粛々とこの献上を受ける。かたや皇帝は、政治的実権を拝
受する見返りに、将軍や武士たちにはそれ相当の大量の金銀を提供するので
ある。伝奏する公家たちは、皇帝のところに戻って、陛下〔内裏〕からのつ
ぎのような返答を伝える。すなわち「朕は皇帝の奉仕を歓迎し、皇帝に帝権
を占有させる」と返答し、帝国を抜かりなく公正に統治するよう促すのであ
る。内裏が征夷大将軍任命の勅書を発布すると、皇帝〔将軍〕は大いに畏まっ
てこの勅命を謹んで受け入れるのだが、内裏は姿を見せず、皇帝と言葉も交
わさない。それほどに内裏は堂々たる貫禄を誇っているのである。また、御
所からお出ましになると凱旋車〔御輿〕に乗り、豪華な衣を身にまとった王
や有力者一同、ならびにあまたの扈従や近衛兵〔検非違使・北面の武士〕ら
を従えて、固唾を呑んで静かに見守る民衆の言葉では言い尽くせぬ尊敬を集
めながらメアコ〔ミヤコ〕を行幸なされるのである。内裏は皇帝の勢力や権
力に対抗心を抱き、皇帝のことを「僭主」と呼んでいる。すなわち、過去何
世紀にもわたって自分が合法的に支配してきた日本の君主政の「簒奪者」と
呼ぶのである。それゆえ、皇帝は民から愛されず、由緒正しい領主、君主と
認めてもらえない。

265

72v

per legitimo s.^{re} e Principe ; poiche la uiolenza, e la forza l'oppressione, e tributi, che pone a suoi Vassalli, danno chiara demostratione della sua Tirannia. L'Imperio assoluto

del signore della Tenza, et il dominio, che può essercitore per uiolenza sopra dei Rè, e signori del Giapone, aggiunge stimoli grandissimi d'ambitione, e di superbia alla propria inclinationi de principi Giaponesi , che per naturalezza sono auidissimi di gloria, di dominio, e de Regni. Alcuni Imperatori hanno aspirato al titolo della deità et immortalità del nome.Faxiba[179] in particolare à te'pi suoi procurò con uarie inuentioni farsi adorare doppò morte della medesema maniera, che s'adora, Amida, Iaca, Camis, Fotoques, che per segnalate attioni furono spettabili al mondo, et adorati dalla posterità gentile uiuente nel Giapone. E sapendo, che la leggia de Christiani non riceue più che un solo Dio creatore del Cielo, e della Terra, perche non se trouasse nella sua morte, chi seguisse ò credesse questa uerità, cauo dal Regno i Padri della compagnia à finche non tendo questo ostacolo, i naturali l'adorassero come

---

179   羽柴

付　　録

72v

　しかも、暴力、武力、抑圧、重税を自分の臣下どもに課せば、おのれの圧
制の歴然たる証左となってしまうのだから、なおさらである。日本の君主た
ちは元来、名誉欲・支配欲・領土的野心を何の衒いもなく抱くものだが、天
下取りによる絶対的な統治権と支配力が、日本の王や領主に対して強制的に
行使されると、むしろ野望がますますかきたてられ傲慢が唆されることにな
る。皇帝のなかには、神の称号や不朽の名声を渇望する者もいた。とりわけ
羽柴は、自分の治世下に、死後もなお自分が崇拝されるよう八方手を尽くし
た。それはちょうど、数々の名高い行ないによって汎く尊敬を集め、日本の
異教徒〔非キリスト教徒〕らが後世まで崇拝しつづけている、阿弥陀、釈迦、
神々、仏と同じように、自分もまた崇拝されんがためである。キリスト教徒
の教えが天地の創造者である Dio（主）だけしか受け入れられないことを羽
柴は知っていたので、自分が死ぬまでに、このキリスト教の真理に服し信仰
する者がいなくなるように、修道会の宣教師たちを国外に追い出し、このよ
うな邪魔が企てられないようにした。かたや、生粋の日本人ならば

267

73r

Dio per l'attioni Eroiche, nelle quali s'era segnalato in tempo di pace, e di guerra. Superbia certo grandiss.^{ma} perche se i Romani Imperatori s'opposero all'introdottione della Croce, e predicatione del Euangelie, fu solo per zelo della Religione, et in difisa de loro Idoli. Ma questo frenetico Tiranno insanguinò le mani nel sangue de Christiani per proprio interesse di gloria, e di deità, e quasi emulo del culto, che si renda alli Dei del Giapone. Succedendo che l'Imperatore sia bellicoso e ch'aspiri alla Monarchia assoluta della proprietà, e gouerno de Regni, staranno in gran pericolo i Rè conuicini[180] alla Tenza d'esser soggettati, et oppressi dall'Imp.^{re}, poiche il med.^{mo} Faxiba debello 50. Regni, e Nabunaga[181] 36. Vedendosi, che la grandezza dell'Imp.^{re} non consiste nell'entrate ordinarie, ne meno nell'amor de popoli, e beneuolenza de soggetti, ma solo nell'auttorità e nel dominio, perche il signore della Tenza preso c'hà il possesso dell'Imperio diuide i Regni, e confisca, repartendoli trà suoi più fideli amici, obligando i Rè

---

180   circonvicino
181   信長

付　　録

73r

　戦時でも平時でも英雄の如き活躍で目覚ましかった羽柴を神と崇めたこと
だろう。たしかに羽柴の思い上がりはすごかった。ローマの皇帝が十字架〔キ
リスト教〕の導入と福音の伝道に反対したのは、ひとえに宗教熱のせいであ
り、おのれの偶像を守るためだったからだ。だが、この狂乱に満ちた暴君〔羽
柴〕は、栄光と神格化という自己の利益のために、みずからの手をキリスト
教徒の血で染めたのであり、あたかも彼は、日本の神々に帰依する信仰にとっ
ての仇敵のようだった。もしも皇帝が好戦的で、領国を保有し統治する絶対
君主政を待望するならば、天下に迫りつつある領主たちは、皇帝に隷属した
り弾圧を受けたりする危険にさらされることだろう。なぜなら、まさしく羽
柴当人のために50ヶ国が、信長のために36ヶ国が滅ぼされているからだ。
周知のように、皇帝が偉大であるのは、通常どおりに納められる蔵入のせい
ではないし、民衆への愛のためでも、臣下への温情のためでもない。むしろ、
ただ権威と支配に立脚しているのだ。というのも、帝権保有を奪取した「天
下取りの領主」は、まず国を分割・没収したうえで、より忠実な自分の仲間
たちに国々を再分配し、王たちには以下の3箇条のみを義務づけたからであ
る。

269

73v

à trè cose solo. Che i Re lo uisitino ogn'anno di persona, ò per Ambascia-
tore, et li portino à donare alcuni uestiti di seta per segno di tributo. Che lo
seruino con certo numero de soldati in caso di guerra. Che lo diano opere
per gl'edificij, e fabriche publiche, ciascuno conferma alla grandezza del
Regno. Fuori di queste trè cose i Rè sono signori assoluti, danno leggi, fanno
giustitià, come signori di mero, e misto Imperio, battono Monete, guardano
Porti di mare. Tutta la politia del Giapone che comprende sotto di se lo stato
secolare, se può repartire in sette spetie di genti, le quali come membri diuisi
e tutti necessarij, danno la forma, et il uigore al suo corpo politico, e conse-
ruano la uita di quella Monarchia. E mirabile il gouerno politico, che tiene
l'Imperio, e la subordinatione, che tutti i titoli , dignità, e cariche tengono
all'Imperatore ò Re, che reggli la politia. Poiche l'Imperatore riconosce il
Daire nella confirma dell'Imperio e nel tributo sudetto[182]. I Rè uisitano l'Im-
peratore con le trè obligationi. I titolati dependono dai Rè, I Caualieri

---

182 suddetto

270

付　録

73v

〔第一条〕王たちは毎年自ら「天下取りの領主」のもとを伺候するか、使いの者を送るかして、数反の絹織物を貢物の証として献上すること。〔第二条〕いざ戦乱になったら王たちは一定数の兵士団を伴って「天下取りの領主」に仕えること。〔第三条〕「天下取りの領主」のために王たちは建造物や公共施設に着工する。上記3箇条の義務はそれぞれ国力に準じている。これら3箇条を除けば、その支配権の清濁の如何にかかわらず、王は絶対的な領主として、法を定め、判決を下し、貨幣を鋳造し、港湾を警備するのである。世俗国家が掌握する日本の都市国家〔politia〕はその全体が7種類の人々に分けられる。彼らはいずれも不可欠な別々の団体として、その政治組織に体勢と実効力を賦与し、君主政の命脈を繋いでいる。帝権と服従を維持する統治政策は見事というほかない。ありとあらゆる身分・高官・役職も、その都市国家を統轄する皇帝〔将軍〕もしくは王に帰属する。皇帝〔将軍〕は前述のように貢物を差し出し、帝権に同意することで、内裏を承認する。ことほどさように、王は皇帝〔将軍〕に伺候しては3箇条の義務を果たす。公家（Titolati）は王に従属し、

74r

dai Titolati. I gentil huomini dai Cau.ri I Rè chiamati Iacati[183] sono i primi, che come signori de Regni interi, hanno mero, e misto imperio. Ogni Rè suole riserbarsi per conseruare il decoro della dignità Reale, e mantenere lautam.te sua fameglia, una parte principale del Regno, repartendo quella che resta trà suoi Vassalli con titolo di Conixus[184], che uol dire Conti, o Duchi, obligandoli à dar certo numero de soldati à loro spese in caso di guerra, e di pace, conforme alla grandezza dello stato, et alla so'ma dell'entrate. Questi Conixus che sono in tutto dependenti da'Rè, perche da loro possono esser'priuati delli stati, e gouerno quando uogliono , tengono per Vassalli altri signori chiamati Tonos[185], alli quali assegnano una parte di quella, c'hebbero dai Rè con il med.o obligo d'esser seruiti con soldatesca in caso di guerra, e con seruitori in te'po di pace. I Toni similm.te diuideno la parte, che riceuerono dai Conixi[186], trà suoi parenti, et amici, e questi sono come gentilhuomini, ò soldati di rispetto, che sono obligati seruire ai Rè, ai Conixi, et ai Toni nel te'po di guerra à uno, e nel te'po di pace all'altri. Segue la quinta spetie di gente, che sono i Mercanti, che d'ordinario contrattano

---

183 館の複数形
184 国衆
185 殿
186 国衆の複数形

272

付　　録

74r

　　武士は公家に従属し、郷紳〔貴人〕(gentilhuomini) は武士に従属している。屋形 (Iacati) と呼ばれている王は、一国の主として君臨する代表者であり、統治権および準統治権を有している。王の尊厳という品格を維持し、国の中核をなす自分の血統に贅沢な暮らしをさせようとして、王はいつでも自己保身に走りがちである。かたや、自分の臣下にとどまっている者を、伯爵 (Conti) や公爵 (Duchi) を意味する国衆〔Conixus〕という称号によって呼び分けている。国衆らは戦時でも平時でも一定数の兵士を自費で提供する義務を負っており、その負担は国力や歳入の総額に準ずる。国衆が王に全面的に服従しているのは、いざとなったら、国や統治権を王から奪取できるからである。国衆は、殿 (Tono) と呼ばれる別の諸侯 (Signori) を家臣に抱えている。国衆は、戦時には兵士によって、平時には従者によって奉公する義務を負うことで王から得たものの一部を、殿に支給している。ことほどさように、殿は国衆から受け取ったものの一部を、自分の一族郎党や仲間に分配しているのである。こうした分け前にあずかっている者のなかには、郷紳 (gentilhuomini)、あるいは猛者のような者もいる。彼らは、王、国衆、殿に仕える義務を課されているが、戦時と平時で仕える相手を風見鶏のように変えている。次の 5 番目の人々は商人である。彼らはふだんから

273

74v

con i Chinesi, che uengono à Maco, et alcuna uolta con i Filippini, e Portughesi, che sogliono ogn'anno entrare nel Porto de Nagasaqui. La mercantia principale è di seta, e drappi colorari, che fanno uista bellissima, e seruono per la nobilità, et altre genti destinate al seruitio reale et alla guerra. La 6.ª spetie è d'Artefici, et officiali, che sono in grand.ᵐᵒ numero per esser necessarij à supplire all'uso continuo, che di loro tengono i Cau.ⁿ gentilhuomini e soldati ; et in part.ʳᵉ sono molti gl'Artefici, d'armi d'instrumento di guerra, et adorezzi de Caualli. La 7.ª è composta de lauaratori, et agricoltori, che coltiuano le terre, et heredità dei s.ⁿ Cau.ⁿ, come seruitori, e schiaui, non dandoli parte alcuna delle raccolte, ma solo il uitto, et il salario. Per questa dependenza, che tengono i primi quattro stati di nobili, ne segue gran mutatione di stato, e di fortuna ; perche uenendo priuato alc.ⁿᵒ di Conixi, i Toni, i Caualieri corrono l'istessa fortuna come anche i gentilhuomini, se però quello, che succede allo stato, non li riceue al suo seruitio, e lascia godere

付　　録

74v

　中国商人と商売の交渉をしたり、マカオに来航してはフィリピンやポルトガルの商人と取引したりもする。フィリピンやポルトガルの商人は長崎の港に入港するのが毎年恒例となっている。主な貿易品は絹織物であり、貴族や王の従者や武士団向けの用途にあてられる美麗な色染めの緞子である。6番目は職人や役人だ。彼らの数がきわめて多いのは、つねに需要があるために供給する必要があるからだ。武士、郷紳、侍も、彼らと共通点がある。とりわけ多いのは、合戦で使う武具や武士の装飾品をつくる職人たちである。7番目は労働者や農民からなる。彼らは、領主や騎士が代々世襲した土地を召使や奴隷のように耕す。したがって収穫した農作物はいっさい分配されず、現物や賃金しか支給されない。上位四つの貴族身分がこのように〔労働者や農民に〕依存しているために、国運には激変が待ち構えている。なぜなら、かりに国家の後継者が、国衆も殿も武士を召し抱えず、主従関係を享受しなくなれば、貴族階級も依存関係にある彼らを一人残らず〔or 一部〕奪われることになって、郷紳と同じ〔多難な〕末路をたどることになるのだから。〔cfr. correre fortuna「時化のなかで航海する」〕

75r

il Vassallagio. Di donde nasce, che se bene i signori del Giapone, non tengono tante entrate, come i Rè, e Potentati d'Europa, giuntano però con gran facilità grossi esserciti in caso di guerra, e nell'attioni publiche, feste reale rapresentano gran Maestà per il gran numero de seruitori, e continuj, quali tengono obligatione seruire in tempo di guerra per soldati, et in te'po di pace per gentilhuomini della Persona Reale. Tiene ciascuno di questi Iacati, Conixi, Toni tanto assoluto dominio, e potere sopra dell'inferiori, e Vassallo, che per solo capriccio può mandare in essilio, priuar dello stato , e della uita (di) un suo dependente ne si troua, chi ardischi uoler saper la causa. E da que'se caua la raggione, perche i signori tanto son temuti, et obediti nel Giapone, non trouandosi Giudice d'appellatione ne superionità, che uogli uendicare la forza, e la Tira'nia dell'altro ; e li Vassalli entrano in necessità d'obedire e regolarsi conforme al gusto de chi li gouerna, et aspettare cosi'il premio, come il castigo dell'attioni. Ma come la uiolenza, e la forza con coloro, che sono per naturalezza

75r

　以上のことから次のようなことが言える。日本の領主たちは、ヨーロッパの王や権力者のように多くの収益を得ていないにもかかわらず、彼らは合戦や公共事業を行なうときには大軍団をいともたやすく結集させるし、王の祭りは、大勢の家来や古参によって、きわめて絢爛豪華な催しに演出される。彼らには戦時には兵として、平時には王家〔Persona Reale〕の郷紳として仕える義務がある。屋形、国衆、殿はおのおの目下の者や家臣に対して絶対的な支配力と権力を握っているので、ほんの気まぐれで部下を流刑に処して部下の身分を剥奪したり殺害したりできるのだ。しかし、その原因をあえて知ろうとする者はいない。彼らは理性＝根拠を欠いている。というのは、日本では領主・諸侯がたいそう畏れられ、だれもがそのいいなりなので、上訴してくれる判事もいなければ、外部からの力や圧制に報復してくれそうな高等審も存在しないからである。だから家来は、自分たちを統治する人間の趣向に合わせて唯々諾々と自制しなければならなくなるし、さまざまな功績に対する褒美をまるで懲罰であるかのように待ち受けなくてはならなくなる。しかし、日本民族はおしなべてそうなのだが、生まれつき誇り高く好戦的で、

75v

superbi, bellicosi, auidi dell'honore, e del dominio, come è communemente la natione del Giapone, ne segue ne'casi disperati che alcuni poderosi Conixi, che sono come Conti, se risoluono à resistere alla uiolenza di Re ; e collegati per uincolo di confederatione giuntano grossi essertici, e danno, che fare à quelli Rè, che uogliono procedere con assoluto Imperio e Tirannia. Dimaniera, che tutte le forze del Giapone cosi publiche, come priuate dependono da un solo, ch'è il s.^{re} della Tenza ; perche come s.^{re} assoluto può togliere e dare uno stato quando, e come gli piace. E priuando per uia di Tra'nie, et oppressione un Iacata, Conixi, ò Tono dello stato, ne segue la mutatione de nobili, e de soldati in un luogo, restando solo i mercati, et altri artefici nelle terre ; di donde nasce, che trà loro uissino sempre le guerre, mutatione di gouerno, e priuatione de stati. E chi considera, ch'essendo l'Imperio del Giapone premio della forza, e della potenza, farà reflessione sigura, che qualsiuoglia Rè, uà sempre

付　　録

75v

　名誉欲と支配欲の強い人々は、一部の有力な国衆（伯爵に該当する）が王
の暴政に叛旗を翻す決断を下す破れかぶれの状況になると、いかに乱暴狼藉
をはたらき武力に訴えることか。同盟で結束している国衆は大軍を勢揃いさ
せて、絶対的支配権に物をいわせて暴政をおこなおうとする王に強訴するの
である。以上のように、公的であれ、私的であれ、日本のあらゆる勢力は、
「天下取りの領主」ただ一人に服しているのである。なぜならこの領主は、
絶対君主のように、ほしいままに国の帰趨を左右できるからなのだ。屋形、
国衆、殿が、暴政や抑圧によって国を奪われると、貴族や兵士はどこかに転
地するが、商人や職人だけはそのまま土地にとどまる。彼らがたえず戦乱、
政変、亡国をくぐりぬけて暮らしてきたのはそのためなのだ。日本に帝権が
あるのは力や権力のおかげであるとみなす者は、疑いなくこう考えるだろう。
すなわち、どの王も、あるときは近隣勢力に圧力を加えることによって、

76r

procurando mezzi di poterla usare nell'Interregno, ò con l'oppresione del uicino potente, ò la confederatione d'eguali per fortificare il neruo della guerra, e leuarsi sopra degl'altri concorrenti. Questo stimolo d'ambitione e di dominio, come più uehemente di tutte l'altre passioni, causa, che trà loro uiuino[187] con sospetto, gelosia, ch'il uicino miri sempre ai motiui dell'altro, e uadi procurando di penetrare i fondi, che tiene per l'imperio, non potendosi d'oridinario crescere, e moltiplicare un Regno senza la rouina, et oppressione dell'altro. Il fine dell'Imperio preteso da tanti potentati è impossibile conseguisse senza alcun motiuo di guerra, et opressione d'alcuno competente. E non solo prima dell'Interregno ma nella sede Vacante, e doppò ancora, se suogliono suscitare guerre credissime. E per molto ,che possi[188] l'Imp.re sempre li resta alcun Rè contumace, e ribelle, non curandosi più che tanto soggettarlo; per che l'Imperio non è hereditario : e chi arriua à goderlo, si suole contentare di tenerlo in pace ; e molte uolte per stimolo di gloria

187 vivono
188 Possiede が転化したものか？

付　録

76r

　またあるときには、対等な同盟関係を結ぶことによって、政治的空白が生じた隙に権力を行使できる手段を得ようと虎視眈々と狙って、戦力を強化し、他の競争相手を凌駕しようと企むだろう、ということである。あらゆる感情のなかでももっとも激しい、こうした野心や支配欲が刺激されると、王たちはたがいに猜疑心や嫉妬心に苛まれて暮らすようになり、ひょっとしたら自分の身近な者がずっとだれかの思惑のままに暗躍しているのではないか、通常であれば、破壊したり外圧を加えたりしないかぎり、国を増強・拡大できないので、帝国統治するために保有されている領地を侵略しようと、もしかしたらこの近習がこっそり裏で手をまわしているかもしれない、などと勘ぐるのである。戦争という大儀がなければ、また、対抗勢力の圧力がなければ、多くの権力者が唱える帝国支配の目的を達成することはできない。しかも、政治的空白が生じる以前だけでなく、その空白の最中や以後も、むごたらしい戦闘が日常茶飯事で勃発する。皇帝〔将軍〕が莫大な財産を所有しているために、一部の王は皇帝に抗って、いつも叛逆心を抱き、皇帝への服従など歯牙にもかけない。帝権は非世襲制だから、帝位を賜った者は、無事に帝国と統治するだけでたいてい満足する。偉大な戦士としての名声や評判を残すという名誉欲を幾度となくくすぐられているので、

76v

e di lasciar nome, e fama di gran guerriero, tenerlo posto in continue occasioni di guerra, come sono stati questi ultimi Imperatori, c'hanno sogettato tutte le corone regnanti nel Giapone per esser tenuti in grado, e nel culto che se tiene Amidam, e Iaca. Faxiba per tener assoluto dominio nel Giapone e sogettare tutti i Regnanti, mandò in essilio molti signori ponendo nel gouerno loro gente forastiera à finche non potessero conspirare à rebellione, obligando similmente i Re, ch'ogn'anno uenissero al Meaco à regalarlo con gran so'ma d'oro ed'argento, per far raccolta della ricchezza del Giapone, e cumulare l'erario Imperiale. E per raggione di cautela di stato, e sigurezza[189] di rebellione, fece repartire più de cento mila huomini à spese de popoli in diuisse parti, per tenerli occupati

in superbi edificij di Città, te'pij, e fortezze, ordinando che tutti i ferramenti del Giapone si adunassero in una gran Casa, non solo per tenerli pronti per uso dell'edificij : ma per spogliare di simili armi gli artefici, et il popolo,

---

189 sicurezza

282

付　　録

76v

　戦乱状況がつづいても、従来までの皇帝たち同様、現皇帝〔羽柴〕も帝国支配を掌握する。これまで皇帝たちは、阿弥陀・釈迦信仰を厚遇することによって、日本に跋扈するあらゆる王位を服従させてきた。羽柴は、謀叛を起こさせないように、多くの領主を流罪に処し、その外国人〔荒くれ者〕の家来を手中に収めることで、日本における絶対的な覇権を握り、すべての有力武士をその配下に置いた。また同時に、王たちに対して、毎年上洛し、羽柴に大量の金銀を献上するよう義務づけ、日本中の富を集めさせ、国庫金を積み上げた。羽柴は、国家を保全し謀叛に警戒する名目で、庶民どもに負担させて 10 万人以上の封臣を全国各地に割り振って、町の豪華な建物や寺院や砦に常駐させた。そして、日本のあらゆる鉄製品を総本家（羽柴家）に集めるように命じた。これは、建築にいつでも鉄製品を使えるようにしておくだけでなく、そのような鉄製の武具を職人や民衆から没収するためでもある。

190　京の都から遠く離れた場所を指していると思われる。

77r

e porli in necessità d'occupar la uita in seuitio dell'Imp.° et ornamento del publico. Sogliono anche i si.ⁿ del Giapone, ancorche siano auidi del comandare, quando arriuano à una età graue, e matura, renunciare il gouerno delli stati ai figli d'età maggiore, e ritirarsi in una uita priuata, lontana da ogni perturbatione, che nasce dal gouerno : ritenendosi però entrata suffuciente, con la quale possino uiuere conforme alla qualità del nascimento ; e per segno, che lasciar la pompa del mondo, usano di pelarsi il Capo, come Bonzi. In questi 66. Regni il Daire non tiene alcune giurisditione, ne comando, essendo stato prima il signore legitimo di tutto il Giapone ; benche se sia conseruato sempre nella dignità ; poiche il Daire dona, et aconsce i titoli d'honore, che meritano i Rè, signori, e Caualieri tanto per merito di nobilità, come per premio di uittore conseguite, e segnalate attioni fatte nella guerra. Questi titoli sono differenti per cose lettere, e Caratteri, che pongono nella firma, e per essi

付　　録

77r

　国や万人の誇り〔羽柴〕のために命がけで兵役に服するにあたって武器は
必要不可欠なのだ。支配欲が旺盛であるにもかかわらず、円熟した老齢を迎
えると、日本の領主も御多分に漏れず、元服した息子たちに国の統治を任せ、
気ままな隠遁生活に入り、統治下で起こる一切の厄介事からきっぱり一線を
画すのがつねである。もっとも、出自の高さに見合った生活ができるだけの
十分な収入はきちんと織り込み済みではあるが。おまけに、俗世の虚飾を捨
てた証として、坊主のように剃髪するのがお決まりである。内裏は、かつて
日本随一の正統な領主だったし、威厳を片時も失っていないにもかかわらず、
この六十六の領国における司法権も指揮権も何一つもっていないのだ。なぜ
なら、内裏は、高貴な生まれ、ならびに、際立った戦功や戦勝を収めた褒賞
として、王、領主、武士にふさわしい名誉の称号を授与し承認するからだ。
こうした称号は、署名の際に記される文字や字体ごとに異なっている。

77v

offeriscono i Giapone, come uani di gloria ed'honore ogni'anno al Daire gran somma de denari : e l'inuiano à uisitare con Ambasciatori particolari, suplicando à sua grandezza che resti seruita d'honorarli con il titolo, che dà l'Imperio. Demaniera, che seben il Daire non tiene Regni, ne stato politico, con questa collatione de titoli, representa gran Maestà, Imperio, e da tutti i Rè e signori è tenuto in Gran ueneratione, come capo di tutte le dignità profane, et ecclesiastiche. La conseruatione di questa Monarchia del Gapone parche sia fondata nell'uso continuo dell'armi, e nell'essercito perpetuo di ca'pagna, non tenendosi in preggio altra cosa, ch'una spada, et un pugnale ; nè adorandosi altro Dio, ch'un'huomo stato guerriero inuitto, e Capitano sopra gl'altri glorioso, non solo per il proprio clima bellicoso, et armigero, ma la copia d'oro, e d'argento, che sono i nerui della guerra, et i mezzi, che facilitano l'acquisto dell'Imperio. La causa delle

付　　録

77v

　日本人は、栄誉や名誉を鼻にかけたいがために、こうした称号とひきかえに、内裏に毎年、多額の献金を納めるのだ。彼らは、特使とともに拝謁を賜るために献金までして、絶対的な権力が授与する称号によって名誉を賜りますように、と殿下（内裏）に謹んで懇願する。ことほどさように、内裏は、領国も政治的地位ももたないにもかかわらず、このようにさまざまな称号に叙任することで、「偉大なる陛下」と呼ばれ、帝権の象徴となっている。だから内裏は、聖俗すべての権威（dignità）の頭目として、王や領主から大いなる尊敬を集めているのだ。このような日本の君主政は、絶え間ない武力行使と戦場の常備軍のおかげで守られているように思われる。なぜなら、剣や匕首だけが重んじられるし、無敵の猛将やだれよりも誉れ高い将軍だけが神と崇められるからである。これは、好戦的で勇猛な侍の気概そのもののためだけでなく、大量の金銀のおかげである。この金銀こそ戦力であり、支配権をたやすく獲得するための手段なのである。

78r

fattioni, e discordie Ciuili trà i Rè, e principi dell'Isole, non solo nasce dal stimolo del dominio, e dall'impatienza d'esser comandati, e dalle concorrenza, che tutti tengano dell'Imperio : ma anche dall'armi forastiere de quali sin'hora non hanno sentito i danni, ne rouine ; recando non poca merauiglia, che tenendo il Giapone all'Intorno Imperij cosi uasti come è quello del gran Tartaro, e del gran Chino per il Mar del Norte, e per il Sus l'Imperio del Sian, e del Pegu, nessuno habbi ardito di mouerli guerra ; ne'mai sia stato conquistato, i soggettato dall'armi forastiere. Solo il Tartaro quando debellò il Chino, che sono più de mille anni, intentò di sogettarlo con tutte le forze possibili. Ma fù rincontrato dall'armi, e dal ualore Giaponese con tanto impeto, che se retirò indietro mezzo disfatto, e diede essempio à gli altri della grandezza di quell'Isola, e del grandanimo, e petto della gente militare, sendo frà tutte l altre conosciute la maggiore, non solo per la grandezza

付　　録

78r

　島々の王や君主の間で仲間割れや内輪揉めが起こってしまうのは、かならずしも、支配欲に衝き動かされたり、命令されることに我慢できなくなったり、支配権をめぐってみんなが対立してしまうからといった原因だけではない。むしろ、これまで被害も破滅も味わったことのない外国勢力〔粗暴な者ども〕の兵器〔鉄砲？〕もその一因なのだ。日本が近隣諸国にも広大な覇権を掌握しているとは、驚きを禁じえない。北の海では、大タタールや大シナから、南では、シャム王国やペグー朝まで、それは広大な範囲に及んでいる。それゆえ、あえて戦争を仕掛けようとする国はなかったし、一度たりとも外国勢力によって征服されたり、隷属させられたりすることもなかったのである。唯一タタールだけは大昔にシナを征服し、全力で支配しようとした。だが、タタール軍が日本人の武力や武勇と衝突した時には、激戦の末に大敗を喫し半数が撤退している。かくして、この島の偉大さ、武者の豪胆な度胸や心意気が、他の国々に範を示したのだ。これは、すでに知られている多くのことのなかでも、もっとも重要なことである。なぜなら、この国が偉大であるばかりでなく、

78v

del sito, ma anche per generosità, et ingegno, che sono particolari doni del Giapone. E potendo questa natione debellare altri Regni, s'astieni di tentarlo : anzi hauendo occupato il Regno di Corai, e considerando che non si troua Imperio più regalato ; e più ricco del Giapone, doppò la morte di Taico, lo abandonò, e pose in libertà de proprij naturali, con conditioni d'esser tribu- tario. Ne il gran Chino sarebbe siguro delle forze del Giapone perche i Chi- nesi sono uili, et humani, anzi di poco petto più astreti, che forti ; doue ch'i Giapone sono bellicosi, guerrieri, e superbi ; e per questo il Gran Chino tiene uietato l'ingresso al tratto del Giapone, temendo grandemente del suo ualore, forza. Questo Imperio sarà se'pre in continue guerre finche l'Imperatore deuenti, hereditario, ò elettiuo. L'Imperio, che s'occupa per forza, s'à da re- tener sempre con l'istessa difesa, e per occuparlo è necessario distruggere gl'ostacoli, che possono impedire il possesso, e la uittoria,

付　　録

78v

　高潔で如才ない資質は、日本だけの恩恵だからである。この国は他の国々も制圧できたのだが、そうした企ては控えて、むしろ高麗の国を征服した。日本よりも立派な王権が高麗には存在しないとみなされたのだ。太閤が没すると、日本は高麗を放棄し、貢納義務を課されるという条件つきで、元の状態のまま解放したのである。大シナが日本の戦力を信用しないのは、シナ人が人情味はあるものの、臆病者で、屈強どころか、蚤のような心臓の、不自由に束縛された人々だからだろう。かたや、日本人は好戦的で誇り高い強者揃いなのである。大シナがいきなり日本人を入国禁止にしたのは、そのためである。勇敢で強靭な日本に大いに怖れをなしてのことである。世襲であろうと選抜であろうと、皇帝が任命されないかぎり、この帝国は絶え間のない戦争にずっと晒されるだろう。武力によって牛耳った支配権は、ひたすら防御に徹するしかない。帝権を独占するためには〔……を〕妨害する邪魔者を排除する必要があるのだ。

79r

disturbare la pace de popoli, et imporre tributi per alimento della guerra ; effetti tutti contrarij alla tranquillità e ben commune de'i Regni, che stanno soggetti à queste alterationi in ogni caso, che uengli l'interregno. Sono per ordinario la forza, e la uiolenza madre della desperat.ᵉ et acco'pagnata sempre da costumi, e qualità tiranniche preualendo sempre i peggiori ne'casi di uiolenti concorrenze, et i principi de meglior parti, più retta intentione, restano esperti alla libidine, e disordinato gusto del Tiranno ; e chi se gouerna con più fine regole de perfetto politico, e lontano da ogni religione e pietà christiana, ò natunale, può sperare più facilm.ᵗᵉ usurpare l'Imperio, come fè il Taico, che da creato, machinando tanto con l'ingegno, uenne à esser per le sue tiranniche parti riccoperte à porsi nella sede dell'Imperio. Questo fine, che ciasc.º tiene dell'Imperio, causa, che tenghino poco conto della propria religione, non potendosi in tempo di guerra

付　録

79r

〔帝政を独占するためには、その占有と勝利を妨害し、民衆の平穏を撹乱し、戦費調達のために租税義務を課すおそれのある邪魔者を排除する必要があるのだ。〕すなわち、国々のみごとな自治と安寧に水を差すいかなる悪影響も除去しなければ、政治的空白をもたらす事態の悪化にどのみち繋がっていくのである。通常、武力や暴力は絶望の産みの母であり、暴君じみた素行や性質とは切っても切れないものである。暴力で競い合えば、勝つのはいつも悪人である。公正な心がけをもつまだしも善良な君主たちも、暴君の貪欲や放逸な趣向を知らないわけではない。つまり、太閤がそうだったように、キリスト教信仰であれ、自然崇拝であれ、いかなる宗教とも無関係に、もっぱら政治の法則に即して統治する者は、むしろたやすく帝権簒奪を狙える。太閤は、子飼いの足軽から身を立てて、奸計をあれこれとめぐらしては、自分の暴君じみたところをひた隠しにしたまま、ついに玉座に就いたのである。だれもがこのような目的で支配するせいで、宗教そのものは疎んじられることになる。

79v

uacare al culto degli Idoli con la tranquillità d'animo e limpiezza[191] di cuore, che nel tempo della pace, e serue per grand'ostacolo alla nostra santa fede, che non possi far il progresso, e piantare le radici dell'opre Christiane negl'animi de popoli. Non cessando questo modo Tirannico d'occupare l Imperio, è chiara cosa che non potrà mancare la dignità del Daire, la quale fa gran ostacolo, et incontro al lume della legge de Dio, che comincia à spontar in quelle parti ; doue che reducendosi l'Imperio per successione, sarrebbe forza che in pregresso di tempo l'Imperatore come legitimo, et assoluto Monarca non solo ricusasse di reconoscere, e chiedere l'inuestitura, e confirma dal Daire, ma che lo deponesse da quella priminenza et auttorità, che tiene nel dare i titoli, e dignità sopra lo stato politico, e riducesse in una uita priuata come Bonzo particolare. L'Imperio hereditario troncarebbe tutte le pretensioni di guerra, e di motiui,

---

191 limpidezza

付　　録

79v

　乱世にあっては、心を澄ませ魂を穏やかにする偶像崇拝になどかまけているわけにはいかないのである。ところが泰平の世を迎えると、この偶像崇拝が我らの聖なる信仰〔キリスト教〕にとって大きな障礙となってしまって、何も改善しないし、民心にキリストの御業を根づかせることもできない。このような独裁専制支配が終わらないかぎり、神（Dio）の教えの御光にとって目の上のたんこぶである内裏の権威を弱体化できないのは明らかだ。世襲による帝権が縮小するところではどこでも、神の教えがあらわれだす。時が経つにつれ、正統とされた皇帝や絶対君主が、内裏による奉禄〔任命権〕や允許の認可・請願を拒絶せざるをえなくなるだけでなく、政体に威厳や称号を与える優位及び権威から内裏を廃し、高僧のような隠遁生活に追いやらざるをえなくなるのである。そうなれば、世襲の帝権は、戦火の謀略やその原因とはいっさい手を切ることだろう。

80r

godendo ciascuno il suo stato con la beneuolenza de popoli, e lasciando à parte l'occasioni di guerra ; poiche cessando la causa, hanno da mancare gl'effetti. Ne sarrebbe cosa repugnante al possibile, ch'i Principi si dissero à sentire le cose eccellenti della n'ra santa fè, uedendosi in stato pacifico, e siguco, hauendo la religione in tutte le Repubuliche, e Monarchie passate all'hora fatto progresso, quando se estrinseco le guerre, e gli animi se disposero al culto dell'adoratione perche la uerità se conosce meglio, quando l'animo stà apartato dalla passioni ò alterationi de'i sensi ; non essendo natione cosi barbara, che posta ne'regali della pace, non porrsi al suo fine, et ai mezzi necessarij per conseguirlo, suposto, che se credi l'immortalità dell'anima, et il premio, che tiene prepato. E quando Dio se scriuesse fauorire la Christianità crescente in quell'Imperio, e collocare un Rè Christiano, ò disposto alle cose della fede

80v

nel gouerno assoluto della Tenza, se potrebbe sperare la redottione dell'Imperatore à successione, e la concessione de tutti i Rè sottoposti al suo arbitrio ; perche parrebbe disconuenienza, e deformità in una Rep.ᶜᵃ ch'i membri non corrispondessero alla professione del Capo ; ò ch'il capo non sapesse moderarli, e necessitarli all'uniformità del suo essere ; essendo i costumi, e uita del Principe uno specchio, nel quale i popoli ueggono l'esse'pio Chiaro d'imitatione. E da qui nasce ch'i Principi letterati fanno fiorire le uirtù : i bellicosi l'armi ; i molli le delitie ; poiche il corso della natura e la medᵃ politia hà insegnato questa conformità co'l suo capo, che dà essere, e spirito à tutto il corpo politico. E come la Chiesa Romana fè se'pre oppressa, e perseguita dall'Imperatori gentili, che con tanta uiolenza procurauano estirpare la

付　録

80r

　なぜなら、民を慈しんでだれもが現状に満足するので、未然に戦端を除去するのだから。原因がなくなれば、おのずと結果もないのである。自分が平和で安全であると気づき、我らが聖なる信仰（n'ra santa fè）はすばらしいものだと君主たちが実感しだしたからといって、あながち不都合ではないだろう。歴代の共和国や君主国で、宗教はこれまでずっと進歩を遂げてきた。戦の火蓋が切られると、魂はすすんで信仰・崇拝するようになる。なぜなら、情念や歪んだ五感から精神が遠ざかると、真理がはるかに良く理解されるからである。この国（nazione）はそれほど野蛮ではない。かりに魂の不滅や予め用意された報いが信じられているとしても、平和のさまざまな恩恵を受けながら、おのれの目的に心を定めて、その目的を実現するのに不可欠な手段に訴えるのである。かりに神が国内で拡大するキリスト教を奨励し、すすんで宗教儀式をおこなうキリシタン王（Rè Christiano）に

80v

　天下を絶対支配させた、と記録されたとすれば、世襲の皇帝が没落し、その皇帝の意のままになるすべての王が屈服することも期待できよう。なぜなら、共和国を構成する人民がその元首の宣言に同意しかねたり、元首が人民を統轄できず、その統率力でまとめあげられなかったりするならば、さぞかし共和政（una republica）にとって不都合で無様に見えるからだ。君主の習慣と生活は、人民がそこに倣うべき明澄な模範を見る鏡である。教養ある君主（i Principi letterati）だからこそ、美徳、偉勲、しっとりした悦楽が開花するのだ。というのも、自然の移ろいと洗練された優雅さそのものによって、政体の隅々にまで存在感と魂を吹き込む元首との一体感が思い知らされることになるからだ。異教徒の皇帝らによって、ローマ教会は、ずっと抑圧され迫害されてきた。彼らは、自分たちの偶像崇拝の宗派に反対したという理由でキリスト教を暴虐のかぎりを尽くして根絶やしにしようとしたのである。

297

81r

religione de Christiani, come contrarij alla setta de loro Idoli : cosi succedendo l'Imperatore Constantino, che per diuina illuminatione prese il sacramento dell'acqua, fù fauorita, dilotata, et arricchita della maggior donatione, che sia in memoria delle genti. Il Rè de Voxio regnante nel Giapone, ch'inuia Ambasciata a sua santità per fauorire le case della n'ra santa fede, et estirpare il culto dell'Idolatria, è il più poderoso e magnanimo Rè, che uiui nel Giapone ricchissimo de stati, di Vassalli, e di ualore congiunto per parentela doppia con il sangue dell'Imperio. Se discorre da Politici, e da Principi del Giapone, che succedendo l'interregno per la morte dell'Imperatore ch'è d'età decrepita, questo Rè occuparà la Tenza coronare, et acclamare legitimo s.^{re} e Monarca del Giapone. Il che sarebbe la uera essaltatione[192] della nostra santa fede, e Chiesa Romana, e la totale conuersione di quell'Isola ; poiche facendosi,

---

192   esaltazione

付　　録

81r

　ところが、その直後、コンスタンティヌス大帝が王位に継ぐと、神の啓示を受けたとして、大帝は聖水の秘蹟に浴し、キリスト教は人々の記憶にも残るような大規模な寄進を受けて奨励され拡張し繁栄していったのである。日本に君臨する奥州王〔大名、藩主〕は、教皇聖下に使者を派遣して、我が聖なる信仰の宿〔教会〕を支援し、偶像崇拝を根絶しようとした、強大にして豪放磊落な王〔大名〕である。彼は、日本に暮らしながら、領国、家来、武勲に恵まれ、将軍家〔皇室？〕と二重の血縁関係にある。日本の政治家や君主によれば、老齢の皇帝〔将軍〕が死去して政治的空白が生じたら、この王（奥州王）こそが天下をとって、「正統なる領主」（legitimo signore）および「日本の君主」（Monarca del Giapone）に選出されて戴冠すると取り沙汰されている。かりにもしそうなれば、我が聖なる信仰およびローマ教会は心底から称讃を受け、この島全域がキリスト教に改宗することとなろう。

81v

come hà promesso à Dio di farsi Christiano, et obligato tutto il suo Regno à riceuere la uita, che dona il santo battesmo, procurarebbe la confirmatione e legitima inuestitura dal Pontefice Romano ; disprezzando dignità del Daire ; anzi necessitarebbe i Rè à abracciare la fede, et à professare la medesima religione, che professa. Vn Imperatore Christiano posto nella sede del Giapone, procurarebbe senza dubio d'inalzare il Vessillo della santa Croce e di far resplendere[193] in quei Regni le dignità eminenti della Chiesa, che sono i Patriarchi, arciuescoui, e vescoui, che come Colonne, e basi fortissime della Chiesa, sostenessero l'imperio dell'alma, e resistessero all'impeto dell'heresie, e dell'Idoli ; et in conseguenza si sforzarebbe di prostrare le dignità de Bonzi e conculcare tutte le sette del Giapone ; non potendo un Principe in un medesimo tempo seguire la legge de Dio, e del Demonio, si come una non può crescere

---

193 risplendere

300

付　　録

81v

　みずからキリシタンになると神に約束し、聖なる洗礼によって与えられた生命を自国全土で受け入れるよう義務づけると、奥州王は、内裏の権威を蔑み、むしろローマ教皇から堅信の秘蹟と正統な叙任権を獲得しようとするだろう。いやそれどころか、信仰をもち、奥州王が信奉するのと同じ宗教を信奉することを王たちに強要するだろう。また、日本の中心に鎮座まします キリシタン皇帝（Imperatore Christiano）は、疑いなく十字架の御旗を掲げ、教会の比類なき威厳を自国に輝かせようとするであろう。教会の縁の下の力持ちであり大黒柱である総大司教、大司教、司教のことにほかならぬ教会の威厳は、霊魂界を支え、異端と偶像への熱狂に抵抗するとされている。したがって、キリシタン皇帝は無理やり、坊主どもの鼻をへし折り、日本のあらゆる宗派を蹂躙することだろう。一君主（Principe）が、神の教えと悪魔の教えを同時に信じることはできない。

82r

senza la destruttione dell'altra ; Ne sarebbe difficile che la nra santa legge, come noua pianta opprimesse le radici uecchisime dell'Idolatria della maniera ch'estinse i fondamenti altissimi dell'Idoli de Romani, e diede luogo alla noua pianta della Chiasa, la quale serà[194] firma in sempiterno. Due ostacoli tiene la n'ra santa fede per crescere in quelli Regni, la uiolenza dell'Imperio, e la dignità de Daire. Et ancorche uadi serpendo ne'popoli, non si uede c'habbi fatto progresso di quella conseguenza, che si speraua doppò ch'i Padri della Compagnia entrarono in quell'Isola. Il Daire non possedendo Regni, nè Vassalli, poco potrebbe resistere à un Imperatore che fosse Christiano ; anzi potrebbe esser'deposto, e con esso priuare il gran numero de Bonzi dell'essercitij delle sette, et introdurre la religione Christiana ; e le case profane d'adoratione dedicate alli Idoli e demonij, consecrale all'Altissimo del Cielo, e segnarle

---

194 serà

302

付　　録

82r

　ことほどさように、どちらか一方が破壊されないかぎり、もう片方が繁栄
することはありえないのだから。我らが聖なる教えが若い樹木のように、偶
像崇拝という太古の根に圧力を加えることはありえないことではないだろう。
あたかも、ローマの偶像崇拝のいとも気高き創始者らを根絶し、永遠にその
名を刻むことになる教会という新緑を芽吹かせたように。我らの聖なる信仰
が国内で拡大していく上で、障碍が２つある。すなわち、帝政の暴力と内裏
の威厳だ。信仰が民衆のあいだでひそかに広まっていったにしても、イエズ
ス会の神父たちがこの島に入国してからというもの、期待通りの成果をあげ
たかどうかはわからない。内裏は領国も家臣も所有しておらず、キリシタン
皇帝にほとんどなすすべがないだろう。それどころか、内裏は廃位されるお
それすらある。各宗派の多くの僧兵も取り潰され、キリスト教が導入される
かもしれない。そして、偶像や悪魔を崇める在家たちを上天に捧げ、

82v

co'l sacrosanto segno della croce, come Arme della fede, e trionfo della Chiesa. Allo stato plitico dei Rè del Giapone conuerrebbe, che l'Imperio fosse hereditario perche retenendo ciascuno il suo Regno, e reconoscendo l'Imperatore per legitimo s.^{re} nel gouerno politico, come i Principi christiani sogliono in alcune cose riconoscere l'Imperatore di Germania, goderebbero della pace, e del frutto grand.^{mo} che produce la successione hereditaria non stando oblogati à mantener esserciti, ne à mouer'guerra al uicino, perche non occupi l'imperio, nè tirannli il resto de Principi regnanti. Ne sarebbe ardua cosa, che tanti Bonzi diuisi in tante sette una repugnante all'altra ne'i principij, e ne'i fixi, uenissero à credere con la potenza dell'Imperio e con la santa predicatione dell'evangelio, che nel mondo non si troua più ch'un Dio, una fede, et una Chiesa Romana ; perche come le sette del Giapone sono fomentante da Politici, e dagli Imperatori,

付　　録

82v

　信仰の楯、教会の勝利を示す至聖の十字の印を彼らにつけるかもしれない。
日本の王たちの政治体制にとっては、帝政は世襲であるほうが都合がよい。
なぜなら、王たちが、ちょうどキリスト教徒の君主たちがつねにドイツの皇
帝を部分的に承認しているのと同じように、政治的な統治の正統なる主君 (le-
gitimo signore) として皇帝を承認しながら、それぞれ自国を統治するならば、
彼らは、世襲相続が生む偉大なる成果と平和を享受できるからだ。他の有力
君主が独裁に走ったり、支配権を牛耳ったりしないように、軍を整備せずに
すむし、隣国に戦争を仕掛けずにすむのである。多くの宗派に分かれて、原
理や固定観念でたがいにいがみあっていた多くの僧侶が、支配権力や福音の
聖なる伝道によって、世界には神 (Dio) と信仰とローマ教会しか存在しな
い、と信じるようになるのも、あながちありえない話ではないだろう。とい
うもの、日本の宗派は、

83r

ch'aspirano all'esser adorati doppò morto come Dei, cosi s'è Rè s'induri-
essero à seguir nostra santa fé per necessità di confermarsi con un capo, che
fosse Christiano, i Bonzi restarebbero senza elemosine, e donatiui et entrareb-
bono in obligo d'unirsi co'l uolere de'Rè, e con l'ordine dell'Imperio. Non
essendo natione, che non confissi, che il gouerno del Christiano, fondato nella
giustitia, nella religione, sia il megliore, et il più perfetto respetto al suo fine,
di tutte le Monarchie de barbari. perchè stà regolato con la uerità del Prin-
cipio c'hebbe il mondo, e dal fine c'haurranno le cose create, reconoscendo
un Dio per creatore del Cielo, e della Terra, e dirigendo tutte l'attioni in
conformità d'una fede, e d'una Chiesa. È tanto assoluto l'Imperio e dominio
dell'Imperatore sopra i Regni, e stati, che può in un giorno peruertere[195] e pri-
uare i Rè, che uole per uiolenza, dimaniera che l'Imperatore

---

195 pervertire

付　　録

83r

　死後に神のように崇め奉られることを渇望している政治家や皇帝らによって煽動されているからである。それと同じように、もしも王たちがキリシタン指導者と認め合わざるをえなくなり、我らが聖なる信仰〔キリスト教〕を受け入れる決意をすれば、僧は施しや寄進を受けないまま王の意向と帝政の命令に迎合せざるをえなくなるだろう。いかなる蛮族らの王国のなかでも、正義と宗教に基づくキリスト教による統治が、その目的についていえば、最善かつもっとも完璧である、とどの国も認めている。というのも、神を天地の創造主として認識し、信仰と教会に則してあらゆる活動を統御しながら、世界を司る真なる原理と被造物が有する目的に立脚した支配が行き届いているからだ。国々に対する皇帝の支配と帝権は絶対的なので、一日でもあれば王たちを蹴落とし、その権限を奪取して、力ずくでしたい放題にできたのである。同じように、皇帝は、

83v

può solo confondere le sette de Bonzi, e ridurre i Principi politici alla religione ecclesiastica ; potendosi credere, ch'à questa potenza assoluta dell'Imperator'in seruizio della Chiesa ; Dio (signore) aggiungerebbe della sua ch'è infinita, e tante uolte mostrata in beneficio del popolo Christiano. E se il Rè de Voxu, che possiede un Regno florido, e grand.^{me}, che tiene sempre in ca'pagna ottantamila soldati ; e uolendo può giuntarne due cento mila per la guerra offensiua e difensiua, fosse per sua diuina misericordia assunto all'Imperio, se potrebbe sperare quel santo progresso della fede in poco tempo, che d'altra maniera par impossibile non seguendo mutatione di stato ne'i Rè e diuersità di religione nell'Imperio ; perche all'Euangelio contraria il fine dell'Imperatori, e dei Re ch'è tirannico, et la setta de Bonzi, che sono Idolatri ; E quando bene uno ò più regni si conuertissero alla fede, con le persecutioni de Tiranni

84r

regnanti entrano in necessità d'apostatarsi, e l'aumento fatto in molti anni torna à declinare in un momento. Il gouerno presente è fondato assolutam.^{te} nel timore che (nasc^e) dalla tirandide, ch'usa l'imperatore e ciascun'Rè sopra de suoi stati ; poiche la forza, e la uiolenza propria di quella monarchia, non può causar'altro, che odio, e desperatione ne'popoli, i quali uiuono con continuo timore di mutatione d'Imperio e d'oppressione de tributi per alimento degli esserciti che stanno sempre in piedi ; Non potendo un'Tiranno assunto all sede per uiolenza, e male arti abandonare l'armi, che l'hanno necessariamente à conseruare per l'emulatione, et odio de Principi regnanti. Questo Imperio come uiolento, e Tirannico, è facil cosa, che passi in un legitimo, e Christiano ; poiche i popoli s'inducono à sogettarsi più uolontieri per amore, che seruire per necessità di timore,

308

付　　録

83v

　仏教徒諸派を混乱に陥れるばかりか、政治原理を教会の信仰に変えること
もできるのである。一般に信じられているとおり、皇帝〔将軍〕のかかる絶
対権力は教会、すなわち神に奉仕するだけではなく、皇帝〔将軍〕がキリス
ト教徒に祝別を与えるたびにその無限の権力が誇示されるのである。繁栄し
た大国を擁し、つねに 8 万の兵を戦闘に動員できる奥州王は、随時、攻防戦
に 20 万の兵を招集できるのだ。かりにもしこの奥州王が神の御慈悲で皇帝
〔将軍〕に即位するとしたら、すぐに〔キリスト教の〕布教が期待できるが、
そうでなければ布教はとうてい無理だろう。王たちの謀叛や帝国内の宗教
対立が続発しないようにしなければならない。というのも、皇帝や王たちが
たくらむ独裁という目的や、偶像崇拝派の仏教徒は福音の教えとは相反する
からだ。たとえ一つ以上の国々がキリスト教に改宗したとしても、暴君にさ
んざん迫害されたら、

84r

　有力者たちも棄教を迫られ、長年の積み上げも一瞬にして地に墜ちてしま
う。現行の統治は、皇帝や各王らが自国に敷く暴政（tirandide）から生ずる
恐れに紛うことなく根ざしている。そうした君主政特有の力（forza）や暴力
は、民の憎悪や絶望しか生まない。常備軍の兵站を賄うための重税や政変の
恐怖に民衆はたえず震えながら暮らしているのだ。あこぎな策を弄して強引
に即位しても、暴君ひとりでは、支配君主たちを敵視し憎悪することによっ
てこれまで維持してこざるをえなかった武器を捨てられないのだ。このよう
な帝政は、独裁による暴政にもかかわらず，正統なるキリスト教国にたやす
く移行できる。なぜなら民衆というものは、恐怖と懲罰にやむをえず仕える
くらいなら、むしろすすんで愛に服従する覚悟があるものなのだから。

309

84v

e di castigo ; essendo de più le leggi de Christiani tanto concordanti con la raggione naturale, che poco se faticarebbe à persuadere à una natione c'hà uissuto tanti secoli con ord.^{ne}, et instituto morale per la capacità, ingegno, che tiene sopra tutte l'altre nationi conosciute nell'Isole occidentali. L'Imperio elettiuo non sarebbe cosi facilmente riuscibile come l'hereditario ; perche stando fondato sopra la concordanza de tanti Voti per rispetto di tanti Regni causarebbe scisme e guerre, rare uolte, ò mai amirarebbe à dar'unitame.^{te} i uoti nel scrutinio per esser l'ambitione di regnare co'mune à tutti, i Principi, et in particolare ai Rè del Giapone che l'uno non può soffrire l'equalità dell'altro, et odia in estremo la maggioranza de forze, e de stato per timore che tiene della uiolenza. Ne gl'Elettori si potrebbono ridurre à minor numero per non priuar il resto de uoti, reputando

85r

reputando à grand'infamia esser'escluso da quelli honori et eminenze, alle quali sono a'messi gli eguali, ò poco più potenti ; oltre che nell'Imperij tirannici l'elettione sempre cade sopra coloro, che sono più crudeli, e più propensi alla strage de popoli ; demaniera che per l'accrescimento della Chrisitianità l'elettione sarebbe nociua in tutte maniere che seguisse ; e quando s'eligesse un'Imperatore, che fauorisse le cose della fede, uedendo l'altro contrario, l'estinguerebbe dinuouo. Il che non seguirebbe nell'hereditario per raggione di buon gouerno ch'il figlio heredita dal Padre ; et una uolta, che l'Imperio fosse gouernato, come Republica christiana se farrebbe tanto solido il fondamento della Chiesa con la continuata succesione da Imperatori Christiani, che in niun tempo si potrebbe poi dispiantare ; essendosi uisto nell'elettione dell'Imperatori Romani, che preualsero se'pre i peggiori, et occuparono per inganno l'Imperio e gouernarono per estinguere la grandezza, e lo splendore

付　　録

84v

　おまけに、キリスト教は、ありのままの理性と符合することが多いので、
西方の島々で知られている他のどの国々をも凌駕する才知や能力によって培
われた道徳慣行や秩序で長年生きてきた民族を説き伏せるのはたやすいこと
だろう。選挙制にもとづく統治は、世襲制ほど容易には成功しないだろう。
多くの国の思惑が得票数と合致するというのが選挙制の基本なので、分裂や
戦乱が起きやすいからだ。また、日本の君主、とりわけ王たちを、すべてひっ
くるめて一元統治しようと、開票後に組織票を画策することも、ごく稀な場
合を除き、決して褒められないだろう。君主や王たちは、おたがいの勢力均
衡〔自分の敵が自分と対等に扱われること〕に我慢がならないものだし、強制
力の保有を恐れるあまり、武力や地位が強大化することを極端に嫌うものだ
からである。残りの票を失いたくないから、選帝侯は少数派になり下がるわけ
にはいかなかった。

85r

　自分と同等か、ほんのすこしだけ有力な者が認められている栄誉や称揚か
ら自分が締め出しを喰らえば、面目丸潰れとみなされるからである。くわえ
て、独裁国家でかならずといっていいほど選挙を牛耳るのは、大虐殺をも厭
わぬ残酷な者たちである。このように選挙は、いかなる方式に拠ろうとも、
キリスト教の拡大にとってはマイナスにしかならないだろう。さまざまなか
たちでキリスト教信仰を援助する皇帝が当選しても、外部の対抗勢力を見込
んで、信仰のともしびをふたたび消しにかかるだろう。かくのごとく、子が
父の後を継ぐという善政の理屈どおりに世襲されるわけにはいかないのだ。
帝政がまるでキリスト教共同体のように統治されるならば、キリシタン皇帝
によって連綿と世襲されることで、教会の土台は盤石となり、爾後、根こそ
ぎに破壊しつくされるようなことはまったくなくなるだろう。ローマ皇帝の
選出のときに、ローマ皇帝はつねに弱者を打ち負かすことで、帝権を詐取し
支配者の地位に就いた。そのせいで、

311

85v

dore del nome acquistato in tempo di Republica con ogni genere de uitij, e de peccati. Questa Ambasciata, che s'inuia a sua santità à nome del Rè de Voxu merita d'esser riceuuta con gran benignità, e clemenza : non solo per l'instanza giustisime, che propone, e per l'affetto, e deuotione che mostra alla nostra santa fede ; ma per la determinata uolentà, che tiene di riceur'il santo Battesmo, e l'editto c'hà publicato, che tutto il suo Regno se facci christiano, e la santa legge di Dio se promulgi in publico, e senza niuna repugnanza. oltre la speranza, che se tiene, ch'occuperà l'Imperio e darà maggior'demostratione di riuerente affetto e pietà christiana, che tiene alla santa sede Apostolica non solo con riceuere il santo battesimo, e farsi coronare come Rè Christiano, ma con dare esse'pio à tutti gl'altri Principi del Giapone à seguir'la legge di Christo, e segnalarsi nell'opre eccelenti della fede.

付　　録

85v

　ありとあらゆる種類の悪徳や罪が犯され、共和政時代に得られた偉大で輝かしい名声は消え去ってしまった。奥州王の名代として教皇聖下の下へ遣わされた当使節は、大いなる寛容と慈悲で迎えられてしかるべきである。使節が提示したきわめて公正なる請願や、我が聖なる信仰に示した愛着と献身もさることながら、むしろ、その決然たる意志を貫いて、聖なる洗礼を受け、全治政下をキリスト教国にする法令を発布し、主の聖なる教えを率先して公認した点こそ称えられるべきだ。奥州王は、全国を手中に収め、恭順の情とキリスト教の敬虔をいっそう示そうと望んでいるのにくわえて、教皇庁(santa sede Apostolica) を重視し、聖なる洗礼を受けてキリシタン王に戴冠するだけでなく、キリスト教の信奉と奇特な勤行で、日本の他の君主たちに範を垂れようとしたのである。

86r

Le sette del Giapone stanno fondata sopra la deità di Principi del Giapone, che furono Amida, e Iaca se conseruano per la potenza dell'Imp.^{ri}, ch'aspirano al medsmo titolo d'honore, e dalla dependenza de alcuni Bonzi principali[196], che sono del sangue reale ; demaniera che la religione, e setta de Bonzi non può mancare senza il braccio dell'Imperio, e le forze politiche del gouerno regio ; uedendosi per casi seguiti nelle Monarchie uiolente, e dispotiche, che lo stato tira'nico hà passato d'ordinario al Principato, come la uiolenza del tri-u'uirato de Romani, e la potenza de pochi se ridusse nel feliciss.^{mo} stato Monarchio d'Augsto e che la conuersione di Constantino fù il tracollo della uana religione del popolo Romano ; sendo ordine della reggione delle genti, e della natura proueder proueder prima al gouerno ciuile, che mira l'interesse publico, ò priuato de popoli, e poi instituire il culto, e la religione, per la quale se riconosce con principio, che tiene prouidenza di questa machina

del mondo.

196　本願寺のような存在を指しているのか。

付　録

86r

　阿弥陀や釈迦といった日本の君主の神を土台とする日本の宗門は、同じような尊号を渇望する皇帝の権力によって保護され、王家の血を引く幾人かの大法師に従属している。同様に、仏教や宗派も、帝政や王の統治による政治力がなかったら、消滅せざるをえなかっただろう。暴力的で専制的な君主国では以下にみられるごとく、独裁体制は通常、古代ローマの暴虐にみちた三頭政治同様、元首政へと移行し、寡頭権力はアウグストゥス全盛期の君主制に一元化される。そして、コンスタンティヌス帝の改宗によりローマ人民の虚妄な宗教は崩壊した。なぜなら、公私にわたる人々の利益をめざす市民政府をまず準備し、その次に信仰と宗教（キリスト教）を確立するというのが、自然および人間理性の順序だからである。〔市民政府という〕この世の仕組みに神の摂理が宿ることは、原則として宗教を介して理解される。

315

86v

Adunque se hà da procurar la conuersione di quelli Rè che per potenza, e ualore possono aspirare all'Imperio, e con l'assoluto dominio, e signoria conculcare la religione de Bonzi, e sogettare al culto della nostra santa fede i Regni, e Principati, c'hoggi si gloriano d'adorare un'Idolo de pietra ; non potendo una setta inueterata di falsa religione lasciar'i suoi principij senza offendere la deità de fondatori, né da istessa abbracciare noua religione senza ch'il Principe politico lo comandi, e con ordine e uiolenza obligli i popoli alla noua professione, procurando di far conoscere il fondamento reale, e certo che promette della salute. E come l'heresie d'Inghilterra, libertà di Germania, e relassatione[197] della Republiche, e Monarchie separate dal grembo della Chiesa per hauer'introdotto noua religione ne'popoli, hanno preso origine dai Principi regnanti ; cosi l'introduttione di nostra santa fede nel Giapone, e la conuersione Vniuersale di quell'

197   rilassatione

付　　録

86v

　したがって、〔順序としては〕王たちを〔まず〕改宗させなければならない。改宗すれば、彼らは権力や武功で覇権を渇望し、絶対的統治を敷いて仏教を蹂躙し、いまのところ石仏崇拝を自負している王や君公にも、我らが聖なる信仰〔キリスト教〕を課すことができるだろう。偽りの宗教を刷り込まれた宗派は、創始者の神性を攻撃しないかぎり、自分の宗派の原理を捨て去ることはできない。同様に、救済を保証する実際のたしかな根拠を知らしめることによって、政治君主の命令一下、秩序と強制によって新たな信仰告白を民衆に課さないかぎり、新たな宗教は受け入れられない。イギリスの異端、ドイツの解放、共和国の瓦解、民衆に新たな宗教を導入するべく教会という母胎から離れた君主国、こうした出来事の元凶はいずれも、支配する君主たちの側にある。我らが聖なる信仰を日本に導入し、この島全体を改宗させる場合にも、これとまったく同じことがいえる。

87r

Isola è forza, che pigli uigor'e spirito per crecere, e moltiplicarsi dai poderosi Rè, e Principi, che per uoler'introdurla, habbino giuntam.^{te} potenza d'estirpare le uanità, e superstitioni dell'Idoli. Mutandosi il gouerno uiolento in Monarchia legitima, e Chrisitiana e cessando quelle materie interne, che nodriscono le discordie, e le guerre ciuili trà i Rè, e signori, è necess.° che la natione bellicosa, e capace dell'Imprese di mare, e di terra, uolti l'armi fuori Isola, ò contro il gra'Chino, ò contro il gran Tartaro, tenendo già tributario il Regno de Corai ; e professando il stendardo de Christo, non solo si potrebbe collegare con tutti i regni, et Isole del Rè Cattolico, ma procurar corrispondenza con il Rè di Persia à danno e rouina del Chino, e del Tartaro, con che se potrebbe sperare una conuersione notabile alla nostra santa fede, et una Christianità molto maggiore di quella, che regna, e fiorisce nell'europa.

87v

poiche niuna natione barbara, ò Maomettana tiene tanta capacità di conoscere l'eccelenza della legge di Dio, come le genti del Giapone ; ne niuna di q.^{te} sette se sono contraposte, ò separate dalla uerità dell'Euangelio consente, che ne suoi Regni, ò Republiche se predichi, ò introduchi noua religione doue che l'Imperio del Giapone permette la predicatione, riceue i Religiosi, e gusta della co'municatione Christiana. Le persecutioni tiranniche suscitate contra i noui Christiani di quell'Isole sono i mezzi necessarij per autenticare la uerità della nra santa fede, la quale non può sradicarsi negli animi di genti, se prima non ueggono la constanza, et il zelo de Christiani, che per insegnarla espongono il sangue, e la uita contro la uiolenza de tiranni, e rigore de tormenti. Ne sono effetti noui di tirania, perche niuna setta imbeuuta della religione Materna, è cresciuta con l'adorat.^e.

付　　録

87r

　キリスト教が拡大・躍進するための活力や情熱を有力な王公から獲得する
のは避けられないことだ。なぜなら、新たな宗教を取り入れようとすれば、
空虚で迷信めいた偶像崇拝を根絶するだけの力をもつのが当然だからだ。暴
政が正統なキリスト教君主政に移行し、王公たちの軋轢や内紛の燻る火種を
消すことで、陸海の戦闘能力がある好戦的な国家は、島の外、すなわち、大
シナや大タタールに軍を差し向けるはずだ。〔ちなみに、〕高麗国にはすでに
税を課している。キリストの御旗を公然と掲げれば、カトリック王（スペイ
ン王）の治めるどの国々や島々とも同盟を結べる可能性があるばかりか、シ
ナとタタールに侵攻し破壊するべくペルシア王との連携を模索する可能性も
あるだろう。また、特筆すべきこととして、いまやヨーロッパで栄え君臨する
一大宗教、我が聖なる信仰、すなわちキリスト教への改宗も期待できるだろ
う。

87v

　というもの、どんな野蛮な国家、いかなるマホメット教徒といえども、日
本人ほど、神のすばらしい教えを認識する能力を持ち合わせてないからであ
る。日本のどの宗派も、福音の真理と背馳も離反もしない。日本の帝政によ
り説教が許可され、宣教師たちが迎えられ、キリスト教の布教が厚遇される
ところではどこであれ、その領内ないし共和国内で新たな宗教が唱導された
り導入されたりすることが承諾された。この島の新たなキリスト教徒らに対
して煽動された横暴な迫害は、我らが聖なる信仰の真贋を判別する上で欠か
すことのできない手段なのである。もし人々の魂からキリスト教を根絶やし
にできないようにしたいのであれば、暴君の横暴や苛烈な拷問に対して血と
生命を賭してまで布教しようとするキリスト教徒の覚悟や狂信のほどは、最
初のうちは知らないほうがいい。こうした暴政の影響はけっして目新しいも
のではない。というのも、生来の宗教（la religion Materna）に浸りきった宗
派ではいずれも、

319

88r

hà lasciuto i suoi Dei senza opporsi con l'armi e con le forze à coloro
c'hanno uoluto introdurre noua forma di leggi, uerificandosi questo nella Re-
publica di Greci, di Romani, e dell'hebrei, che sin'à sera Paolo era geloso,
che le sue traditioni non fossero maculate con la noua predicatione de'disce-
poli di Christo. Adunque è bene à porgere la mano e confederati con questo
Rè de Voxu regnante nel Giapone, e prossimo per potenza, e ualore all'Impe-
rio, facendo i Principi, e Cau.[li] di quella Monarchia (pau.[ta]) dell'honore, e della
parola, come se può raccogliere dalla fedeltà, e constanza di Don Francesco
Rè di Bungo[198], di Don Protasio Rè d'Arima[199], e del Rè Don Bartholomeo[200],
che resero obedienza nel Felicissimo Pontificato di Gregorio Xiij per mezzo
di loro Ambasciatori ; e sono stati il scudo , e l'Asilo in tutte l'impeto cres-
centi contro quel nouo

---

198 キリシタン大名、大友宗麟を指す
199 キリシタン大名、有馬晴信を指す
200 キリシタン大名、伊東義賢を指す。天正遣欧使節団の一人、伊東マンショと同じ一族。

付　　録

88r

　新たな教理体系を導入しようとする人々に武力で抵抗しないかぎり、信徒は増えなかったし、棄教することもなかったからである。これは、古代ギリシア、古代ローマ人、ヘブライ人らの共和制で立証されている。（ちなみに、パウロは、自分の口伝がキリストの十二使徒らによる新たな説法によって汚されないように、晩年まで細心の注意を払っていた）。したがって、力と武勇の点で帝権にもっとも近くにいるこの日本奥州王と手を取りあって結束することは良いことなのである。豊後の王ドン・フランチェスコ、有馬の王ドン・プロタジオ、ドン・バルトロメオ王らの忠義と覚悟次第によっては、名誉と美辞麗句で（彩られた）君主政の君公や武士たちをあたかも結集させることができるかのように装っておくためである。上記の三君公は、自前の使節団によって、いとも幸多き教皇、グレゴリオ 13 世に恭順の意を表した。彼らは、教会の新たな羊の群れ〔キリスト教徒〕に対して強まるどんな風当たりからも守ってくる楯であり庇護所であった。

88v

grege della Chiesa ; perche occupando la sede e trouandosi già impegnato co'l Regno alla Chiesa e co'l giuramento di obedienza, e fideltà alla santa sede Ap.^{ca} se hà sperare, che sia per crescere di Zelo, e d'amore uisso la legge Euangelica e di farla publicare per tutto l'Imperio del Giapone. Non è cosa dubiosa che la quinta, sesta, e settima specie di genti del Giapone, che sono i Mercanti, artifici, e lauoratori desiderano mutatione de stato, et introduttione della fede Euangelica, non solo per liberarsi dall'oppressioni de tributi ch'i Rè impongano per le continue guerre, che fanno trà loro per contesa dell'Imperio, ò difesa de loro Regni, ma per non soffrire l'elemosine e donationi, che fanno ai Bonzi, che come auarissimi chiedono per ogni minimo trauaglio spettante al culto dell'Idolatria denari, et offerte dal popolo

89r

che gia si troua oppresso non meno dall'imperio de Principi, che dall'ingordigia de Bonzi. Il che cessarebbe loro col'gouerno christiano, poiche i Rè uiuerebbono con più pace, et i sacerdoti christiani aministrarebbono i sacram.^{ti}, predicarebbono la legge Euangelica senza grauar il popolo, ne riceuer cosa alcuna per cosa spirituale. E come il progresso de nostra santa fede cominciò trà gente bassa, come più semplice, retta, e meno interessata delle cose del mondo : cosi'principiandosi à Cathechizare i Popoli del Giapone col'mezzo dell'aura de Principi, se può sperare giuntam.^{te} con l'aiuto diuino, e dono particolare del spirito Santo l'illuminatione della nobiltà, e Caualeria uedendosi che la sola legge de Dio è la uera per saluarsi, e che tutte l'altre sono inuentioni Humane, persuasioni del demonio, e che i Religiosi, che l'insegnano, non pretendono altro, che

88v

　なぜなら、要職を占め、教会領にすでに関与して、教皇座への恭順と忠誠を誓っているので、熱意と愛情で福音の教えを生かして広めるべく、この教えを日本全土に大々的に公表することが期待されるべきだ。日本における5番目、6番目、7番目の身分の者たち、すなわち、商人、職人、労働者らは、疑いなく政変と福音信仰の導入を望んでいる。それは、重税の圧迫（支配権争いや自国防衛といった理由で起こる、やむことのない内戦に対処するべく、王たちが課した）から解放するためというよりもむしろ、仏僧への寄進やお布施に我慢がならないせいなのだ。坊主たちは偶像崇拝の一派に属していて、すこぶるつきの守銭奴なので、民衆に金や寄進を乞うのは朝飯前なのである。

89r

　君公たちの帝政に負けず劣らず、僧侶の貪欲によって民衆は弾圧されている。キリスト教による統治とともに彼らの弾圧も終わるだろう。そうなれば、王たちははるかに平和に過ごし、キリスト教聖職者は秘蹟を授け、福音の法を説くようになって、もはや民衆を虐げることもなければ、宗教行事の見返りに一切の謝礼も受けとらなくなることだろう。我が聖なる信仰は、世事に疎い朴訥で正直な下層民のあいだに広がりだす。同様に、君公の貫禄〔aura〕を利用して、教理問答で日本人の頭に教義を叩き込んでいく〔Cathechizare〕と、まさに神の取り成しと聖霊の特別な恵みのおかげで、貴族や武士への啓示が期待できるようになる。そうすれば、神（Dio）の唯一無二の教えが救済のための真の教えであり、それ以外の教えはすべて悪魔に唆されて人間がでっち上げたものであることがわかる。そして、神の法を教導する修道士たちが切望しているのは、キリスト教への改宗だけであり、

89v

la loro conuersinone, et l'accrescimento de stati, e de Regni, che posse-
dono. Perche tutti i Rè, che precludono l'adito à noue religione, dubitano di
non perdere il dominio, e signoria del gouerno politico, parendoli, che con la
mutatione de setta s'habbi à mutare, e trapassare in altra Persona la forma, e
gouerno della Rep.^{ca} Di donde se raccoglie, ch'i mezzi opportuni, e fruttuosi
per piantare la santa fede negli animi d'una natione

capacissima, quanto saranno più alieni dalli beni te'porali, e fondati nella
pouertà ò per uoto, ò per elettione, tanto più seranno graditi da Principi, et
amati da popoli ; E come trà tutti gli ordini di Religioni Christiane, che sono
state e sono le colonne della Chiesa per l'eminenza de Dottori, che l'hanno
illustrata, niuna è più remota dalle cose terrene, e beni transitorij del Mondo,
che la santa religione Franciscana

90r

che come fertilissima pianta s'è dilatata per tutta la terra habitata ; cosi à
lei piu che à niun'altra concione per raggione di politica spirituale, e positiua
seminare in quell'Isola la santa parola de Dio, raccogliere il frutto della
conuersione, e porlo nel gremio della Chiesa poiche l'habito, i costumi, et il
fine, che mostrano non solo non reca sospetto, e gelosia ai Regnanti, ma se-
rue di consolatione, e d'esse'pio alla plebe. uedendo che quelli, che predicano
le cose eterne sono lontani dalle terrene, e che con l'opre authenticano la
dottrina del santo Euangelio, che piaccia à Dio, che si dilati per tutto il
mondo : sotto il felicissimo Imperio della santità di N'ro Signore Papa paolo
Quinto.

付　　録

89v

　キリスト教徒が領有する国の増加だけなのである。とはいえ、新たな宗教への入信を阻む王たちもみな、政治的統治の支配権を失いはしまいかと懸念しており、宗派が変わると、共同体（Rep.ⁱᵃⁱ）の統治形態も変化して別人の手にわたってしまうにちがいないと感じているのである。以上のことからわかるのは、包容力に富んだ国民の魂に聖なる信仰を植えつける適切で有効な手段は、望んだにせよ、選ばれたにせよ、物質的な富とは無縁で、貧困に根ざせば根ざすほど、ますます君公に好意的に受け入れられ、民衆に愛されるようになる、ということだ。その名を高らしめた卓越した博士たちのおかげで、キリスト教の修道会は、これまで教会の支柱となってきたし、いまもなお支柱でありつづけている。なかでも聖フランシスコ修道会以上に、俗事からも現世のつかの間の富からも隔絶した修道会はない。

90r

　実り多き樹木が人の棲む大地全体にむかって葉を広げるように、フランシスコ会は、積極的な宗教政策にとっては、右に出るものがないほど雄弁に、神（Dio）の聖なる御言葉の種をこの島に撒き、改宗という名の果実を収穫し、教会という子宮のなかにその果実を植えたのである。というのも、フランシスコ会士らの身なりや習慣や目的はいずれも、君主を疑心暗鬼にさせるものではないからである。のみならず、むしろ、心を慰め、庶民の鑑となるものである。永遠なるものごとについて説くフランシスコ会士が、俗世と隔絶し、聖なる福音の教理の真正性をその数々の行ないで立証しているのを知っているからである。さぞや神（Dio）のお気に召すであろうこの教理は、教皇パウロ5世聖下のいとも幸多き帝権の下、世界中に流布しているのである。

おわりに

　本書は第1章、第2章の前半部において、アマーティの実像、コロンナ家と天正・慶長両遣欧使節との関係性を、あらゆる種類のコロンナ文書を用いて、多角的視野から浮き彫りにし、第3章、第4章の後半部では、前段の議論を踏まえつつ、アマーティが日本に抱いた思想、イメージを掘り下げていくことで、イタリアにおける日本像を講究していくというものであった。その一方で、それぞれの章において、分析が甘かったり考察が浅かったりと反省点や今後の課題を挙げればきりがない。

　しかしながら、本書で明らかにしたことは、今後筆者が研究者人生をかけて見つめていく研究テーマの方向性を表明したものであると、読者の皆様にご理解いただけたら、誠に幸いである。とりわけ贖宥状研究についてはより注力して取り組んでいきたいと考えている。

　上記のように未だ研究半ばの状態で上梓した本書であるが、ここに至るまでには、紆余曲折と実に長い道のりを歩まねばならず、多くの方々の助力なしには到底たどり着くことなどできなかった。ここでは、とりわけ研究の大きな転機となった出会いと出来事を紹介してみたい。

　筆者は2010年1月から1年6か月にわたり、ローマ大学ラ・サピエンツァに留学していた。留学当初、イタリア語会話に不自由していた筆者は、留学中に研究成果を挙げられるか不安で仕方がなかった。「はじめに」でも若干触れたように、アマーティとコロンナ家の関係性を突き止め、コロンナ文書館の存在を知るに至ったものの、インターネットを使っても現地までのアクセス方法を探り出せずにいたのであった。

　そんな折、当時間借りしていた部屋の大家であるフランチェスカは、困り果てていた筆者に見かねて、アクセス方法を再度調べたうえで、コロンナ文書館が併設されているベネディクト会サンタ・スコラスティカ修道院図書館まで車を走らせてくれた。本書でも少し触れているが、サンタ・スコラスティ

カ修道院はローマから東に50km離れた山間の小都市スビアーコに近く、ローマとスビアーコを行き交う都市間バスのターミナルから、市街地を抜け、九十九折の山道を登って徒歩で40分程度（約3km）のところに位置する。フランチェスカに初めて修道院に連れいってもらったときには、山間にこだまする川のせせらぎを耳にすることはできても、その川が流れる谷底は全く見えないほどに谷深い断崖絶壁、そんな場所に築かれたサンタ・スコラスティカ修道院の偉容に驚きを隠すことができず、どおりで情報も少ないはずだとすぐに合点がいったものであった。

　さて、大家であるフランチェスカは、あまりの山深い場所に位置する修道院を前に、ローマからは通うことが難しいと判断し、ある修道士に交渉を試みた。すると、最大2週間であるが修道院の宿坊に逗留し、修道院図書館及びコロンナ文書館での調査することが許可された。しかし、条件がひとつ。日に数度ある聖務日課に毎回出席し、その合間に文書館で調査するというものである。まさに「祈り、そして働け」の世界である。そしてこの時から、年に1〜2回程度、サンタ・スコラスティカ修道院の宿坊に泊りつつ、修道士と生活を共にしながらの文献調査がスタートしたのであった。

　これはまさに、明るく陽気で利発なフランチェスカによる「特殊な交渉術」の賜物としかいいようがない。そして、修道士との交渉を終えたとき、フランチェスカは笑みを浮かべて嬉々として私に語りかけるのであった。「あなたにとって、私は交渉人、私は現代のシピオーネ・アマーティね！」と。このようなことも含め、あらゆる場面で手を差し伸べてくれるフランチェスカは、大家というよりもはや、私にとっての「イタリアでの母」（本人が「イタリアでのあなたの母」を自称して止まないところもあるが）であり、当然ながら今でも彼女との交流は続いている。しかし、彼女から多く受けた恩義に未だ報いきれずにいることが何とももどかしいところである。

　閑話休題、修道院での調査に入ると、通い始めて2回目までは調査を優先するようにと、聖務日課は6時課（Sesta）：12時45〜55分、晩課（Vespri cantanti）：19時〜19時25分のみでよいとされていたが、3回目以降は、「折角だから全ての聖務日課に出席して、聖ベネディクトの教えに深く接してみて

は」という修道士の導きにより、ほぼ全ての聖務日課に出席するようになった。その聖務日課と一日のタイムスケジュールが以下の通りとなっている。

5 時半起床

6 時〜6 時 53 分ごろ

(朝) 賛課 (Lodi mattutine) &読書の業 (Ufficio delle letture)

7 時 45〜8 時 25 分　3 時課 (Terza) &ミサ (Santa messa)

8 時 30 分　朝食&調査開始

12 時 45〜55 分　6 時課 (Sesta)

13 時〜13 時 30 分　昼食

14 時〜14 時 15 分　9 時課 (Nona、こちらの出席は免除)

18 時 30 分　調査終了

19 時〜19 時 25 分　晩課 (Vespri cantanti)

19 時 30〜19 時 55 分　夕食

20 時 30 分〜20 時 55 分　終課 (compieta)

22 時　消灯

日曜日はタイムスケジュールが一部異なる。(相違点のみ記載)

6 時〜6 時 50 分　読書の業

7 時半〜8 時　(朝) 賛課

10 時〜11 時半　第三時課、ミサ

12 時 45 分〜12 時 55 分　第六時課

13 時〜13 時 25 分　昼食 (談笑可)

13 時半〜18 時 55 分　文書館閉館のため、目室で研究、昼寝、野山散歩等で過ごす。

　食事は修道院食堂で修道士と共に、聖書朗読を担当する修道士の朗読を聞きながら、談笑はせず静かに摂ることになる。食堂は、ハリーポッターに出てくる食事のシーンを思い浮かべて頂けたら、わかりやすいかもしれない。食堂の扉を開けると、大きなコの字型のテーブルが目に飛び込んでくる。予め席は決められ、一番奥正面のテーブルには修道院長をはじめとした幹部の修道士たちが座わる。両脇の長テーブルは、幹部のテーブルに近いところには準幹部及び古参の修道士、そこから入口までは序列に従うように若い修道

士や修道士見習い、そして私のような末端の客人が座るようになっている。各自の席にはフォーク、ナイフ、皿といったテーブルセットと250mlのワインの小瓶が用意されている。配膳は修道士による当番制となっており、どの料理も大皿に盛られ、まず初めに幹部テーブルに供され、そこから両脇に回され、下流に流れるように末端の私の席へとやってくる。したがって、修道院で飼っているガチョウの丸焼きなど人気の料理が出ててきたときなどは、私の席に辿り着くころには、骨と皮だけになっていることもそう珍しいことではない。筆者のメモに基づくと、以下のような料理が出されている。

2015年3月4日昼食
グリーンピースと小ダコのトマソトースパスタ（リガトーニ）／オリーブ油塗ったトースト／ヒラメの香草焼き／玉ねぎのグリル／煮豆／レタスと人参のサラダ／ケーキ（名前は不明）／フルーツ盛り合わせ／ランブルスコ（赤の発泡ワイン）

2016年3月11日昼食
ピザ5種（カリフラワーのピッツァ、玉ねぎのピッツァ、きのことサルツィッチャのピッツァ、ピッツァマルゲリータ、ピッツァビアンカ）／前菜的な生ハムと、オリーブ・チーズ・サラミの串刺し／茹でブロッコリー／サラダ／果物／パン／ビール／赤ワイン

2016年3月12日夕食
マルタリアーティのミネストローネ／生ハム／チーズ3種／レンティッケ（レンズ豆）のトマトソース煮／フィノッキオのサラダ／パン／赤ワイン

2016年3月17日昼食
トマトソースと牛肉少々のタリアテッレ／骨付き牛肉トマトソース煮込み／茹でカルチョーフィ（アンティチョーク）、オリーブ油、パセリ和え／フィノッキサラダ／パン／果物／赤ワイン

　このように、サンタ・スコラスティカ修道院の食事はかなり豪華であり、ピッツァが出るときには必ずビールも一緒に出され、ドルチェが出される時には必ずランブルスコが出されるのも、実に興味深い体験であった。したがって、日々豪華で美味しい食事を頂くことになることから、調査のために修道

院に滞在しているのか、食事のために調査をしているのか、戸惑うこともしばしばであった。しかしながら、修道院の生活は非常に規則正しいために、普段よりも数段体調が優れ、調査が捗ったことはいうまでもない。そして、修道院の図書館員、図書館付修道士ほか、多くの修道士たちの寄り添ったサポートを得て、アマーティの直筆書簡、天正・慶長遣欧使節関連史料の発見に繋がったのであった。フランチェスカと修道院の惜しみない助力なくして、今日の筆者の研究成果はあり得なかったといっても過言ではないのある。

　当然ながら本書が成るにあたっては、ほかにも多くの方々のご協力・ご支援をいただいたのはいうまでもない。ここに深く謝意を表したい。2013 年に急逝された筆者の指導教官ヨリッセン・エンゲルベルト先生には、文学と歴史学の間の視点から眼差す重要性を学んだ。ヨリッセン先生の急逝後に指導教官を引き継いで下さった岡田温司先生には博士論文の指導をはじめイタリア語の精読法及び翻訳技術をはじめ数多の学恩を授かり、松田清先生からは史料の分析方法について一から薫陶を受けた。フレデリック・クレインス先生には博士論文の外部審査員として関わって頂き、日頃より日欧交流史について懇切な指導を頂いている。これらの先生方から頂いた学恩に、とりわけて深く感謝と尊敬を表したい。その学恩にもかかわらず、本書は諸先生方の深遠なご学識には到底及ばなかったことを深く反省する次第である。
　そして、第 1 章を書き進めるにあたり松田泰代先生からは、図書館学の視点から多くの貴重なご示唆を頂いた。オリンピア・ニリオ先生には、アマーティが著したラテン語テキストの解釈、難解な 17 世紀イタリア語手稿の解読をご教示頂いた。シルヴィオ・ヴィータ先生には、イタリア留学時にきめ細やかにサポート頂き，根占献一先生にはイタリア・ルネサンスと人文主義の観点から、日欧交流史における重要なご示唆を多く賜った。阿久根晋氏には自身の広範なイエズス会史料に関する知識を惜しみなくご教示頂いた。多賀健太郎氏には、氏の類稀な語学力及び日本語力、文学的センスで以て、筆者が翻訳・翻刻した「日本略記」を隈なくチェックして頂き、常日頃より的確かつ懇篤な指導を賜った。そして、ヨリッセン研究室、松田研究室、岡田

温司研究室の院生及び、OB・OG には常に忌憚ない意見を頂き、自身の研究を進めるにあたり大きな糧となった。以上の方々にはこの場を借りて厚くお礼申し上げる。

　また、本書の出版を引き受けて下さった臨川書店の片岡敦社長、及び編集担当者の西之原一貴氏には全面的にご協力して頂いた。ここに深甚の謝意を表したい。

　最後に、いつも温かく見守り、支え続けてくれた家族に衷心より感謝の気持ちを伝え、結びとしたい。

2019 年 3 月

小川　仁

小 川　仁（おがわ　ひとし）

宮城県出身
2003 年 慶應義塾大学文学部史学科西洋史専攻卒業
2005 年 京都大学大学院人間・環境学研究科修士課程入学
2010〜2011 年 イタリア政府給費学生としてローマ大学ラ・サピエンツァ
に留学
2017 年 京都大学大学院人間・環境学研究科にて博士号（人間環境学）取得
現在、関西大学アジア・オープン・リサーチセンター博士研究員
主な著書に『江戸時代来日外国人人名辞典』（共著、東京堂出版、2011 年）、
『国際日本文化研究センター所蔵　日本関係欧文図書目録—1900 年以前
刊行分—第 4 巻（1853 年以前）』（共著、臨川書店、2018 年）

シピオーネ・アマーティ研究
慶長遣欧使節とバロック期西欧の日本像

2019 年 3 月 31 日　初版発行

著　者　小川　仁
発行者　片岡　敦
印　刷　亜細亜印刷株式会社
発行所　㈱臨川書店

〒 606-8204
京都市左京区田中下柳町八番地
電話(075)721-7111
郵便振替 01070-2-800

落丁本・乱丁本はお取替えいたします。　ISBN978-4-653-04413-0 C1021　　Ⓒ小川 仁 2019
定価はカバーに表示してあります。

JCOPY　〈(社)出版者著作権管理機構　委託出版物〉
本書の無断複写は著作権法上での例外を除き禁じられています。複写される場合は、
そのつど事前に、(社)出版者著作権管理機構（電話 03-5244-5088、FAX 03-5244-5089、
e-mail: info@jcopy.or.jp）の許諾を得てください。
本書を代行業者等の第三者に依頼してスキャンやデジタル化することは著作権法違反です。